中国政法大学科研创新项目资助（24KYHQ010）

CRIMINAL LAW REGULATION OF
DIGITAL ECONOMY

数字经济的刑法规制

郭旨龙——著

法律出版社
LAW PRESS·CHINA
——北京——

图书在版编目(CIP)数据

数字经济的刑法规制 / 郭旨龙著. -- 北京 : 法律出版社, 2024

ISBN 978 -7 -5197 -9180 -3

Ⅰ. ①数… Ⅱ. ①郭… Ⅲ. ①刑法-研究-中国 Ⅳ. ①D924.04

中国国家版本馆 CIP 数据核字(2024)第 105882 号

数字经济的刑法规制
SHUZI JINGJI DE XINGFA GUIZHI

郭旨龙 著

策划编辑 李沂蔚
责任编辑 李沂蔚
装帧设计 李 瞻

出版发行 法律出版社
编辑统筹 法律应用出版分社
责任校对 张翼羽
责任印制 刘晓伟
经　　销 新华书店

开本 710 毫米×1000 毫米 1/16
印张 21.5 **字数** 245 千
版本 2024 年 8 月第 1 版
印次 2024 年 8 月第 1 次印刷
印刷 北京新生代彩印制版有限公司

地址:北京市丰台区莲花池西里 7 号(100073)
网址:www.lawpress.com.cn
投稿邮箱:info@lawpress.com.cn
举报盗版邮箱:jbwq@lawpress.com.cn
销售电话:010-83938349
客服电话:010-83938350
咨询电话:010-63939796

书号:ISBN 978-7-5197-9180-3
定价:86.00 元

凡购买本社图书,如有印装错误,我社负责退换。电话:010-83938349

序 言

数字经济是继农业经济、工业经济之后的主要经济形态,是以数据资源为关键要素,以现代信息网络为主要载体,以大数据、云计算、人工智能、区块链等信息通信技术融合应用、全要素数字化转型为重要推动力,公平有效、安全有序的新经济文明形态。2021 年 10 月,中共中央总书记习近平主持中央政治局第三十四次集体学习时强调,把握数字经济发展趋势和规律,推动我国数字经济健康发展。统筹发展与安全,完善数字经济治理体系,健全法律法规和政策制度,完善体制机制,提高我国数字经济治理体系和治理能力现代化水平。2021 年 12 月,国务院印发《"十四五"数字经济发展规划》,提出到 2025 年,数字经济治理体系要更加完善,数字经济安全体系需进一步增强。该规划有十四处提到"有序"发展,有十四处提到"风险",并强调"牢牢守住安全底线"。所以,包括刑法在内的法律必须确保数字经济的安全有序状态,实现发展数字经济的经济社会目标。

刑法以多种形式助力数字经济秩序化,并维系其与其他社会生活领域如数字治理的关系。刑法立法应当体系化,即通过刑法立法克服混乱性、不确定性、矛盾性,形成有价值、有效力的体系、科学、全面的法律,并通过一致的规则、概念和制度生产合理性和连贯性,拓宽法律的覆盖面、影响力,助力法律秩序的体系化建构。[①] 为此,根据国家数字经济政策发展和数字经济犯罪治理的需要,设计具体题目"数字经济的刑法规制",研究阐述中国数字经济和中国刑法规范的系统间关系以及该刑法分支的有效性。

一、研究综述

数字经济在党和各级政府大力推进的当下,既有经济刑法规范在数字经济时代的体系化不足并未从整体上得到重视。在改革开放数十年后,我国仅破坏经济秩序的罪名就增加了一百多个,以呼应经济关系的丰富性与犯罪行为的复杂性。在历史经验上,随着国家从计划经济体制转向市场经济体制,与市场经济相适应的经济刑法体系构建逐渐成为了学界研究的重点,经济刑法的功能和传统经济的罪刑标准得到了批判性反思。[②]

现行经济刑法条文在近几十年内仓促形成,体系混乱,在司法上的解释能力有其极限,难以体系性的涵盖数字经济时代新类型经济不法行为,此时需要对司法上通过法律解释不能解决数字经济犯罪问题、带来副作用问题的立法空白和立法冲突问题作一个体系研究。国内相关研究近年来主要聚焦于常见多发的热点和难点犯罪问题,例如网络黑灰产犯罪的治理、网络金融犯罪的打击、

① 参见张明楷:《刑法修正案与刑法法典化》,载《政法论坛》2021 年第 4 期;周光权:《法典化时代的刑法典修订》,载《中国法学》2021 年第 5 期。

② 参见孙国祥:《改革开放以来经济刑法基础理论述评》,载《武汉大学学报(哲学社会科学版)》2019 年第 5 期。

网络数据与个人信息犯罪的制裁等。[①] 这种抓住经济犯罪现象的实证角度和规范角度为数字经济时代的刑法规范体系提供了有益的类型化基础和丰富性素材。但是它们的研究对象较为零散,尚未直接从数字经济犯罪的整体特征出发就刑法的对象进行体系化分类,探讨刑法的体系应对策略。

应对进行数字经济视角下经济刑法规范的体系审视。这个体系审视将在本书第一章和后续各章进行总分式的归纳和演绎,以研究阐述国家数字经济和中国刑法规范工作的系统间关系以及该刑法分支的有效性。一是要进行数字经济行为入罪现状的实证考察。该部分描述阻碍中国数字经济发展的问题,而这些问题可以通过刑法手段加以解决。研究内容包括数字经济不法行为的衍生、蔓延规律与基本类型,以及在面向农业经济、工业经济形态而出台的现行刑法规定下数字经济不法行为入罪的实践样态、规范路径。这种梳理能够为数字经济刑法规范提供实证基础。二是要进行数字经济刑法规范不足的体系评估。该部分对司法上通过解释立法不能解决的数字经济犯罪问题、带来副作用问题的立法空白、立法矛盾之处作体系化的治理困局梳理,进行刑法规范体系治理数字经济不法行为的能力评估。体系化分析现行刑法可能覆盖数字经济不法行为的条文,包括传统经济犯罪、财产犯罪条款和计算机犯罪条款、新增的网络犯罪条款,找出它们应对数字经济核心要素的信息数据(如虚拟财产、数据、新型知识产权)不法行为、数字经济核心驱动力量的数字技术(如数字货币、区块链、算法等)不法行为、数字经济重要载体的信息网络平台(如数据垄断、安全义务等)不法

① 参见刘宪权主编:《"互联网+"时代的法律回应:上海法学博士生明珠论坛论文集》,上海人民出版社 2016 年版;刘艳红:《网络犯罪的法教义学研究》,中国人民大学出版社 2021 年版;高艳东、王莹主编:《数字法治:数字经济时代的法律思维》,人民法院出版社 2021 年版;黄志雄主编:《数据治理的法律逻辑》,武汉大学出版社 2021 年版。

行为的主要不足，为刑法规范体系应对提供全面的研究基础。

国外近年来相关研究的特征类似，重点在于领域化犯罪的处理。例如确定了数十个规定了违反信息处理等领域规则的刑事责任规范结构。[①] 如果这份清单是一致且连贯的，那么长而有包容性的清单可能比短而无包容性的清单更可取。然而，不同国家对数字经济刑事安全风险相关犯罪的规制甚至名称都不尽相同，纲要也常常很模糊。例如德国的经济刑法立法曾经主要关注个别方面，通常是公众讨论的反应性规定，逐个进行的应对性立法导致了非体系性和象征性。[②] 简言之，具体问题的对策研究成果众多而体系研究相对匮乏。数字经济法经常被视为权宜之计或国家控制的问题，没有一个连贯或支撑的理由，这影响了经济刑法学理论知识体系的形成。

一个值得注意的动向是，国内研究近年来开始重视从经济社会政策、体制出发，探讨经济刑法保护的法益内涵，以限制和明确犯罪化范围。[③] 但经济法益内容的体系化仍然欠缺，这导致经济刑法的体系化问题尚未得到基本的解决。事实上，法律政策对于整个刑法体系的影响也早已为国内外学者所关注。[④] 域外的研究是，

---

① See R. M. G. & B. S. V., *Major Aspects of Criminal Law Protection in Digital Economy*, 138 Advances in Economics, Business and Management Research 994 (2020).

② 参见[德]汉斯·阿亨巴赫：《德国经济刑法的发展》，周遵友译，载《中国刑事法杂志》2013 年第 2 期；[德]马克·恩格尔哈特：《德国经济刑法的发展和现状》，徐剑译，载陈兴良主编：《刑事法评论》第 39 辑，北京大学出版社 2017 年版。

③ 参见何荣功：《经济自由与经济刑法正当性的体系思考》，载《法学评论》2014 年第 6 期；魏昌东：《中国经济刑法法益追问与立法选择》，载《政法论坛》2016 年第 6 期；王良顺：《保护法益视角下经济刑法的规制范围》，载《政治与法律》2017 年第 6 期；涂龙科：《网络时代经济刑法变革的系统阐释》，载《法学评论》2019 年第 6 期。

④ 参见劳东燕：《功能主义的刑法解释》，中国人民大学出版社 2020 年版；[德]乌尔里希·齐白：《全球风险社会与信息社会中的刑法：二十一世纪刑法模式的转换》，周遵友等译，中国法制出版社 2012 年版。See M. Z., *The Policy of Law*: *A Legal Theoretical Framework*, Oxford: Hart Publishing, 2007.

国家经济社会政策对于经济刑法立法的领域重点和刑罚强度具有导向性影响。社会科学和制度经济学对于经济制度的事实和法律特征、内部运转方式的分析可以揭示其对自由的关涉性,这种功能性分析帮助了解不同制度实体的差异和共性、相关危害行为的可罚性,能为刑事政策提供服务。[①]

学者从金融和市场犯罪在现代时期的罪名和起诉的发展情况出发,探讨潜在的模式和转型。[②] 其核心思路包括,刑法的规制是为了塑造某种国家想要的、认可的文明秩序,这一秩序体系影响了刑法所关注的市场和经济制度的核心特征,这些特征决定了刑法助力市场和经济得以秩序化、与其他社会领域良性交互的方式和角度。此时,经济刑法的体系化问题开始被构建为立法政策指引下的法益基础的确立,以及法益基础限定下的罪刑体系。这启示我们可以从经济形态的制度特征(旨在使经济过程有效运作的特征)演变和刑法功能演变来探讨经济刑法的体系化调适思路,构建我国数字经济安全风险的刑法识别和防范应对体系。

二、主要内容

(一)研究对象

本项目的研究对象是,在国家发展和规范数字经济的经济社会政策目标下,刑法在政策上要构建和维持的数字经济文明秩序是什么,数字经济文明秩序又决定了刑法视野中的数字经济体系的制度性特征是什么,这些体系化特征又如何系统导致了数字经

① 参见[德]米夏埃尔·库比策尔:《德国刑法典修正视野下的刑事政策与刑法科学关系研究》,谭淦译,载《中国应用法学》2019 年第 6 期。

② See L. Farmer, *The "Market" in Criminal Law Theory*, 85 Modern Law Review 435 (2022).

济的安全风险,反过来影响了刑法的罪名体系、处遇机制。国家政策需要刑法构建和维持公平有效、安全有序的数字经济文明秩序。这一秩序限定了数字经济体系的制度性特征——数据资源、参与者信息素养和数字平台公平竞争作为构成性要素,数据的及时、完整、准确性质和数据技术的安全发展和应用作为运行性条件,大数据、云计算、人工智能等通用技术的社会信任作为效率性依托。数字经济的体系化制度特征形塑了刑法的规范方式和内容体系——通过构成性保障、脆弱性预防、标准性信任、外部性内化,体系保障数字经济公平有效、安全有序,以帮助数字经济嵌入和影响更大范围的文明秩序。

(二)框架思路

根据数字经济趋势和规律下的制度特征,本课题研究依次确定了数字经济刑法规范体系化的理念根基、罪名体系、处遇模式(见图0-1)。

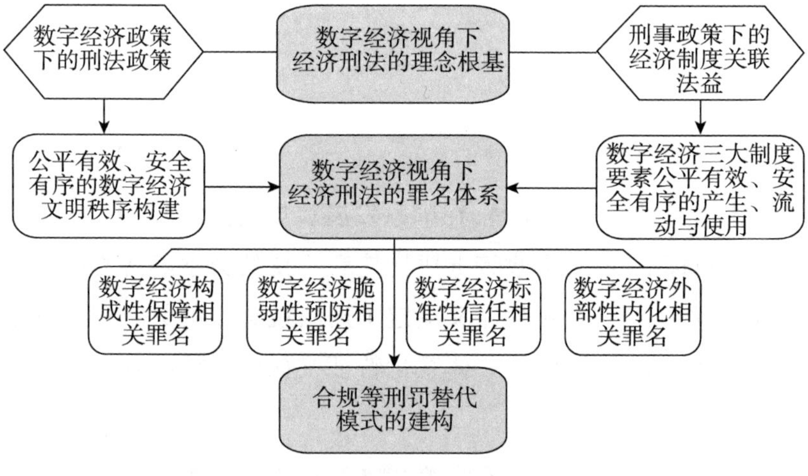

图0-1　数字经济的文明秩序政策与刑法规范系统

1. 数字经济视角下经济刑法规范的理念根基

这个理念根基将主要在第一章进行系统阐释并在后续各章具体展开。要为数字经济刑法规范找到政策依托和法益基础,将数字经济刑法规范嵌入整个国家治理和国家安全的过程。(1)数字经济政策下的经济文明秩序。经济刑法是经济监管立法的一部分,是为了构建和维持国家想要的经济文明秩序而进行的立法。数字经济时代的经济社会政策是,发展数字经济,把握新一轮科技革命和产业变革新机遇,以满足人民美好生活需要,构建现代化经济体系,构筑国家竞争新优势。而要实现这些经济社会政策目标,必须确保数字经济“安全有序”。此时需要将国家发展和规范数字经济的经济社会政策目标转化为刑法规范的政策目标。数字经济安全有序的立法政策目标可以初步确立为数字经济制度要素的公平有效的产生、流动与使用,即作为关键生产要素的知识和信息、作为核心驱动力量的数字技术、作为重要载体的现代信息网络这三个数字经济结构中的基础要素的安全有序保护和公平有效利用的状态,以及通过建立相关数字经济治理体系而具备和提高的持续保障这些状态的能力。(2)文明秩序下的经济制度关联法益。经济刑法的目的是在制定或推行特定的经济政策时保护公共或社群利益。数字经济刑法规范的利益目标是保护与数字经济制度性特征相关的良好状态,使得刑法在这一领域的保护具有体系化的利益基础。此时刑法的任务在于保障数字经济制度运行的基本条件。公平有效、安全有序的数字经济文明秩序限定了数字经济制度特征所关联的体系化法益——数据资源、参与者信息素养和数字平台公平竞争作为数字经济制度的构成性要素,数据的及时、完整、准确性质和数据技术的安全发展和应用作为运行性条件,大数据、云计算、人工智能等通用技术的社会信任作为效率性依托。

2. 数字经济视角下经济刑法规范的罪名体系

这个罪名体系将在正文中的各章予以具体展开。根据上述体系化法益,结合数字经济的外部性问题,可以相应地提出四小节的行为对象予以重点关注,分析经济制度特征形塑的刑法规范方式与内容体系。(1)数字经济构成性保障相关罪名。刑法对于数字经济具有构成性功能,即确定数字经济的相关要素(如知识产权、个人信息、体系数据、虚拟财产)的合法利用,构成数字经济运行的基础。刑法的构成性保障主要在财产(如虚拟财产、知识产权、数据)与合同(如共享经济)、确定市场边界、保障市场完整性不受非法操纵(如不正当竞争和数字垄断)这三个层面进行。数字经济是一个更为复杂的经济形态,参与主体的准入问题,经济活动的对象问题、条件问题,都变得远为复杂、多样、动态。(2)数字经济脆弱性预防相关罪名。相较于传统市场,数字经济体系中的脆弱性更加多样化、动态化和规模化,刑法的预防和打击也更为重要和复杂。数字经济的信息机制高度依赖数据性质和数据技术。数据的准确性、可用性和完整性是数字经济信息机制得以有效运转的基础。数字经济体系的脆弱性不仅体现在基础数据的性质安全上的风险(如流量造假、数据污染)上,而且体现在以算法为代表的数字技术应用安全上的风险(如算法霸权、歧视、沉迷)上,需要刑法的考量和适时介入。(3)数字经济标准性信任相关罪名。刑法需要将那些试图破坏参与数字经济的人们对于数字经济体系可靠性的信任的行为予以犯罪化,以保障数字经济要素和活动的共享、交换、协作与开放。刑法有效保护数字经济参与主体对嵌入数字经济体系的标准化操作(如数据标准、技术标准)的制度信任、技术信任、数据信任和机器信任等信任形式。(4)数字经济外部性内化相关罪名。刑法制止数字经济体系运行的负外部性,鼓励数字经济体系参与主体将那些在体系外产生的负面影响内化考虑在体系内。数字经济的负外部性秩序问题(如数字劳动压榨、大数据出境、云计算服务)主要体现为冲击传统社会、数字社会和数字政府的运转、目标和价值,各类风险叠加可能引发经济风险、技术风险、社会稳定风险、国家安全风险。

3.数字经济秩序中合规等刑罚替代模式的建构

这个替代模式将在最后一章予以具体构建。将经济制度之运作、交易制度之信赖等抽象而集体性的概念作为保护法益而成为立法正当化的依据,呈现积极刑法观的倾向,但刑罚要轻缓和多元,以适应数字经济竞争新优势的构建需求。在冒险意愿较高的数字经济领域,例如涉及数字经济标准化信任的效率性依托时,更严密的调查控制而非制裁是可取的。企业良好的合规计划以及合规义务的推行,能够减少经济犯罪的发生。应当关注在《网络安全法》《数据安全法》《个人信息保护法》等数字立法勃兴的背景下,何种合规方法、措施对数字经济有效、高效。例如合规作为限缩处罚范围的出罪事由和刑罚减免的情节,保障数字经济活动"有效"目标的实现,同时,数字经济主体被追究刑责后,立法仍可对其科处限期整改义务,从而达到事后特殊预防效果。

三、主要观点

在国家发展和规范数字经济的经济社会政策目标下,数字经济制度特征和刑法规范内容之间要达到协同化和体系化。

数字经济的制度特征是围绕公平有效、安全有序的经济社会政策目标下的系列经济条件——数据资源、参与者信息素养和数字平台公平竞争作为构成性要素,数据的及时、完整、准确性质和数据技术的安全发展和应用作为运行性条件,大数据、云计算、人工智能等通用技术的信任作为效率性依托——而被组织起来的。

通过探讨这些特征在不同时期、不同样态的数字经济中制度化的方式,我们可以开始更为精妙地分析刑法在构成不同的数字经济中表现出来的作用。通过将数字经济(体系化制度特征)置于刑法规范的分析中心,可以看到数字经济犯罪的更具体的特性,即这些犯罪集合有什么共同之处,以及看到这一领域刑法的更普遍的形态与特征。由此,刑法治理数字经济的理念和方式也能更加契合现代信息技术环境,与其展开良性交互,嵌入整个数字治理的文明秩序。

四、研究方法

(一)法社会学借鉴

其一,根据经济社会政策提出立法资源的投放方向,即从中国最新的数字经济社会政策入手,分析数字经济的制度性特征及其对刑法的规范方式和内容体系的影响,系统有效地满足数字经济社会的治理需求。

其二,进行法教义学和法社会学交叉研究。找到数字经济社会的治理需求之后,必须充分地进行既有刑法规范的教义学研究,发现其治理限度之后,再根据数字经济文明秩序的要求进行规范的更新。

(二)历史视角贡献

历史地考察中国的经济犯罪在数字经济时代前后如何发展,国外的立法和案例、罪名与理论又如何发展,以呼应社会需求和满足刑事正义。

(三)比较对象扩容

不仅比较德国等大陆法系国家的立法背景和案例发展,而且比较同为《网络犯罪公约》缔约国的英国等法域的文献，充分思辨我国相关刑法规范的合理性和恰当性。

五、学术创新

（一）学术观点有创新

数字经济时代的刑法的规范方式和内容体系的确定在很大程度上依赖于数字经济的制度性特征的明确。制度性特征的明确保障了数字经济是一个独特的社会性新形式、新领域，面向数字经济的刑法规范也将有自己的形成方式和体系化方式。由此，刑法治理数字经济的理念和方式也能更加契合数字经济所处的现代信息技术环境，与其展开良性交互，嵌入整个数字治理的文明秩序。

（二）学术思想有特色

刑法可以从构建文明秩序的社会功能角度得到理解。刑法上的犯罪化是国家构造文明秩序的制度性工具。现代社会以网络化、数字化、智能化的方式改变工业生产和农业生产方式，以全新的方式共同颠覆工业文明时代的制度安排、观念和思维方式，重塑信息文明的概念范畴和政治、经济、文化、法律等社会制度。数字经济是一种新的经济形态和文明制度。进步的经济政策、文明秩序及其相应的经济刑法才能更好地遏制经济犯罪，塑造数字经济生活。

六、学术价值

国家已经确立了发展安全有序、公平有效数字经济的政策目标，本项目将从这一政策目标下的数字经济制度性特征这一角度探索数字经济刑法规范的体系化方式。

（一）经济刑法现代化的理论更新

刑法的规范是为了构建和维护数字经济时代国家想要的、认可的文明秩序，这同时影响了刑法的现代化，因为刑法体系的内容和展开方式会有时代性的变化。

相对于国家社科基金已立同类项目“数字经济的刑事安全风险防范体系构建研究”，本项目从立法政策目标下的数字经济的核心特征这一角度出发，尝试进一步明确数字经济安全风险的形成、识别机制和类型化规律。本项目将避免只是形式上全面覆盖数字经济的信息数据、信息网络、数字技术这三大要素领域，直面数字经济刑法规范的体系化不足，进一步寻求一以贯之且有机勾连的实质性逻辑脉络。

（二）刑法学研究方法的当代探索

方法论上的法政策学与法经济学等社科法学角度将为刑法方法论的现代化提供一个探索途径，丰富经济刑法的教义学研究。刑法应对现代化的各种风险的方式可以从特定社会性领域的制度性特征出发，与这种制度性风险进行交互，从而能够更为体系、全面地应对该领域的风险。关注数字经济让我们根据数字经济的制度特征确定数字经济犯罪的某些共同特征和问题，探讨风险的制度性来源和规律，以帮助识别刑法在规范这些经济方面发挥的作用。

从数字经济发展的经济社会政策目标出发，找寻数字经济的制度性特征与相关安全风险，再以刑法的视野探讨合适的介入时机和方式，为数字治理能力现代化提供一个有意义的样本。相对于国家社科基金已立同类项目，本项目通过探索刑法在维持和塑造数字经济体系制度性特征中的作用和角色，尝试为同类项目构建多部门法协同共治数字经济风险防范的体系提供一个清晰的刑法纽带和参照。

目录

Contents

第一章　数字经济的文明秩序、制度特征与刑法规制

本章概要：国家需要刑法构建和维持公平有效、安全有序的数字经济文明秩序。这一秩序限定了数字经济的核心制度性特征——数据资源、参与者信息素养和数字平台公平竞争作为构成性要素，数据的及时、完整、准确性质和数据技术的安全发展和应用作为运行性条件，大数据、云计算、人工智能等通用技术的社会信任作为效率性依托。数字经济的核心制度性特征形塑了刑法的规制方式和内容体系——通过构成性保障、脆弱性预防、标准性信任、外部性内化，全面保障数字经济公平有效、安全有序，维持数字经济与社会生活其他领域之间的合理关系。

关键词：制度性特征　构成性保障　脆弱性预防　标准性信任　外部性内化

一、数字经济刑法的必要性与系统性

2021 年 10 月，习近平主持中央政治局第三十四次集体学习时强调，要把握数字经济发展趋势和规律，

推动我国数字经济健康发展。[①] 12 月,国务院印发《"十四五"数字经济发展规划》(以下简称《数字经济规划》),提出了"维护公平有效市场"的治理目标,该规划有十四处提到"有序"发展,有十四处提到"风险",强调要"牢牢守住安全底线"。据此,数字经济是继农业经济、工业经济之后的主要经济形态,是以数据资源为关键要素,以现代信息网络为主要载体,以大数据、云计算、人工智能、区块链等信息通信技术融合应用、全要素数字化转型为重要推动力,"公平有效""安全有序"的新经济文明形态。习近平主持中央政治局第三十四次集体学习时指出,要完善数字经济治理体系,健全法律法规和政策制度,完善体制机制,提高我国数字经济治理体系和治理能力现代化水平。《数字经济规划》提出,到 2025 年,数字经济治理体系要更加完善,数字经济安全体系要进一步增强。在这一时代背景下,包括刑法在内的法律如何进行规范,发挥功能,完善数字经济治理体系,增强数字经济安全体系,成为学界研究的重点之一。

(一)数字经济刑法的必要性

首先应当明确一个前提问题,即数字经济并非完全通过自我规制就能实现各种"善"和社会利益的领域,而是需要国家和包括刑法在内的法律常态化交涉的领域。围绕市场是一种解放的力量还是一种毁灭的力量的问题,人们似乎对这个市场经济有不同的理解。[②] 根据这种讨论,为了犯罪化的目的,我们可以界定数字经

---

① 参见《习近平在中共中央政治局第三十四次集体学习时强调 把握数字经济发展趋势和规律 推动我国数字经济健康发展》,载《每日经济新闻》2021 年 10 月 20 日,第 2 版。

② 经典讨论 See A. O. Albert Hirschman, *Rival Interpretations of Market Society: Civilizing, Destructive or Feeble?* 20 Journal of Economic Literature 1463 (1982)。近期文献 See Marion Fourcade & Kieran Healy, *Moral Views of Market Society*, 33 Annual Review of Sociology 285 (2007)。

济不当行为的形式,也就是说,哪些类型的数字经济不当行为可以被视为应受到谴责的公共不法行为形式。那些违反刑法的人常常被描绘成任性的资本家——那些追求资本主义梦想却误入歧途的个人或团体。[①] 因此,白领犯罪或市场不端行为往往被认为不是真正的犯罪,与其他更传统的犯罪行为形式相比,这种行为背负的道德污名较少。[②] 在数字经济时代,这种道德地位可能会更加得到强化。数字经济的现代信息网络载体一直追求开放、自由,数字经济形态也一直处于创新和变革之中,这种创新和变革本身是受到期许和欢迎的。数字经济的运行比数字经济当中的行为人想要的效果更为有效地促进社会利益,这是一种自发的、自然的秩序。互联网、大数据可以以低成本在一定程度上消除或减少信息不对称,促进资源的合理配置。[③] 数字经济在某种程度上是自我规制的社会性领域。这似乎要求对该领域中的不端行为非犯罪化,换言之,数字经济不是和刑法进行常态化交涉的领域。

但是,数字经济并非自我规制的独立于、对立于刑法的社会领域。刑法借鉴并表达了一种独特的道德秩序,这种秩序阐明了关于非工具性的人的价值观念,这种理解贯穿所有关于市场极限的文献——市场应该保持在其适当的范围内,而刑法的作用就是维持这些界限。[④] 数字经济越来越被认为是促进犯罪的、腐蚀社会关

---

① See Susan Shapiro, *Wayward Capitalists*, in Target of the Securities and Exchange Commission, Yale University Press, 1984, p. 8 – 43.

② See Sanford Kadish, *Some Observations on the Use of Sanctions in Enforcing Economic Regulations*, 30 The University of Chicago Law Review 423 (1963).

③ 参见[英]基思 · 威利茨:《数字经济大趋势:正在到来的商业机遇》,徐俊杰、裴文斌译,人民邮电出版社 2013 年版,第 14 ~ 15 页。

④ See Lindsay Farmer, *The "Market" in Criminal Law Theory*, 85 The Modern Law Review 435 (2022).

系的社会性新形式和新环境。① 通过持续的国家和法律的保障和调整,数字经济才得以嵌入和影响更大范围的秩序,包括数字治理秩序。② 刑法以多种形式助力数字经济秩序化,并维系其与其他社会生活领域如数字治理的关系。我们应当将规制和回应数字经济行为的刑法视为正常的而非异常的法律。

(二)数字经济刑法的系统性

然而,如何系统地明确数字经济安全风险的形成机制和发生规律,刑法如何系统地规制数字经济风险,仍然没有基础性的答案。在审查数字经济犯罪的范围之前,应当审查个别犯罪与数字经济犯罪的关系,即如何将个别犯罪归为同一类别的问题,以及我们应该如何看待数字经济的刑事安全风险的防范法体系的问题。我们不应该把它看作一个包罗万象的犯罪类别,把所有不能归为其他类别的犯罪都归为该类别,因为法律资源有限。这类犯罪应当有自己的目标、任务和范围。数字经济的刑事安全风险的防范法体系应该致力于保护人们在数字时代经济生活的独特价值和社会运转的独特领域与状态。数字经济是与信息、数据等数字经济要素的生产、使用、流通有关的社会关系,有必要确定保护这些社会关系的刑法规范的系统化规律。确定前述规律的一种方案是注重数字经济立法形式上的系统性,形式上全面覆盖数字经济的信息数据、信息网络、数字技术这三大要素领域。但它没有一以贯之

---

① 习近平主持中央政治局第三十四次集体学习时强调,要规范数字经济发展,坚持促进发展和监管规范两手抓、两手都要硬,在发展中规范、在规范中发展。《数字经济规划》要求,加快建立全方位、多层次、立体化监管体系,实现事前事中事后全链条全领域监管,完善协同会商机制,有效打击数字经济领域违法犯罪行为。

② See Lindsay Farmer, *The "Market" in Criminal Law Theory*, 85 The Modern Law Review 435 (2022).

的实质性逻辑脉络，只是形式上全面覆盖数字经济的数据、网络、技术三大要素领域，这不符合刑法法典化的系统性要求。

通过法典化立法方式厘定、纂修的法律应具有系统性，即通过法典编纂形成有价值、有效力的一部新的系统性法律，这意味着拓宽了法律的覆盖面、影响力；通过基于法典编纂的理念，系统、科学、全面地修订刑法典，有助于克服混乱性、不确定性、矛盾性，并通过统一、精简的规则、概念和制度生产合理性和关联、兼容的连贯性，助力法律秩序的系统性建构。[①] 因此，法典化背景下数字经济刑法立法的系统性问题应当进行专题研究。

数字经济法经常被视为权宜之计或国家控制的问题，没有一个连贯或支撑的理由。在大部分时间里，数字经济犯罪被称为扰乱经济秩序犯罪。既有经济刑法规范的体系性不足，司法上的解释范围有其极限，难以涵盖数字经济时代新类型经济不法行为，此时需要对司法上通过法律解释不能解决数字经济犯罪问题、带来副作用问题的立法空白作一个系统梳理。我们将数字经济犯罪称为数字经济的刑事安全风险相关犯罪。国外近年相关研究的重点在于领域化犯罪的处理。这种犯罪的名单很长，例如俄罗斯刑法就确定了数十个规定了违反信息处理规则的刑事责任的规范结构。[②] 如果这份清单是一致且连贯的，那么长而有包容性的清单可

---

① 参见周光权：《法典化时代的刑法典修订》，载《中国法学》2021 年第 5 期；梁根林：《刑法修正：维度、策略、评价与反思》，载《法学研究》2017 年第 1 期。

② See Olga Yakovleva, *Digital Economy Crimes* (*Criminal Law and Criminological Aspects*), in Agnessa O. Inshakova Elena I. Inshakova eds. Competitive Russia: Foresight Model of Economic and Legal Development in the Digital Age, Springer Nature, 2020, p. 430 – 434; Reshnyak M. G. & Borisov S. V., *Major Aspects of Criminal Law Protection in Digital Economy*, 138 Advances in Economics, Business and Management Research 994 (2020); Anna Mingaleva, *Reforming Russian legislation for crimes in the digital economy*, 1 Journal of Digital Science 43 (2019).

能比短而无包容性的清单更可取。然而,不同国家对数字经济刑事安全风险相关犯罪的规制甚至名称都不尽相同,纲要也常常很模糊。德国的经济刑法立法曾经主要关注犯罪的个别方面,通常是应对舆论的反应性规定,这导致了德国经济刑法的非体系性和象征性。[①] 数十年来德国的经济刑法处在一个没有重大改革任务或改革思想的时代。德国当代的刑法性控制仍有漏洞,缺乏对经济犯罪的更加有效的控制。[②]

即使在像我国这样的单一法域,这种犯罪作为一个概念或范围是不明确的,作为一个类别是混乱的。它执行的是一个剩余功能,即用于覆盖不属于其他类别的东西,尚不清楚它是否以及如何能成为一个相对独立的犯罪类别。在历史经验上,随着国家从计划经济体制转向市场经济体制,与市场经济相适应的经济刑法体系构建成为了学界重点,经济刑法的功能和传统经济的定罪处罚标准会得到批判性反思。[③] 但是,在数字经济被执政党和各级政府大力推进的当下,既有经济刑法规范在数字经济时代的系统性不足并未从整体上得到重视。现行经济刑法条文在近几十年内仓促形成,体系混乱,在司法上的解释能力有其极限,难以系统涵盖数字经济时代新类型经济不法行为。此时,对司法上通过法律解释不能解决数字经济犯罪问题、带来副作用问题的立法空白和立法冲突问题,需要进行系统研究。国内相关研究近年来主要聚焦于常见多发的热点和难点犯罪问题,例如网络黑灰产犯罪的治理、网

① 参见[德]马克·恩格尔哈特:《德国经济刑法的发展和现状》,徐剑译,载陈兴良主编:《刑事法评论》第39辑,北京大学出版社2017年版。

② 参见[德]汉斯·阿亨巴赫:《德国经济刑法的发展》,周遵友译,载《中国刑事法杂志》2013年第2期。

③ 参见孙国祥:《改革开放以来经济刑法基础理论述评》,载《武汉大学学报(哲学社会科学版)》2019年第5期。

络金融犯罪的打击、网络数据犯罪的制裁等。[①] 这种抓住经济犯罪现象的实证角度和规范角度为数字经济时代的刑法规范体系提供了有益的类型化基础和丰富性素材，但是它们尚未直接从数字经济犯罪的整体特征出发就刑法的对象进行系统性分类，探讨刑法的系统应对策略，难以为法典化背景下刑法的系统性问题找到答案。简言之，具体问题的对策研究成果众多而系统研究相对匮乏，这会影响经济刑法学知识体系的形成，也会影响经济刑法学基础理论的学理根基。

一个有意义的趋势是，国内研究近年来开始重视从经济社会政策、体制出发，探讨经济刑法保护的法益内涵，以限制和明确犯罪化范围。[②] 但经济法益内容界定的系统性仍然欠缺，这导致经济刑法的系统性问题尚未能得到基本的解决。事实上，法律政策对于整个刑法体系的影响也早已为国内外学者所关注。[③] 域外研究的方向是，社会科学和制度经济学对于经济制度的事实和法律特征、内部运转方式的分析可以揭示其对自由的关涉性，这种功能性分析有助于了解不同制度实体的差异和共性、相关危害行为的可

---

① 参见刘艳红：《网络犯罪的法教义学研究》，中国人民大学出版社 2021 年版；高艳东、王莹主编：《数字法治：数字经济时代的法律思维》，人民法院出版社 2021 年版；黄志雄主编：《数据治理的法律逻辑》，武汉大学出版社 2021 年版。

② 参见何荣功：《经济自由与经济刑法正当性的体系思考》，载《法学评论》2014 年第 6 期；魏昌东：《中国经济刑法法益追问与立法选择》，载《政法论坛》2016 年第 6 期；王良顺：《保护法益视角下经济刑法的规制范围》，载《政治与法律》2017 年第 6 期；涂龙科：《网络时代经济刑法变革的系统阐释》，载《法学评论》2019 年第 6 期。

③ 参见陈兴良、梁根林：《刑法教义学与刑事政策的关系：从李斯特鸿沟到罗克辛贯通——中国语境下的展开》，载刘艳红主编：《东南法学》第 5 辑，东南大学出版社 2014 年版；劳东燕：《功能主义的刑法解释》，中国人民大学出版社 2020 年版；M. Z. , *The Policy of Law: A Legal Theoretical Framework*, Hart Publishing, 2007；［德］乌尔里希·齐白：《全球风险社会与信息社会中的刑法：二十一世纪刑法模式的转换》，周遵友等译，中国法制出版社 2012 年版。

罚性,能为刑事政策服务。[①] 国家经济社会政策与体制对于经济刑法立法的领域重点和刑罚强度具有导向性影响。[②] 学者从金融和市场犯罪在现代时期的罪名和起诉的发展情况出发,探讨潜在的模式和转型,以及刑法与市场之间的关系在案例法和法律文献中是如何被处理和理解的,在此基础上讨论何时使用刑法规制市场和金融或经济行为是正当的。[③] 其核心思路包括,刑法的规制是为了塑造某种国家想要的、认可的文明秩序,这一秩序系统影响了刑法所关注的市场和经济制度的核心特征,这些特征决定了刑法助力市场和经济秩序化、与其他社会领域良性交互的方式和角度。此时,刑法的系统性问题开始被构建为一种外部政策功能指引下的内部法益目标的确立,以及内部法益目标限定下的行为对象框架、实践标准体系的建立,这就开始直接探讨经济刑法系统性问题的答案。这启示我们可以从农业、工业经济形态到数字经济形态的核心制度特征演变和刑法功能演变出发,探讨经济刑法的系统性调适思路,积极主动地构建我国数字经济安全风险的刑法识别和防范应对体系。

为此,本章以数字经济的核心制度性特征为主线,将为数字经济安全风险探究和刑法系统规制提供一个贯穿性纽带。第一部分将分析,国家需要刑法构建和维持的文明秩序随时代而变。数字经济时代的经济社会政策决定了国家需要刑法构建和维持的文明秩序是公平有效、安全有序的数字经济秩序。第二部分将提出,数字经济文明秩序限定了刑法视野中的数字经济的核心制度性特征

---

① 参见[德]米夏埃尔·库比策尔:《德国刑法典修正视野下的刑事政策与刑法科学关系研究》,谭淦译,载《中国应用法学》2019 年第 6 期。

② 参见魏昌东:《英国经济刑法:一个不应被忽视的历史存在——英国经济刑法发展的启示》,载《法治社会》2016 年第 6 期。

③ See Lindsay Farmer, *Taking Market Crime Seriously*, 42 Legal Studies 508 (2022).

(构成性要素、运行性条件和效率性依托)的具体发掘。第三部分将展示,这些核心制度性特征如何形塑了刑法对于数字经济的规制方式和规范体系。

二、法律政策学层面的经济文明秩序

这是法典化背景下数字经济刑法规制的法律政策学层面,为数字经济刑法规制找到国家治理体系和治理能力现代化及总体国家安全观的时代背景和政策依托,将数字经济刑法规制嵌入整个国家治理和国家安全的过程,维持数字经济与经济社会其他领域之间的合理关系。法典化背景下的经济刑法是为了构建和维持国家想要的经济文明秩序,数字经济时代国家想要的经济文明秩序是公平有效、安全有序的数字经济文明秩序。此时需要从国家发展和规范数字经济的经济社会政策目标转化为刑事立法和司法的政策目标。数字经济刑法规制的这一秩序功能决定了数字经济刑法规制和其他领域刑法规制的功能性不同,决定了数字经济刑法规制想要保护的利益目标。

(一)经济刑法的社会功能

从历史的维度来讨论经济犯罪,必须面对的一个问题是如何定义经济犯罪。这一问题没有绝对统一的答案,[①]而学界对于经济刑法本身的范围都尚未有一个一以贯之的观念和标准。诸多关于经济犯罪的概念(白领犯罪、金融犯罪或经济犯罪)已经假定刑法的这一领域是不同于传统人身、财产犯罪领域的,而没有充分说明形成这种不同的原因,因此对刑法应保护什么或应如何保护几乎

① 参见[瑞典]汉斯·舍格伦、[瑞典]约兰·斯科格:《经济犯罪的新视角》,陈晓芳、廖志敏译,北京大学出版社2006年版,第141页。

没有提供有意义的见解。然而,我们确有可能从经济犯罪的历史性定义和范围中找出一个一以贯之的刑法功能观,即刑法是为了实现一定的社会功能才介入经济领域,才界定某些经济行为是犯罪、某些经济行为不是犯罪。刑法与经济的关系,特别是刑法对于经济有无独特的目的和功能,深刻影响了经济犯罪与经济刑法的范围。

从辞源上看,“经济”一词源于希腊语,意为“管理一个家庭的人”。[①] 这在当代显然是一种过时的定义,因为它侧重于管理家务或者私人事务,特别是花费方面的事务。此时的经济犯罪或者国家使用的最为严厉的法律,其功能是保护特定阶层在特定私人领域(奴隶主经济)的管理权力,保障这种私人权力不受侵犯,反之,在私人权力行使范围之内的行为都不被犯罪化。此时的经济是指家庭及个人的生活用度方面的一种管理模式,主要目的和秩序是奴隶主家长以较少的人力、物力和精力方面的投入来获取较大的家庭收益。这种通过特定的管理模式来达到特定的利益目的的思维,在当代的经济观念里仍然起作用。到现在有越来越多的经济学家们已经清楚地意识到他们也是地球的管家,即所谓的“经世”(希腊语为 oikonomia),这可谓经济全球化之后当代的经济观念了。在经济全球化之前,一国之内的经济观念主要在于一国之内的经邦济世和经国济民,或者说经世安民。这是一个过程性和目的性相统一的经济观念,即通过对一个国家或地区在一定时期之内的经济生活条件、结构,按照一定的秩序和制度进行利用、安排和管理,达到一定的经济状况和目的。

1982 年,第五届全国人大常委会通过了《关于严惩严重破坏经

① 参见[美]N. 格里高利·曼昆:《经济学原理》,梁小民、梁砾译,北京大学出版社 2001 年版,第 4 页。

济的罪犯的决定》(已失效)。对该决定的呼应和阐释有一个共同的特点就是,把经济犯罪定位为政治问题,并且用政治性的语言论述经济犯罪问题。这种现象主要出现在20世纪80年代初期,中期以后基本上不复存在。[①] 产生此种现象的原因是,在改革开放初期,以阶级斗争为纲的思维仍然渗透进了经济刑法的观念之中,学界基本还是把经济犯罪作为“阶级斗争在经济领域的表现”。具体而言,有学者认为经济领域中违法犯罪情况之所以严重,就是因为受到了资本主义思想的腐蚀和侵袭,在这种阶级斗争形势下,必须维护劳动人民的利益。[②] 还有学者认为经济犯罪就是阶级敌人在经济领域的进攻,投机者破坏国家垄断制就是破坏社会主义经济的公有制基础。计划经济的本质在于以国家权力为后盾的行政强力垄断并分配社会资源——不仅仅是稀缺资源,以政府、集团利益为核心价值主体的计划经济曾被误认为是社会主义制度的唯一根本内容,经济与政治形态混淆,其结果是,当时对任何在主客观上可以断定为威胁计划经济的自由经济活动,均以具有很高擅断性的“投机倒把罪”来追究其刑事责任。[③] 当时的经济形态主要是农业,商业不发达,许多现代的法律不存在,因为不需要它们。除此之外,我们现在认为的商业活动的一部分的活动过程被视为犯罪,所谓个人利益高于公共利益的罪行主要是囤积居奇、投机倒把,这干扰了国家在需要时负责调配,并以他们认为公平或公正的市场价格出售,保护社会各部分的生存、预防骚乱的秩序。

---

① 参见涂龙科:《改革开放三十年来经济犯罪基础理论研究综述》,载《河北法学》2008年第11期。

② 参见马克昌:《打击严重经济犯罪的锐利武器》,载《法学研究资料》1982年Z1期。

③ 参见曲新久:《对当前经济犯罪特征的再认识》,载《河北学刊》2007年第4期。

此时的经济秩序是宽泛地包括一种经济公平甚至经济的有序性质的观念,要求考量经济是如何被结构化和组织起来的。经济秩序的完整性表示对某些经济形态和体制进行保护的承诺。20世纪80年代中期以后,特别是1992年中共中央提出要建立社会主义市场经济体制以后,学界基本更新了观念,提出了市场经济下的新刑法观念,对经济刑法的功能有了新的定位。有学者指出,要建立具有中国特色的社会主义市场经济体制,就必须率先实现社会价值观念的转变……必须对传统的刑法观念进行一次全面清理、革新和超越,而这种观念性变革的基点及突破点便是确立与社会主义市场经济体制相适应的经济犯罪观和经济犯罪刑罚观。这种犯罪观和刑罚观主要是认识到在市场经济体制下,经济活动活跃,经济行为多样,刑法要保障经济运作,保障社会主义市场经济的建立和稳健发展。1997年《刑法》通过之后,刑法理论的主流进一步明确了经济刑法功能观的变化和演进。有学者认为1997年《刑法》实现了由传统刑法观的政治功能观向新时期刑法观的经济功能观的转变。[①] 经济开始以平等、自由、竞争和公平交易为核心价值,经济犯罪的重心逐渐转到侵害平等、自由、竞争和公平交易秩序上来。这种思想由来已久,正如亚当·斯密为玉米贸易不受限制、不受限制的自由进行了辩护,他认为地方法官不应该通过人为手段干预市场的运行来决定价格。法律应该始终相信人们会照顾自己的利益,因为在当地情况下,人们通常必须能够比立法者更好地判断。换句话说,市场是商品流通最有效的手段。[②] 最高人民法院指导案例认为,对于虽然违反行政管理有关规定,但尚未严重扰乱市

---

① 参见赵秉志主编:《新刑法全书》,中国人民公安大学出版社1997年版,第135~138页。

② See Adam Smith, *Digression on Corn Laws*, in Adam Smith, An Inquiry into the Nature and Causes of the Wealth of Nations, book 4, Penguin, 1999, p. 106 – 110.

场秩序的经营行为，不应当认定为非法经营罪。[①] 相关判决认为，法律制度、审批制度改革和市场的发展相比是滞后的，而粮食收购市场先行一步，在相当程度上已经放开了，但审批制度没有相应的变化，与之相配套的法律制度也没有发生变化，[②]这导致刑法随后入场干预。而随着刑法功能观的明确，“判断违反行政管理有关规定的经营行为是否构成非法经营罪，应当考虑该经营行为是否属于严重扰乱市场秩序”，限定了刑法的经济行为干预范围，这反过来也促进了粮食流通经济领域的体制改革。时任最高人民法院院长的周强在所作的法院工作报告中指出，内蒙古自治区高级人民法院依法再审改判王力军无证收购玉米案无罪，保障广大农民放心从事粮食收购，促进产品收购。[③]

在市场经济初期，国家往往信任市场这只看不见的手，仅仅或主要承担“看护人”和“守夜者”的消极角色。此时的观点是，刑法的首要调整对象和打击目标是治安犯罪，其目的在于为市场经济的发展提供良好的稳定环境。[④] 但是到了 20 世纪末期，刑法作为“经济守夜人”的角色逐步转向“经济警察”的角色。学者认为“经济守夜人”这种认识缺乏对社会稳定（包括社会治安稳定）与经济发展关系全面、正确的认识，易于助长由来已久的轻视经济犯罪本质及刑事对策研究的状况。经济犯罪是违反国家经济管理规范、直接破坏经济运作秩序和公私财物正当流转的犯罪，它对于市场

---

① 参见王力军非法经营再审改判无罪案，最高人民法院指导案例 97 号（2018 年）。

② 参见《王力军获判无罪　最高法：非法经营罪适用应谨慎》，载中国新闻网，http://news.china.com.cn/2017-02/20/content_40317944.htm。

③ 参见周强：《最高人民法院工作报告》，载《人民日报》2017 年 3 月 20 日，第 6 版。

④ 参见林荫茂：《对“市场经济与刑法”的思考》，载《市场经济与刑法研讨论集》，上海市法学会 1993 年编印，第 33 页。

经济体制的建立和社会经济的健康发展有比一般犯罪更为直接、严重的破坏力，这和当时的国际趋势和思潮是相呼应的。德国经济刑法在经济生活中起到监督和纠正经济违规的“经济警察”作用，这使得国家保持对经济的政策性影响，经济刑法成为经济生活的管理控制者和积极塑造者。①

此时，经济刑法是经济监管立法的一部分。最显著的发展也许是日益强调保护经济的完整性。这标志着刑法的目标从保护个人利益（防止盗窃或欺诈）转变为保护经济。在美国著名刑事学者桑福德·卡迪什（Sanford Kadish）的一篇论文（如今已成为经典）中，我们可以找到一种定义经济犯罪和经济刑法功能的方法：经济刑法是那些对商业行为施加限制的法规的一部分，是作为经过深思熟虑的经济政策的一部分。② 因此，这不是对经济犯罪的描述性解释，而是基于所监管的行为类型以及管制的性质和目的进行解释。这一类别主要是根据经济政策目标或经济制度的优先运作来构想的。③ 这又被描述为保护社会的经济秩序，使其不受个人对其财产利益的有害性利用的影响。④ 概念常因时代的变迁而改变，从刑法保护的利益出发，经济犯罪应当是侵害超个人的、社会的利益的行为，这种利益是以整个自由经济秩序为重心的利益，这已经成

---

① 参见王世洲：《德国的经济政策与经济刑法、经济犯罪互动关系研究》，载《中外法学》1999 年第 6 期。

② See Sanford Kadish, *Some Observations on the Use of Sanctions in Enforcing Economic Regulations*, 30 The University of Chicago Law Review 423 (1963); Herman Mannheim, *Criminal Justice and Social Reconstruction*, Routledge & Kegan Paul, 1946, Secs. 3 & 4.

③ See Sanford Kadish, *Some Observations on the Use of Sanctions in Enforcing Economic Regulations*, 30 The University of Chicago Law Review 423 (1963).

④ See Sanford Kadish, *Some Observations on the Use of Sanctions in Enforcing Economic Regulations*, 30 The University of Chicago Law Review 425 (1963).

为了德国刑事法学界的主流观点。[①] 经济犯罪不属于传统刑法范畴,传统刑法主要是为了保护私人利益,这反映在财产法和合同法中(并受到涉及盗窃和欺诈的一般刑法的保护);经济犯罪的目的是在制定或推行特定的经济政策时保护公共利益或社群利益。这种对经济刑法功能观的解释,有助于我们根据经济刑法的特点确定一个独特的刑法领域。

(二)数字经济刑法的社会功能

刑法可以从构建和维持文明秩序的社会功能角度得到理解。刑法上的犯罪化是国家构造文明秩序的制度性工具。[②] 国家需要刑法构建和维持的文明秩序随时代而变。文明秩序必须首先被视为一个历史背景下的问题,也就是说,什么是秩序的问题,以及文明的概念,都取决于特定的历史背景,特别是秩序在现代性中被视为一种特定的问题,塑造了刑法的范围和功能。[③] 现代社会以网络化、数字化、智能化的方式改变工业生产和农业生产方式,以全新的方式共同颠覆工业文明时代的制度安排、观念和思维方式,重塑信息文明的概念范畴和政治、经济、文化、法律等社会制度。[④] 现代社会对文明秩序的理解中被忽视的一个方面是数字经济和刑法之间的关系。在数字经济时代,数字经济刑法规范的合适内容范围取决于数字经济和刑法的合适关系。数字经济是一种新的文明制

---

① 参见王世洲:《德国经济犯罪与经济刑法研究》,北京大学出版社 1999 年版,第 16 页。

② See Lindsay Farmer, *Making the Modern Criminal Law: Criminalisation and Civil Order*, Oxford University Press, 2016, ch. 1.

③ See Lindsay Farmer, *Civil Order, Markets and The Intelligibility of The Criminal Law*, 70 University of Toronto Law Journal 123 (2020).

④ 参见[英]卢恰诺·弗洛里迪:《信息伦理学》,薛平译,上海译文出版社有限公司 2018 年版,第 3 页。

度、一种新的文明经济。刑法的规范是为了构建和维护数字经济时代国家想要的、认可的文明秩序，这同时影响了刑法的现代化，因为刑法内部体系的内容和展开方式会有时代性的变化。进步的经济政策、文明秩序及其相应的经济刑法才能更好地遏制经济犯罪，成为数字经济生活的塑造者，帮助经济嵌入和影响更大范围的文明秩序。

数字经济时代的刑法也要发挥保障和落实国家经济社会政策的社会功能。结合中央政治局第三十四次集体学习的内容和《数字经济规划》，数字经济时代的经济社会政策是发展数字经济，把握新一轮科技革命和产业变革新机遇——形成以技术发展促进全要素生产率提升、以领域应用带动技术进步的发展格局——以满足人民美好生活需要，构建现代化经济体系，构筑国家竞争新优势。而发展数字经济要实现这些经济社会政策目标，必须确保“安全有序”。《数字经济规划》有十四处提到“有序”发展，有十四处提到“风险”，并强调要“牢牢守住安全底线”。习近平主持中央政治局第三十四次集体学习时也强调要统筹发展与安全。所以，包括刑法在内的法律必须确保数字经济的安全有序状态（底线是安全），如此才能实现发展数字经济的经济社会目标。此时需要对安全有序状态的数字经济文明内涵和特征进行分析。

数字经济安全有序的落脚点在于作为关键生产要素的知识和信息、作为核心驱动力量的数字技术以及作为重要载体的现代信息网络。数字经济安全有序的内涵和外延就存在于这三位一体的数字经济结构中。接下来应当明确安全有序的内涵和外延。最高人民法院在 2020 年和 2021 年向全国人大作的两次工作报告中都认为，数字经济的健康发展包括数据安全。2021 年通过的《数据安全法》第 3 条规定，数据安全，是指通过采取必要措施，确保数据处于有效保护和合法利用的状态，以及具备保障持续安全状态的能力。第 4 条规定，维护数据安全，应当坚持总体国家安全观，建立健全数据安全治理体系，提高数据安全保障能力。可见，数据安全的内涵和外延也呈现出三位一体的结构，即数据的有效保护和合法利用这两种状态是核心含义，通过建立相关治理体系而具备和提高的持续保障这两种状态的能力则是数据安全的外延拓展。这种三位一体的结构契合了总体国家安全观。

总体国家安全观确立了一条分享、包容、可持续的安全文明新原则。[①] 在总体国家安全观文明理念的指引下，结合《数字经济规划》“维护公平有效市场”的治理目标，数字经济安全有序的内涵和外延可以初步确立为数字经济要素的公平有效的产生、流动与使用，即作为关键生产要素的知识和信息、作为核心驱动力量的数字技术、作为重要载体的现代信息网络这三个数字经济结构中的基础要素的安全有序保护和公平有效利用的状态，以及通过建立相关数字经济治理体系而具备和提高的持续保障这两种状态的能力。这种总体安全观与数字化治理体系和治理能力现代化理念下的，以公共性标准为核心的数字经济公平有效、安全有序利益观，不仅包括不可具体平均地分配到个人的集体安全，例如大部分数字技术安全和信息网络安全，还包括可分配到个人的经济活动中的安全，其由于同时满足公共利益标准，所以也被纳入数字经济总体安全，成为数字经济的刑事安全风险防范体系的研究内容。具体的公共性标准可以而且应该作进一步研究，但可以明确的是，超越集体性的公共性标准更加契合总体安全观下的维护数字经济主

---

① 参见徐光裕、王瑾:《热话题与冷思考——关于总体国家安全观与中国特色国家安全道路的对话》，载《当代世界与社会主义》2014 年第 6 期；王义桅:《全球化时代的大国安全观——中国的安全文明及其对西方的超越》，载《人民论坛 · 学术前沿》2014 年第 11 期。

体对于数字经济安全有序的信任和信心的方向，更有利于数字经济安全的数字化治理能力的提升。

数字经济安全有序利益和其他利益的不同，也就是它内涵上的独特性，在于它不是像人身权利、民主权利、财产利益那样分门别类、相互独立的个人利益，而是具有总体性、复合型、动态化的特点，体现为数字经济全领域、全周期的多路径、跨组织、跨地域的复杂流动场景安全。与传统利益针对物理边界清晰、内容固定、状态稳定的权利客体不同，数字经济安全有序利益针对的权利客体的表现形式、权利内容和边界等往往处于变化中。比起传统的市场经济秩序、公共安全、国家安全、社会管理秩序等这些综合类的利益，数字经济安全有序利益也更具有总体安全的特点，它的开放性、风险性以及其行业属性和业务属性使得其在宏观层面关涉经济安全、社会管理秩序等，在微观层面关涉网络用户的人身权、财产权等，需要在系统的动态运转中调整风险边界和安全余量。

三、经济文明秩序限定的经济制度特征

这是法典化背景下数字经济刑法规制的法益探寻层面，为数字经济时代的刑法规制确立直接的立法目的和逻辑化的线索。首先，可根据经济学原理，确立市场经济的一般性重要特征。将市场经济视为包含一种需要保护的经济文明秩序，这就需要阐明我们在保护什么以及为什么要保护它们。出台和实施经济犯罪有关措施的共同之处在于关注经济的完整性，即经济的效率及其处理信息并将其反映在价格中的能力；如果经济没有受到扭曲或操纵行为的影响，它就会以这种方式运转。由此，经济的完整性被认为是

独立于特定个人利益的东西,成为受刑法保护的利益。[①] 在构建经济犯罪的概念,使我们能够批判性地思考这一领域的刑法时,我们需要看看实施的行为或违反的规范的特点,这样做可以识别市场失当行为的一般特征,形成发展经济犯罪概念的基础。为此,可以先阐述经济的一些核心制度特征,重点放在市场的特征上,这些特征是寻求通过刑法加以管制的许多市场犯罪行为的共同因素。[②]

其次,在数字经济文明秩序功能的指引下,法典化背景下数字经济刑法规制的利益目标是保护与数字经济制度性特征相关的良好状态,这使得刑法在这一领域的保护具有系统性的利益目标:一是数据资源、参与者信息素养和数字平台公平竞争作为构成性要素,二是数据的及时、完整、准确性质和数据技术的安全发展和应用作为运行性条件,三是大数据、云计算、人工智能等通用技术的社会信任作为效率性依托。将数字经济视为包含一种需要保护的数字经济文明秩序,就需要阐明我们在保护什么以及为什么要保护——观察诸如数字经济对社会文明秩序的价值、健康数字经济与不良数字经济的区别等特征。这将要求我们更明确地指出,在正常运转的数字经济中,我们认为什么是对文明秩序有价值的核心制度性特征。关注数字经济让我们看到这个领域作为一个整体,根据数字经济的核心制度特征确定数字经济犯罪的某些共同特征和问题,帮助我们最终识别刑法在规范这些经济方面可以或应该发挥的作用。

(一)市场经济的制度特征

经济在改革开放后似乎可以被总结为社会主义市场经济体

---

① See Lindsay Farmer, *The "Market" in Criminal Law Theory*, 85 The Modern Law Review 435 (2022).

② See Lindsay Farmer, *Taking Market Crime Seriously*, 42 Legal Studies 508 (2022).

制,经济不端行为就是冲击和妨害这种体制的行为。但这就类似于英国经济犯罪计划称经济犯罪是对英国的经济及其制度构成威胁并对社会和个人造成严重伤害的犯罪。[①] 这种界定太过模糊和抽象。我国学者提出,市场经济秩序表现为一种超个人、超社会的公共利益,一种无形而抽象的信用,其背后是平等、自由、竞争与公平交易等基本价值,经济犯罪则是扭曲乃至于摧毁市场经济的经济不当行为。在市场经济条件下,经济犯罪表现为在市场经济内部滥用权利与背离市场信用破坏市场经济本身的行为。背离市场信用与滥用权利是经济犯罪的两个基本方式。[②] 这对经济和经济不端行为的核心制度特征进行了初步诠释,但仍需进一步辨别和展开。

将市场经济理解为一种社会秩序形式,就有可能开始更系统地思考市场经济与刑法之间的关系。市场经济是经济和政治思想中经济秩序概念的基础,它概括或聚合了特定的市场或交易、作为特定市场如何运作的模型以及将市场视为社会和政治组织的原则。[③] 因此,正如经济学家对市场的理解是一个代表理想秩序的抽象模型,相信市场实际上是分配社会产品的最有效手段,市场概念使人想起一种协调机制的形象,这种机制可以实现全面的系统一致性,而不需要对这种协调进行规划。[④] 市场理论假设参与者追求

---

① See UK Economic Crime Plan 2019 - 2022, (https://assets.publishing.service.gov.uk/government/uploads/system/uploads/attachment_data/file/816215/2019 - 22_Economic_Crime_Plan.pdf) para. 1.11.

② 参见曲新久:《对当前经济犯罪特征的再认识》,载《河北学刊》2007 年第 4 期。

③ See Lisa Herzog, *Inventing the Market*, in Smith, Hegel and Political Theory, Oxford University Press, 2013.

④ See M. Watson, *The Market*, Agenda Publishing, 2015, p. 7; F. A. Hayek, *Law, Legislation and Liberty*, Routledge, 1982, ch. 10.

个人利益来获得最好的价格,这反过来又意味着商品或服务的价格反映了需求,在竞争激烈的市场中,它向市场参与者传递有关供需平衡变化的信息。这是帕累托最优或福利经济学的基础。从这个意义上说,在日益复杂的社会中,它们也是一种协调社会行为的手段,使交易成为可能,并确保即使在没有中央计划的情况下,这种行为也是有模式的和可预测的。[①]

所有经济监管通常以某种方式制定、实施经济规则,规定谁可以参与经济活动,什么可以/不可以被出售、交易。更专业的经济规则可能会进一步覆盖条件公平的价格、产品的质量、谁获准进入市场经济等。现代社会中的经济是由广泛的规则和规章管理的复杂制度,市场经济的结构或设计是在复杂市场经济中建立和维持有效市场活动的条件。[②] 从最基本的意义上说,人们早就认识到,市场依赖一个稳定的产权体系和合同法,以确保交易是可执行的。[③] 法默教授提出,市场经济的运作依赖一系列其他条件。[④] 首先,参与者是自由的,自由进入或退出经济活动,经济交涉的结果是自由选择的表达。自由讨价还价的过程(或它是自由的假设)确保价格呈现出供求之间平衡状况的真实画面。其次,信息要有效地发挥作用,不仅因为这能够支持个人选择和防止剥削,还因为它

---

① See Charles Taylor, *Modern Social Imaginaries*, Duke UNIVERSITY PRESS, 2004, ch. 5; M. Watson, *The Market*, Agenda Publishing, 2018, p. 7. "The market concept thus calls to mind the image of a coordinating mechanism that can bring about overall systemic coherence without the need to plan that coordination into existence."(“因此,市场概念使人想起一种协调机制的形象,这种机制可以在不需要计划的情况下实现全面的系统一致性。”)

② See Jens Beckert, *The Social Order of Markets*, 38 Theory & Society 245 (2009); Neil Fligstein, *The Architecture of Markets*, Princeton University Press, 2001, ch. 2; Neil Fligstein & Luke Dauter, *The Sociology of Markets*, 33 Annual Review of Sociology 105 (2007).

③ See F. A. Hayek, *Law, Legislation and Liberty*, Routledge, 1982, ch. 10.

④ See Lindsay Farmer, *Taking Market Crime Seriously*, 42 Legal Studies 508 (2022).

降低了搜索成本,使经济更有效率。再次,必须确保市场具有竞争性,对市场参与者施加某种约束,不要把太多的权力集中在某些个人或集团手中(垄断或寡头垄断市场),防止价格、质量等方面的经济信息的扭曲。最后,市场依赖信任。信任通过使更大范围的社会分化和角色规范成为可能,使社会关系得以发展。我们依赖他人的知识和专长,而不是必须为自己保证一切。[①] 然而,矛盾的是,在经济发展由相对匿名的市场交易驱动的高信任度社会中,经济创造了更多的欺诈(或利用这种信任)的机会,这就是欺诈被描述为典型的现代犯罪的原因。[②]

因此,总的来说,我们可以注意到防止剥削、确保信息自由流动和组织竞争的重要性。但是,如何理解这些问题,什么构成剥削,应该提供何种信息,或者如何组织竞争以及采取何种干预措施,这些问题本身并不容易确定,必须在特定的制度背景下进行分析。将任何特定问题(作为剥削或其他形式)连同所采取的应对措施(特别是如果刑事定罪是应对措施的一部分)予以框定,取决于特定的社会、政治和经济条件。[③]

(二)数字经济的制度特征

结合数字经济的经济、社会和政治条件,我们可以确定数字经济的核心制度性特征,作为数字经济不端行为特别是数字经济犯罪的概念基础,以最终探讨刑法在规范这些经济方面可以或应该发挥的作用。数字经济包括数字技术的创新应用、技术产业化和产业技术化。数字经济作为一个类似于套娃的数字生态系统,每层服务都由多个其他服务组成,随着越来越多的参与者加入数字

---

① See Niklas Luhmann, *Trust and Power*, Wiley, 1979, p. 8.

② See Lindsay Farmer, *Taking Market Crime Seriously*, 42 Legal Studies 508 (2022).

③ See Lindsay Farmer, *Taking Market Crime Seriously*, 42 Legal Studies 508 (2022).

系统的开发,层次的数量和复杂性也随之增加——第一层是技术提供商提供网络和计算基础设施,第二层是基础设施提供商提供光纤、基站、数据中心等基础设施,第三层是网络服务提供商提供接入网、国内、国际的服务,第四层是云计算和存储服务提供商,第五层是数字服务使能者(enabler)提供基础设施创建、管理、认证、计费等,第六层是数字服务提供商提供内容、通信、搜索、社交、客户和商业应用程序等,第七层是数字服务零售商提供信息中介、代理商和集成者,第八层是终端设备提供者提供个人电脑、平板电脑、智能手机、物联网设备等。[①] 数字经济是一种社会性的新形式,其文化习惯是开放、分享、透明和责任,是更大范围的文明秩序的一部分,是嵌入更大范围的文明秩序的新形式,即它嵌入数字社会和数字政府两个层面和领域的数字治理。数字经济影响数字社会和数字政府的数字治理,而数字治理反过来形塑和影响数字经济。从中央政治局第三十四次集体学习的内容和《数字经济规划》可见,国家已经认识到了数字经济的发展条件,包括新一轮科技革命带来的技术条件、产业变革带来的产业条件;而国家追求国内国际两个大局层面的发展和安全有序,是数字经济发展的政策目标,也是数字经济发展的政策条件。我国的数字经济是不同于农业经济和工业经济的市场经济高级阶段,故其核心制度特征是对市场经济核心制度特征的传承和发展。

首先,在最基本的意义上,数字经济仍然是一种经济形态,所以仍然需要最基础的产权和合同的保障。但是其保障的重点开始变化。数字经济是全社会基于数据资源开发和利用形成的经济综合,其与农业经济、工业经济的基本差异在于,其生产要素相对于

---

① 参见[英]基思·威利茨:《数字经济大趋势:正在到来的商业机遇》,徐俊杰、裴文斌译,人民邮电出版社2013年版,第30～31页。

农业经济中的土地和物质、工业经济中的资本和能源,关键在于数字化的知识和信息。[①] 这源于数据要素的"技术—经济特征":低成本性、大规模可得性、使用上的非竞争性、易复制性、消费上的(部分)非排他性、外部性以及即时性。[②] 数据既是新的生产要素,又是新的消费品,包含信息、知识、数字内容、数字产品。[③] 所以,数字经济时代的"产权"保障关键在于数据的"产权"保障,以确保数据的产生、采集、编码、存储、传输、搜索、处理、使用等一切行为都是可进行的。然而,数字经济的时代特征是,信息的零边际生产成本、无差异性复制和即时传播等特征颠覆了物质、能量要素的独占性、排他性,随之而来的是农业经济和工业经济中的一些固有理念也被颠覆。[④] 数字经济时代数据的"产权"保障不同于传统的排他性产权,在于数据的全生命周期安全。数据安全法律确立了数据有效保护和正当利用的制度,也就确立了数字经济关键要素的构成性制度,对数字经济的基本构成环节进行了确认。

其次,数字经济需要参与者可以自由进入或退出。全面智能化和泛在连接的叠加,即传统经济中的能量转换工具被信息改造为具有感知、传输、处理和执行能力的智能工具,以及智能工具组合成的智能制造生态系统,泛在、融合的信息技术基础设施,使得数字经济的充裕性、无所不在的互联性确保普惠性,给每个人的全

---

① 参见中国信息化百人会课题组:《数字经济:迈向从量变到质变的新阶段》,电子工业出版社2018年版,第3~4页。

② 参见蔡跃洲、马文君:《数据要素对高质量发展影响与数据流动制约》,载《数量经济技术经济研究》2021年第3期。

③ 参见汤潇:《数字经济:影响未来的新技术、新模式、新产业》,人民邮电出版社2019年版,第3页。

④ 参见中国信息化百人会课题组:《数字经济:迈向从量变到质变的新阶段》,电子工业出版社2018年版,第4页。

面发展提供比历史上任何一个时期都更大的自由度。[①] 但是，这种普惠科技、贸易、金融的自由的承诺的实现，还有待于法律等制度的保障。全面智能化和泛在连接的叠加，显然蕴含着人人只能选择进入而不能选择退出数字经济活动的风险。数字经济时代的活动自由显然是一种意识形态上的主张，而且很容易受到讽刺，就像人们说的那样，富人和穷人都可以在网络上和顶级专家交流，或在推送的新闻下面欢呼或置若罔闻。但是，数字经济时代的自由特征意味着这个社会形态中的劳动者和消费者都需要具备和提升信息素养。随着数字技术向各领域渗透，劳动者除了需要具有专业技能，还需要具有数字技能，消费者也需要数字素养以正确地决定是否以及如何运用数字化产品和服务，由此，数字素养成为数字经济时代的一种基本能力、基本条件和基本人权，是数字经济发展的重要要素。[②]

再次，数字经济也需要竞争性，要对经济活动参与者施加限制，防止经济信息的扭曲。习近平主持中央政治局第三十四次集体学习时指出，数字经济健康发展有利于推动构筑国家竞争新优势，当今时代，数字技术、数字经济是世界科技革命和产业变革的先机，是新一轮国际竞争重点领域。数字经济时代的竞争不仅有传统经济中的国内经济效率和公平的考虑，更有提升国家竞争力的考量。数字经济中的数字代表的是数字技术，是一种通用技术。通用技术决定了不同的经济形式和经济时代，推动经济形态的更替和演进。通用技术是可识别的、最初有很大改进空间的但又因

① 参见中国信息化百人会课题组：《数字经济：迈向从量变到质变的新阶段》，电子工业出版社2018年版，第4~5页。

② 参见马化腾、孟昭莉、闫德利等：《数字经济：中国创新增长新动能》，中信出版集团股份有限公司2017年版，第8页。

为具有多种不同用途而被广泛应用于整个经济、产生很多溢出效应的技术，通用技术分为产品、处理过程和组织系统三个方面。[①]数字经济在产品方面的通用技术是信息网络，带来的是数据和信息，在处理过程中的通用技术是大数据、云计算、人工智能等信息技术，而组织系统方面的通用技术是数字平台。平台化组织替代传统的经济组织公司，将无数的供给者和需求者联系在一起，各种类型、行业的中小企业接入平台而直接服务于消费者，进行低成本沟通、汇集信息，促使供给和需求信息的高效流动和精确匹配；同时，平台能够更好地满足需求的供给方，将获得更大的市场资源，这也能够加速资源优化配置，共同构成一个超大规模的分工、协作体系，平台经济体的边界不断被技术拓展。[②]

复次，传统经济活动有效进行所依赖的信息制度发生了变化。数字经济是一个数据加软件的新世界，人们认识和参与经济活动的方法越发转向模拟择优和大数据分析，样本数据加机理模型或者海量数据加大数据分析模型，都将实现模型算法化、算法代码化、代码软件化，把数据转化成信息，适应快速变化的市场和竞争环境。[③] 但这种基于数据驱动的价值创造和参与范式高度依赖数据的及时、完整、准确的性质和数据技术的安全发展和应用。信息技术进步是数字经济发展的不竭动力。信息收集、处理和输出等方面的技术进步，移动互联网、物联网、大数据、云计算和人工智能技术，如同光、电、水、气等基本生产要素一样渗入各行各业与经济

---

① 参见汤潇：《数字经济：影响未来的新技术、新模式、新产业》，人民邮电出版社 2019 年版，第 4 ~ 5 页。

② 参见汤潇：《数字经济：影响未来的新技术、新模式、新产业》，人民邮电出版社 2019 年版，第 45 ~ 48 页。

③ 参见中国信息化百人会课题组：《数字经济：迈向从量变到质变的新阶段》，电子工业出版社 2018 年版，第 9 ~ 10 页。

活动的各个环节，提升了经济活动的效率，驱动业务创新。随着信息技术的创新和应用，数字基础设施成为新的基础设施。[①] 中央政治局第三十四次集体学习的内容要求加快新型基础设施建设，加强战略布局，加快建设高速泛在、天地一体、云网融合、智能敏捷、绿色低碳、安全可控的智能化综合性数字信息基础设施，打通经济社会发展的信息"大动脉"。要全面推进产业化、规模化应用，重点突破关键软件，推动软件产业做大做强，提升关键软件技术创新和供给能力。在数字经济时代，重要的技术至少包括大数据、云计算、人工智能、物联网和5G通信等，它们都发挥着重要作用，但更为通用的是前三种技术。[②]

最后，数字经济需要对信任的制度性安排以保障其在更大范围内的规模性、更高层次上的效率性。互联网匿名性、虚拟性和不确定性会使互联网信任存在较大风险，初始信任难以建立，出现危机后进一步影响互联网信任。[③] 这种信任更加不是一种人际信任，甚至不是组织信任，而是一种技术信任。市场（更一般的社会）上的信任关系是通过一系列不同的非正式和正式机制（持续的商业关系、贸易协会的会员资格、许可、消费者保护法、合同法、规范信托关系的代理法等）来建立和管理的，[④]而数字经济中的信任更多依靠技术建立和维持。例如新的基于交易数据的信用体系，实现

---

① 参见马化腾、孟昭莉、闫德利等：《数字经济：中国创新增长新动能》，中信出版集团股份有限公司2017年版，第7页。

② 参见汤潇：《数字经济：影响未来的新技术、新模式、新产业》，人民邮电出版社2019年版，第65页。

③ See Ye, D. W. & H. H. Emurian, *An Overview of Online Trust: Concepts, Elements, and Implications*, 21 *Computers in Human Behavior* 105 (2005). 参见管金平：《社会基本信任形态在网络环境中的范式更迭与制度回应》，载《学习与实践》2015年第4期。

④ See Lindsay Farmer, *Taking Market Crime Seriously*, 42 Legal Studies 508 (2022).

了网络信用服务，创建了新型开放有效的信用评价体系，每个人的信用分等于财富。[①] 区块链通过加密技术形成一个去中心化的可靠、透明、安全和可追溯的分布式数据库，变革了数据的记录、传播和存储管理模式，不同于单一信用背书实体的信任机制，降低了信用成本，简化了业务流程，成为新的商务基础。[②] 但是，区块链技术虽然比现有制度和技术更加可靠安全，但也并非理想中的那么安全，被盗和黑客攻击的隐患依然相伴而生。一般来说，信任机制的目的是诱导信任，但同时带来了不当行为的可能性，因为违法者可能会寻求利用最初为保证信任而建立的机制。[③] 数字经济的某些特征如代理人的广泛使用或交易的自动化凸显了其信任的技术性和脆弱性——高度专业化的销售特定商品或证券的市场只存在于网上，买方和卖方从不见面，在那里，买家和卖家可能已经被编定好的程序算法替代，在贸易商品达到一定的价格时自动进行交易。[④] 对算法技术的信任带来了交易的高效率，但算法的脆弱性及对其脆弱性的利用导致了交易和经济的风险。

四、经济制度特征形塑的经济刑法规制

这是法典化背景下数字经济刑法规制的内容体系层面。法典化背景下数字经济刑法规制的行为对象是指在数字经济时代刑法

① 参见汤潇：《数字经济：影响未来的新技术、新模式、新产业》，人民邮电出版社 2019 年版，第 12 页。

② 参见马化腾、孟昭莉、闫德利等：《数字经济：中国创新增长新动能》，中信出版集团股份有限公司 2017 年版，第 65 ~ 66 页。

③ See Lindsay Farmer, *Taking Market Crime Seriously*, 42 Legal Studies 508 (2022).

④ See JP Pardo-Guerra, *Financial Automation, Past, Present, And Future*, in Knorr Cetina & Preda eds., Oxford Handbook of the Sociology of Finance, Oxford University Press, 2012, p. 922 – 928.

规制这一章刑法典的内容下进一步梳理出小节及其主要罪行的框架。上述制度性特征充其量只是关于经济有效运行所需条件的假设,所以有必要采取经济架构或设计方面的制度性措施,确保预防和制止剥削、信息失灵或反竞争的经济失灵结果,达到自由、高效和充分竞争的经济结果。此时也可能需要外部机构的规制,包括对刑法的使用。这种干预的目的不一定是带来特定的结果,还可能是确保市场行为的稳定性或可预测性,并以社会可接受的方式分配负担和责任。[①] 哪些行为应定为数字经济犯罪、如何定为犯罪的问题,其答案来自理解数字经济的制度性特征以及刑法在执行行为的制度性规范中可能发挥的作用。刑法一直是经济构成和经济监管的重心,刑法理论可以在四个领域批判性地探讨和参与经济在现代社会中的地位问题。根据上述三大利益目标,结合数字经济外部性问题的刑法关注,可以相应地提出四小节的行为对象予以重点关注:(1)数字经济构成性要素的刑法保障;(2)数字经济运行性条件的脆弱性刑法预防;(3)数字经济效率性依托即标准性信任的刑法保障;(4)数字经济外部性问题的刑法内化。刑法在这四个方面与数字经济产生交互,全面保障数字经济公平有效、安全有序,维持数字经济与社会生活其他领域之间的合理关系。

(一)构成性保障

刑法对于数字经济具有构成性功能,即确定数字经济的相关要素(如知识产权、个人信息、系统数据、虚拟财产)的合法利用,构成数字经济运行的基础。经济指不同市场整合在一起和组织起来的方式,市场是经济的核心场域和基础机制,所以数字经济的初期探讨可以可靠地从作为核心场域和基础机制的市场得到诸多启

---

① See Lindsay Farmer, *Taking Market Crime Seriously*, 42 Legal Studies 508 (2022).

发。在这些术语中,经济比市场更广泛,包括生产、分销以及组织这些活动的组织,而市场是个人或集体代理人交换商品和服务的制度。[①] 市场是社会互动的场所,在这里,人们在竞争的条件下用金钱交换与商品和服务有关的权利。[②] 可见市场必不可少的基础要素是被交易的商品和服务,个人或集体的生产者和消费者,以及进行交易的机制和制度。刑法对于市场秩序的构成性,根据法默教授的研究,在于三个层面。[③] 首先,刑法规定了财产安全(反对盗窃)和合同安全(反对欺诈),这对于个体能够追求自我利益的稳定社会秩序具有基础性的作用。其次,刑法规定了市场的界限,即能够被买卖的对象是什么,能被允许的交易类型有哪些,能缔结交易合同的主体有哪些,由此规定了能够商品化的东西及其能被交易的条件。最后,刑法规定了市场的完整性(反对操纵),确保了市场的运行。有了刑法在上述三个层面的构成性保障,市场和经济才能在最基本的层面上得以运作和展开。

在数字经济时代,刑法的构成性保障依然主要在三个层面进行,但其内容和问题有了新的表现形式。首先,数字经济当然需要刑法对于财产和合同的保障。换言之,财产犯罪和合同诈骗犯罪相关条款当然应该用于数字经济的构成性保障。但是,数字经济时代的财产和合同本身的表现形式发生了变化,或其受到侵害、需要保护的形式发生了变化。数据是数字经济这一社会性新形式的关键要素。《数字经济规划》提出,要充分释放数据要素价值,激活

---

① See Lisa Herzog, *Markets*, Stanford (Sep. 8, 2017), https://plato.stanford.edu/archives/fall2017/entries/markets/.

② See P. Aspers & J. Beckert, *Value in Markets*, in Aspers & Beckert, The Worth of Goods, Valuation and Pricing in the Economy, Oxford University Press, 2011, p. 4.

③ See Lindsay Farmer, *The "Market" in Criminal Law Theory*, 85 The Modern Law Review 435 (2022).

数据要素潜能。是故，虚拟财产、知识产权、数据、个人信息的财产性质能否得到认同、认同到何种程度，深刻影响数字经济的基础。盗窃网络虚拟财产的，其数额认定应当参照被害人的实际财产损失，而不能将销赃金额认定为盗窃数额。[①] 此时刑法承认了虚拟物的财产性保护。但是，《刑法修正案（七）》将非法获取计算机信息系统数据行为予以犯罪化，主要是为了解决网络盗窃的法律适用问题，特别是因为盗窃的主要对象——网络账号、网络游戏装备等虚拟财产的财务属性存在争议，价格也难以认定。[②] 此时刑法以扰乱公共秩序的罪名间接保护虚拟财产，保护的范围和程度发生了变化。在张某毛盗窃案（最高人民检察院指导性案例 37 号）中，法院认定，破解该域名所绑定的邮箱密码，通过变更网络域名绑定邮箱及注册 ID，实现了对域名的非法转移。因为网络域名的稀缺性和交换价值，具备法律意义上的财产属性，盗窃网络域名可以认定为盗窃行为。这似乎又为刑法保护虚拟财产、知识产权、数据的财产性利益划定了稀缺性和交换价值的范围，将数字经济的基础性要素进行了较大程度的认可和扩展。[③] 然而，对于共享经济对传统产权理论的冲击，刑法并未作出充分回应。侵害数据使用权的行为并未侵害刑法现在关注的所有权，数字经济中的数据使用权却可以共享，如获得一个序列码就可在网络中下载和享受正版软件及其后期服

---

① 参见朱铁军、沈解平：《孟动、何立康盗窃案［第 420 号］》，载熊选国主编：《刑事审判参考》第 53 集，法律出版社 2007 年版，第 42 页。

② 喻海松：《最高人民法院研究室关于利用计算机窃取他人游戏币非法销售获利如何定性问题的研究意见》，载张军主编，最高人民法院研究室编著：《司法研究与指导》2012 年第 2 辑（总第 2 辑），人民法院出版社 2012 年版，第 127～136 页。

③ 具有“独创性”的网络著作权客体，具有“秘密性”“价值性”的商业秘密，与著作权、商标权、专利权等一样作为知识产权加以特别保护。参见杨志琼：《我国数据犯罪的司法困境与出路：以数据安全法益为中心》，载《环球法律评论》2019 年第 6 期。

务。数字经济中财产权各项权能的关系和重要性次序发生了重大变化,[①]财产、合同受到侵害,需要刑法保护的形式也发生了变化。

其次,数字经济也需要刑法确定市场的边界。但这个市场的边界概念发生了重大变化。《数字经济规划》提出要培育规范的数据交易平台和市场主体,建立健全数据市场运营体系,严厉打击数据黑市交易,营造安全有序的市场环境。传统市场的边界可能主要在于毒品、人体器官等违禁品、管制品的商品化问题,但数字经济是一个更为复杂的经济形态。参与主体的准入问题、经济活动的对象问题、经济活动的条件问题,都变得远为复杂、多样、动态。(1)数字经济的低门槛性使得人们获得了前所不能的权利和经济活动范围,如开网店、国际贸易等,需要工商和国际贸易管理规则与之相适应。[②] 这些权利的实现和数字经济活动的开展需要保障参与者数字素养的不断提升,也要确保规范的与时俱进。利用儿童等特定群体的信息素养脆弱性进行数字经济交易活动,已然开始受到法律的规制。[③] (2)经济活动对象问题主要体现在个人信息能否成为经济活动的对象的问题上。数字经济高度依赖个人信息以准确、高效地进行经济活动。《数字经济规划》要求进一步强化

---

① 参见郭旨龙:《非法获取计算机信息系统数据罪的规范结构与罪名功能——基于案例与比较法的反思》,载《政治与法律》2021 年第 1 期。

② 汤潇:《数字经济:影响未来的新技术、新模式、新产业》,人民邮电出版社 2019 年版,第 269 页。

③ 2021 年文化和旅游部办公厅《关于加强网络文化市场未成年人保护工作的意见》第 7 条提到:严禁借“网红儿童”牟利。严管严控未成年人参与网络表演,对出现未成年人单独出镜或者由成年人携带出镜超过一定时长且经核定为借助未成年人积累人气、谋取利益的直播间或者短视频账号,或者利用儿童模特摆出不雅姿势、做性暗示动作等吸引流量、带货牟利的账号依法予以严肃处理。第 8 条提到:要有效规范“金钱打赏”。网络文化市场主体不得以打赏排名、虚假宣传等方式炒作网络表演者收入,不得以虚假消费、带头打赏等方式诱导未成年人用户消费。

个人信息保护，规范身份信息、隐私信息、生物特征信息的采集、传输和使用，加强对收集使用个人信息的安全监管能力。我国公民个人信息犯罪经过刑法修正，较为完整地保护了个人信息不受非法获取、转让。刑法修正针对一些常见的信息类黑灰产样态，确定了信息类黑灰产的边界。[①] 然而，合法获取或转让之后的非法使用问题，仍然没有得到合理的解决。[②] (3)活动条件问题主要体现在数据收集、处理、交易及数据出境等环节。在明确数据权属的基础上，促进数据在不同主体之间充分分享，是数字经济的内在要求。[③] 数据控制者形成的数据集合具有相对独立性，带来了大数据经济利益，但其具有影响信息主体和其他多重社会利益的可能性，需要在数据收集、处理、存储和披露环节设定行为边界，[④]即需要在明确数据获取、处理、交易和出境规则的基础上，刑法规则界定该领域活动的边界。例如各国对数据爬取都是通过确立数据权属性质进行私法赋权，通过规范数据收集、存储、转让和使用的规范进行公法规制。[⑤] 民法忽视了数字经济中人们对非结构化数据的权利，但刑法可用数据安全罪行进行保护和确定活动边界。[⑥] 根据数据安全性质是否受到侵害，可以将善意地发现安全漏洞并反馈给互联网平台或软件制造商，以敦促其修复完善系统，而不恶意加以利用

① 参见喻海松：《网络犯罪黑灰产业链的样态与规制》，载《国家检察官学院学报》2021年第1期。

② 参见肖雅菁、郭旨龙：《刑民衔接视角下侵犯公民个人信息罪的规范重构》，载《江西师范大学学报(哲学社会科学版)》2021年第5期。

③ 参见汤潇：《数字经济：影响未来的新技术、新模式、新产业》，人民邮电出版社2019年版，第270页。

④ 参见吴亚光：《论数据财产权成立的权利客体基础》，载《图书馆建设》2021年第3期。

⑤ 参见程啸：《论大数据时代的个人数据权利》，载《中国社会科学》2018年第3期。

⑥ 参见杨志琼：《数据时代网络爬虫的刑法规制》，载《比较法研究》2020年第4期。

的行为排除在刑法规制之外。[①] 近几年数据爬取的调查行动导致以数据爬虫为代表的数据获取和使用行为萎缩,这有损大数据产业发展,阻碍互联网公司了解用户需求以进行有效营销、行业创新、不断提高完善自身人工智能等技术,反而可能强化数据寡头的市场优势,不利于数字经济市场边界的合理拓展。[②] 以计算机犯罪对竞争对手爬取数据的行为进行刑事指控,其实是将计算机网络刑法转化为数字经济刑法,以实现反竞争的目的。[③]

最后,数字经济也需要刑法保障其完整性,不受非法操纵。例如,对数字竞争中产生的垄断,《数字经济规划》要求突出竞争政策基础地位,强化反垄断和防止资本无序扩张,推动平台经济规范健康持续发展,维护公平有效市场。2022 年,最高人民法院《关于充分发挥司法职能作用　助力中小微企业发展的指导意见》提出,要依法认定经营者滥用数据、算法、技术、资本优势以及平台规则等排除、限制竞争行为,防止资本无序扩张,保护中小微企业生存发展空间。但在刑法的视野下,数字经济的快速创新特点导致相关市场和市场支配地位等都具有暂时性和不稳定性,同时,网络平台作为数字经济的重要组织形式,具有外部网络性特征,其规模大彰显了社会价值大,有一

---

① 参见刘艳红、杨志琼:《网络爬虫的入罪标准与路径研究》,载《人民检察》2020 年第 15 期;孙道萃:《网络"白帽子"的罪责边界审思:从袁某案说开去》,载《法律适用(司法案例)》2017 年第 16 期。

② 参见杨志琼:《美国数据犯罪的刑法规制:争议及其启示》,载《中国人民大学学报》2021 年第 6 期;孙禹:《强行爬取公开数据构成犯罪吗》,载《国家检察官学院学报》2021 年第 6 期。新生数据企业如果不能从 LinkedIn 抓取数据将会面临倒闭,这显然不利于数据自由竞争和数字经济的发展。See *HiQLabs, Inc. v. LinkedInCorp.* 273F. Supp, 3d1099 (N. D. Cal. 2017).

③ See Jamie L. Williams, *Automation is not Hacking: Why Courts must Reject Attempt to Use the CFAA as an Anti-competitive Sword*, 24 Boston University Journal of Science & Technology Law 416 (2018).

定的自然垄断趋势。[①] 是故，刑法何时打击非法操纵，以保障经济完整性，即使是对于一个显而易见的例子而言——如美国《谢尔曼法》(Sherman Act)制定的针对卡特尔行为的刑法——也不简单。[②] 该法案的起源在于解决大公司对个人自由和民主构成的政治威胁的愿望，而不是维护竞争的经济政策。[③] 数字经济平台跨界竞争对传统的市场竞争理论产生了冲击。为此，反垄断的刑法规制不是一概地为了维护竞争本身，而是要考量社会总成本和总福利，在社会福利或成本一定时，使另一端达到最大化，而具体是哪一端，需要国家政策的决定。例如，数据平台网站撤销数据爬取授权会影响数据竞争，故其撤销在具备保护用户隐私、数据安全、维护自身数据权益、提高数据产品或服务质量、提高消费者福利且不会严重排除、限制数据市场竞争的条件下才具有正当性，[④]此时刑法对撤销授权之后的数据获取行为才有必要介入，以维护数据竞争市场完整性。

(二)脆弱性预防

刑法要预防和打击数字经济系统运行产生的易被利用的脆弱性，因为市场系统运行中总会有可被利用的脆弱性，这导致一些非法行为得以出现。对此，法默列举了竞争中的卡特尔、利用内幕的

---

① 参见汤潇：《数字经济：影响未来的新技术、新模式、新产业》，人民邮电出版社 2019 年版，第 270 页。

② See Harry V, Ball & Lawrence M. Friedman, *The Use of Criminal Sanctions in the Enforcement of Economic Legislation: A Sociological View*, 17 Stanford Law Review 197 (1965).

③ See Lindsay Farmer, *Taking Market Crime Seriously*, 42 Legal Studies 508 (2022).

④ See Amber Zamora, *Making Room for Big Data: Web Scraping and an Affirmative Right to Access Publicly Available Information Online*, 12 The Journal of Business, Entrepreneurship & the Law 203 (2019). 参见殷继国：《大数据经营者滥用市场支配地位的法律规制》，载《法商研究》2020 年第 4 期；杨志琼：《美国数据犯罪的刑法规制：争议及其启示》，载《中国人民大学学报》2021 年第 6 期。

欺诈以及洗钱相关的刑法条款，认为这些非法行为的违法性都在于创造、利用市场机制中的价格扭曲、信息不对称、市场制度体系中控制机构的内幕知识。[①]

相较于传统市场，数字经济系统中的脆弱性更加多样化、动态化和规模化，刑法的预防和打击也更为重要和复杂。前文已述及，数字经济的信息机制高度依赖数据性质和数据技术，数据的准确性、可用性和完整性是数字经济信息机制得以有效运转的基础。《数字经济规划》提出要强化数据安全风险评估、监测预警和应急处置。此种要求的一个背景是，数字经济的模式决定了网络黑灰产的模式，数字经济从注重电脑的普及，发展到网站、系统和软件的推广，再到现在的点击、浏览和使用的流量，从计算机巨头的一对多经济模式发展到当代的人人参与、交互共享的经济模式，个体的参与给网络黑灰产提供了环境条件。[②] 数字经济消费者在进行许多决策时，都可以轻而易举地从网络上获得其他先行者的信息，从而强化了网络信息外部性和网络支付外部性，使得消费者在网络和数字经济中更容易表现出从众行为，这也导致了数字经济参与者可利用虚假数据信息传播引发从众行为或利用用户隐私信息进行精准诱导。[③]

数据平台或流量控制方进行数据操纵的机会主义行为是为了数字经济中流量的强大资本价值功能和利润价值标签效用。[④] 信

---

① See Lindsay Farmer, *The "Market" in Criminal Law Theory*, 85 The Modern Law Review 435 (2022).

② 参见刘宪权：《网络黑灰产上游犯罪的刑法规制》，载《国家检察官学院学报》2021 年第 1 期。

③ 参见习明明：《网络外部性、同伴效应与从众行为——基于不完美信息贝叶斯模型的实证研究》，载《当代财经》2020 年第 11 期。

④ 参见吴瑶、肖静华、谢康：《数据驱动的技术契约适应性创新——数字经济的创新逻辑（四）》，载《北京交通大学学报（社会科学版）》2020 年第 4 期。

用是数字经济的灵魂，但刷单炒信等黑灰产业链严重影响着数字经济的正常发展。在更大范围内，利用黑公关删帖，利用网络水军乃至算法进行发帖、控评的流量造假黑灰产业链，已经弥漫到虚假营销、扰乱舆论环境、破坏公平竞争经济环境的整个生态圈。[①] 刑法应当预防和打击常业化、规模化、组织化、算法化的数据造假等扰乱数字经济数据全生命周期的黑灰产犯罪行为。学者认为，当传统犯罪不能打击黑灰产犯罪的目的行为时，可用侵犯计算机系统安全犯罪甚至妨害信息网络安全管理秩序犯罪来预防和打击黑灰产的手段行为。[②] 这是因为不少黑灰产涉及宣传推广和技术支撑的环节，涉及犯罪利益链条中的多种帮助行为，是故刑法增设了专门的计算机安全罪名和网络管理秩序罪名。[③] 此外，传销、洗钱等机会主义行为都利用了数字经济系统和机制的脆弱性，需要进一步研究和处理。[④]

---

① 参见《重刑严惩"刷流量"黑产，才能让口碑成为真正的流量》，载中国经济网，http://www.ce.cn/xwzx/gnsz/gdxw/202001/10/t20200110_34094752.shtml。

② 参见皮勇：《网络黑灰产刑法规制实证研究》，载《国家检察官学院学报》2021 年第 1 期。

③ 参见喻海松：《网络犯罪黑灰产业链的样态与规制》，载《国家检察官学院学报》2021 年第 1 期。

④ 基于区块链技术首次发行代币，向众多不特定网民募集比特币、以太坊等流通性和可兑换性较强的数字货币的行为虽被有关部门禁止，但在无边界性的数字环境中，全面永久禁止如此高效的数字金融创新模式不太现实，它可能转入地下或国外。对此，刑法应当理性、谨慎地确定介入范围和条件，即它可能构成组织、领导传销罪，诈骗罪，非法经营罪的范围和条件。参见王冠：《基于区块链技术 ICO 行为之刑法规制》，载《东方法学》2019 年第 3 期。比特币等"去中心化"支付系统并未完成合法性或正当性的证明。相反，中心化的货币与外汇监管措施难以有效规制通过比特币交易实现本币与外币的兑换以及跨境流动，加之比特币本身在法律性质上的高度不确定性与不稳定性，进一步凸显出比特币的市场风险、比特币市场参与者受到金融犯罪侵害的风险、国家对货币与外汇市场监管的失控风险以及比特币自身潜在的经济崩溃损失风险，远超传统庞氏骗局等大规模欺诈犯罪的程度。参见谢杰：《区块链技术背景下金融刑法的风险与应对——以比特币交易对外汇犯罪刑法规制的冲击为视角》，载《人民检察》2017 年第 8 期。

数字经济系统的脆弱性不仅体现为基础数据的性质安全上的风险，而且体现为以算法为代表的数字技术应用安全上的风险，需要刑法的考量和适时介入。将“最严算法”作为配送时限考核要求，进行系统自处理，意味着数字控制从实体的机器、计算机设备升级为虚拟的软件和数据，平台系统通过收集、分析骑手数据并将数据结果反作用于骑手，使劳动秩序成为可能，这一数字控制不仅削弱着骑手发挥自主性的反抗意愿和空间，还使他们在不知不觉中参与到对自身的管理过程中，资本控制手段正从专制转向霸权。[①] 劳动领域的算法脆弱性问题不仅体现为零工经济上的算法霸权，还体现为招聘中的算法歧视。[②] 其他领域的算法进行杀熟、算法促使沉迷问题也让人对数字经济的信心受到影响。[③] 数字沉迷导致家庭失和、工作失效、社交失败、精神失控等诸多利益危害，法律需要介入算法机制，重塑人们的选择结构，以激励更多提升用户自身福利和他人利益的行为。[④] 欧盟委员会于2021年提出的《人工智能法案》为欧盟人工智能系统的开发、市场布局和使用制定了统一的规则，并遵循基于风险的相应方法，将人工智能的使用风险区分为不可接受的风险、高风险和低风险或最小风险。该法案第二章中被禁止的做法清单包括了所有被认为违反了联盟价值

---

① 参见陈龙：《“数字控制”下的劳动秩序——外卖骑手的劳动控制研究》，载《社会学研究》2020年第6期。

② See Ifeoma Ajunwa, *An Auditing Imperative for Automated Hiring Systems*, 2 Harvard Law & Technology Journal 621 (2021).

③ 2021年年末，国家网信办、工信部、公安部、国家市场监管总局联合发布《互联网信息服务算法推荐管理规定》，第8条规定，算法推荐服务提供者应当定期审核、评估、验证算法机制机理、模型、数据和应用结果等，不得设置诱导用户沉迷、过度消费等违反法律法规或者违背伦理道德的算法模型。

④ 参见彭錞：《“算法防沉迷”义务首次写入我国法规，亦属世界首创》，载《法治周末》2022年1月4日，第2版。

观(例如违反基本权利)而不可接受的人工智能系统。该法案第5条禁令涵盖有以下重大潜能的人工智能实践——通过超越其意识的潜意识技巧操纵他人,或利用儿童或残疾人等特定脆弱群体的脆弱性,从而在物质上扭曲他们的行为,可能对他们或他人造成心理或身体伤害。该条还禁止公共机关及其代表为一般目的将基于人工智能的社会评分在市场上投放、投入服务或使用。①

(三)标准性信任

刑法要有效保护参与主体对嵌入数字经济系统的标准化操作(如数据标准、技术标准)的信任。刑法对于传统市场一直在进行嵌入信任和行为标准的操纵。对此,法默列举了伪造通货、使用错误的度量衡、销售冒充货等行为的犯罪化条款,认为这些刑法条款目的在于对通货、度量衡和货物质量进行标准化,使得市场交易参与者不用检查每次交易或评估交易对象的可信赖性。② 这就使得市场交易中的个人信任发展到了市场化的标准化操作的制度信任。③

《数字经济规划》要求加快研究制定符合我国国情的数字经济相关标准,开展数字经济标准国际协调,研究推进数据安全标准体系建设,推动数据资源标准体系建设,推进平台企业行业服务标准建设。数字经济的刑法保障也意味着刑法需要将那些试图破坏参

---

① See European Commission, *Proposal for A Regulation of The European Parliament and of the Council Laying Down Harmonised Rules on Artificial Intelligence (Artificial Intelligence Act) and Amending Certain Union Legislative Acts*, EC (Jan. 6, 2021), https://eur-lex.europa.eu/legal-content/EN/TXT/? uri = CELEX:52021PC0206.

② See Lindsay Farmer, *The "Market" in Criminal Law Theory*, 85 The Modern Law Review 435 (2022).

③ See J. Vernon, *Distant Strangers. How Britain Became Modern*, University of California Press, 2014, p. 111.

与数字经济的人们对于数字经济系统可靠性的信任的行为予以犯罪化，以保障数字经济要素和活动的共享、交换、协作与开放。但是，数字经济系统中的信任不仅有制度信任，还有数据信任、技术信任和机器信任等新的信任形式，需要刑法的保护。

首先是制度信任的刑法保护。有检察官提出要维护数字经济市场秩序，维护数字企业管理秩序，打击内部人员侵占、挪用财产的犯罪。[①] 然而，《刑法》分则第三章规定的背信类犯罪主体限于国有企业工作人员，《刑法修正案(十一)》并没有像学者建议的那样将背信类犯罪的主体拓展到所有经济主体的工作人员。[②] 数字经济的多数大型企业和绝大多数中小企业是民营企业，大型数字经济企业尤其是跨国性大型数字经济企业的内鬼背信类犯罪危害巨大，即使是中小型数字经济企业，由于其借助了数字技术在时空上的延展性，其社会波及面也远比传统中小企业更大。是故，刑法应当加强数字经济领域的背信犯罪的规制，填补数字经济领域重要制度易被破坏的漏洞。但是，应当“通过制度构建、机制完善、经营调整等方式防范降低经营风险，促进企业依法合规经营”[③]。数字经济企业出现制度性的背信犯罪往往是因为新业态规则不健全、安全意识不完善，其治理结构不同于传统公司，导致其面对内部背信犯罪时并无充分的保障机制。刑事合规建设可帮助数字经济企业“培育网络社会素养，提升数字经济发展韧性和互联网自我净化能力，避免网络空间治理步入‘管理主义’‘重刑主义’

① 参见贾宇：《检察机关参与网络空间治理现代化的实践面向》，载《国家检察官学院学报》2021年第3期。

② 参见时延安：《差异化治理格局下不同市场主体的刑法保护》，载《国家检察官学院学报》2021年第3期。

③ 贾宇：《检察机关参与网络空间治理现代化的实践面向》，载《国家检察官学院学报》2021年第3期。

等误区”①。

其次,数字经济时代新的信任形式也需要刑法的保护。技术契约相较于传统的正式契约呈现出基于技术特征选择行为,初始成本高、执行成本低、大量信息与行为可被低成本监控、过程和结果皆被控制、时间动态、无形等特征。② 区块链技术已经在司法存证和民事经济交易中被广泛应用,开始受到法律的认可。为此,既要制定政策支持区块链在更多的信任应用领域广泛落地,又要通过法律法规与监管措施,不断完善监管外延,减少因区块链滥用而出现的违法风险事件的发生。③ 刑法必须对区块链这种高新技术基础上信任机制的风险种类有一定程度的认识和防范。存储层数据被破坏、窃取安全的风险,以及应用层用户薄弱环节,是最容易为刑法所关注的,但这显然也是最基础的安全要求,并非区块链信任机制的主要安全风险。在协议层,共识算法、P2P 网络、密码学等技术核心机制层的安全问题主要由开源的底层代码及潜在的协议漏洞引发。在扩展层,智能合约或可编程合约设计和开发中可能存在的安全漏洞包括合约代码漏洞、业务逻辑漏洞等。这些安全风险要从安全开发、代码安全分析、安全评估和测试这三个方面进行内部技术检视、外部技术审计、外部法律监管这三个流程的应对。④ 共同协作的技术构造使得数字信任取代人际信任,促进了犯罪主体联结和犯罪行为参与,刑法需要在技术发展的过渡时期用技术性手段罪名包容不同场景下不明确的犯罪风险,然后在特殊

---

① 贾宇:《检察机关参与网络空间治理现代化的实践面向》,载《国家检察官学院学报》2021 年第 3 期。

② 参见吴瑶、肖静华、谢康:《数据驱动的技术契约适应性创新——数字经济的创新逻辑(四)》,载《北京交通大学学报(社会科学版)》2020 年第 4 期。

③ 参见杨继:《区块链、互联网信任与制度设计》,载《上海经济研究》2021 年第 6 期。

④ 参见张绍成等:《区块链风险与安全问题研究——从技术架构的角度》,载《辽宁大学学报(自然科学版)》2020 年第 2 期。

的新兴、专业领域用专业性罪名展现技术手段和利益类型的精细化、明确化;去中心化的技术瓦解了平台的监督管理地位,平台担负的契约义务是基于制成区块链市场而产生的提供适当的交易系统,就通常能够预见的不法故障风险建立相应的防止、整备体制。[①]简而言之,这些犯罪行为建立在对信任机制和由此组织、促进和产生的不法行为机会的事先理解之上,由此面临的更广泛的刑事化问题是何时适宜使用刑法来加强这些信任关系。

(四)外部性内化

刑法要制止数字经济系统运行的负外部性,鼓励数字经济系统参与主体将那些在系统外产生的负面影响(例如歧视其他个体或群体,能耗、污染问题)内化考虑在系统内。"外部性"一词被经济学家用来描述那些没有反映在特定交易价格中的成本,这些成本将由更广泛的社会承担。[②] 对于市场活动的负外部性,法默以生产过程中的污染为例,它被犯罪化,是为了威慑污染者,并鼓励污染者将成本予以内化,同时,外部性意味着更广泛意义上的理解,即刑法处理某些市场行为的社会成本不仅是在规制市场本身,还是为了保障更大意义上的文明秩序,规制的是社会和市场之间的关系,分配这些社会成本的公平性由此影响了刑法和市场的正当性。[③]

数字经济创造的负外部性秩序问题远比传统的市场经济创造的秩序问题更为复杂、多样和动态,刑法需要用来回应这些秩序问

---

① 参见秦雪娜:《区块链技术背景下参与犯的转型与刑法的体系应对》,载《法律科学(西北政法大学学报)》2020年第5期。

② See David Campbell, *The "Market" in the Theory of Regulation*, 27 Social & Legal Studies 545 (2018).

③ See Lindsay Farmer, *The "Market" in Criminal Law Theory*, 85 The Modern Law Review 435 (2022).

题的系列方式也更为显著。数字经济和数字社会、数字治理等外部领域是相互影响和塑造的，共同嵌入更大的文明秩序，由国家和法律通过持续调整的过程进行保障。数字经济具有显著的正外部性，包括减少资源消耗、环境污染；[①]数字经济的负外部性秩序问题主要体现在冲击传统社会、数字社会和数字政府的运转、目标和价值上。《数字经济规划》要求强化数字经济安全风险综合研判，防范各类风险叠加可能引发的经济风险、技术风险和社会稳定问题；依法依规做好网络安全审查、云计算服务安全评估等，有效防范国家安全风险。

数字经济体在数字经济活动过程中享受了国家和法律提供的正外部性。《数字经济规划》提出，受内外部多重因素影响，我国数字经济发展面临的形势正在发生深刻变化，要开展政务数据与业务、服务深度融合创新，促进社会服务和数字平台深度融合，探索多领域跨界合作。可见平台主导不是因为其拥有生产资料和付出内部资源，而是因为其利用国家信息基础设施，利用了网络效应——使用其产品和服务的消费者形成一个网络，其他消费者的加入会产生额外的价值，网络的价值与系统中连接的用户数量的平方成正比。网络效应带来平台对用户、用户对平台、用户对用户等全方位立体式的交互影响。[②] 然而，监管的缺失导致数字经济体产生的负外部性由社会承担。经过平台公司对控制权的重新分配，平台系统与消费者取代了平台公司对骑手进行管理。平台公司看似放弃了对骑手的直接控制，实则淡化了雇主责任；劳资冲突

---

① 参见和军、谢思：《基于高质量发展的政府监管变革》，载《中国特色社会主义研究》2019 年第 2 期。

② 参见沙烨：《数字财富鸿沟：数字控制与资本控制的叠加效应》，载《文化纵横》2021 年第 5 期。

也被相应地转嫁到平台系统与消费者之间。[①] 数字经济平台将原本并无关系的零工经济劳动者与消费者强行联系起来,过度透支双方之间的信任,降低各方的满意度、安全感和责任感,容易引发社会问题。[②] 通过监管理念、策略、工具和支撑性等方面的弱项补足,可将社会成本——如外卖员的违法交通规则和伤亡,又如滴滴司机、乘客之间的不当行为——内化为数字经济体内部系统的规则合理范围,如记为工伤并享有相应福利和赔偿。[③] 2021 年,英国最高法院认定优步司机是雇员,享有最低工资、带薪休假等权利。[④] 同年,我国七部委联合发布的文件要求平台建立合理的收入分配机制,平台和第三方为建立劳动关系的外卖员工参加社保,且不得将最严算法作为其考核标准,适当放宽配送时限。[⑤] 我国刑法已经将恶意欠薪等影响全面小康和社会和谐稳定的负外部性行为予以犯罪化,[⑥]迫使企业将负外部性考虑予以内化。未来是否要将数字经济活动中的负外部性通过刑事监管予以内化,取决于经济法之

---

① 参见陈龙:《"数字控制"下的劳动秩序——外卖骑手的劳动控制研究》,载《社会学研究》2020 年 6 期。

② 参见卢江、刘慧慧:《数字经济视阈下零工劳动与资本弹性积累研究》,载《天津社会科学》2020 年第 4 期。

③ 参见沙烨:《数字财富鸿沟:数字控制与资本控制的叠加效应》,载《文化纵横》2021 年第 5 期。

④ See Uber BV & others (Appellants) v. Aslam & others (Respondents), [2021] UKSC 5.

⑤ 参见国家市场监管总局、国家网信办、国家发展改革委、公安部、人力资源和社会保障部、商务部、中华全国总工会七部门联合印发的《关于落实网络餐饮平台责任切实维护外卖送餐员权益的指导意见》。

⑥ 参见王世玲:《恶意欠薪入刑——解读"拒不支付劳动报酬罪"司法解释》,载《劳动保障世界》2013 年第 7 期;党日红:《"恶意欠薪"刑法规制必要性思考》,载《中国劳动关系学院学报》2011 年第 4 期;陈荣飞、肖敏:《恶意欠薪之犯罪化理据探寻——以刑法修正案(八)为背景的考察》,载《社会科学家》2011 年第 3 期。

类的前置监管是否有效。处理数字经济系统内外的权利冲突、监管困境时，不可片面保护某一方面的权利和利益，而应当综合考量社会总成本和总福利。

五、结论

本书并不直接寻求确定数字经济时代刑法规范的具体内容，更不寻求确定法典化背景下数字经济刑法规制的司法标准，这是法典化背景下数字经济刑法规制的法律运行层面。确定何时适于刑法介入以规制该类、该领域的数字经济风险行为，即构建基础性的立案追诉标准，是刑法规制要解决的核心规范性问题。此时既要对数字经济不法行为本身的危害性程度有基础性的评价标准，又要对数字经济的司法政策和民、行、刑衔接机制有系统的考虑。这些都是未来要重点研究的问题。

本书认为，先确定数字经济时代刑法的规制方式和内容体系更为基础和重要。而数字经济时代的刑法的规制方式和内容体系的确定在很大程度上有赖于数字经济的核心制度性特征的明确。数字经济的制度特征即那些旨在使数字经济过程有效运作的特征，可以被视为围绕公平有效、安全有序的经济社会政策目标下的系列经济条件——数据资源、参与者信息素养和数字平台公平竞争作为构成性要素，数据的及时、完整、准确性质和数据技术的安全发展和应用作为运行性条件，大数据、云计算、人工智能等通用技术的信任作为效率性依托——而被组织起来的。这些都是非常普遍的特征。当然，它们可能在不同的数字经济中以不同的方式制度化，使用包括民法和刑法在内的一系列机制，数字经济本身可能或多或少受到正式监管。然而，通过探讨这些特征在不同的时期、不同的数字经济中所制度化的方式，我们可以开始更为精妙地分析刑法在构成不同的数字经济中表现出来的作用。此外,刑法不是外在于数字经济,而是已经在构成数字经济的过程中发挥作用。至关重要的是,通过将数字经济置于分析中心,我们可以看到数字经济犯罪的更具体的特性,也就是说,某些犯罪集合有什么共同之处,以及我们如何可以看到这一领域法律的更普遍的形态与特征。

对核心制度性特征的明确保障了数字经济是一个独特的社会性新形式、新领域,面向数字经济的刑法规范也将有自己的形成方式和体系化方式。由此,刑法治理数字经济的理念和方式也能更加契合数字经济所处的现代信息技术环境,与其展开良性交互,嵌入整个数字治理的文明秩序。在此基础上,数字经济的刑法保障体系能够实现治理体系和治理能力的适配性。这也再次提示我们,传统刑法理论认为刑法是一个自适应系统,是一个逻辑自洽的系统;但现代风险社会的刑法理论认为,刑法越来越多地与其他规范系统和社会性形式进行交互,是一个相互影响的过程和样态。

第二章 信息秩序视角下的数字财产及其刑法保护

本章概要：对于数字经济时代的传统网络虚拟财产、数据和新型加密资产等数字财产，大部分研究承认了各个类别数字财产的财产属性，却未能就数字时代的财产属性进行一个整体性的阐发。少部分研究认可了数字财产的财产属性，却否定了侵犯数字财产该当财产犯罪的构成要件，未能在现有刑法框架下合理解释和处理侵犯数字财产的犯罪。从信息理论出发，财产是一种信息系统，一种阶层性地记录和传播了事物性、财物性、财产性的信息有机体。三种数字财产都可能符合这些财产属性。数字财产的信息理论提供了数字财产犯罪的刑法定性评价与定量分析的可行性。在定性评价上，本身具有可复制性的数字财产如数据一般不能被获取型犯罪侵害，但可为毁灭型犯罪所侵害。在财产犯罪的刑法定量评价上，应当重视财物性本质在于使用价值，交换价值只是可能实现的使用价值的估算合意，所以犯罪数额的认定标准不仅包括交换价值意义上的金额标准,还包括更契合使用价值这一财物性本质的数量标准。

关键词:网络虚拟财产　数据　加密资产　财产信息体　财产犯罪

互联网、大数据和云计算的出现,使得网络虚拟财产和数据的财产问题研究蓬勃兴起。[①] 这些财产均可以归纳为数字财产,其既包括基于公法义务而拥有公共担保的实体(如数字法定货币),又包括基于私人商业决策的存在模式[如虚拟物品、数据、比特币、非同质化代币(NFT)等]。本章聚焦于后一种数字财产。

既有研究为促进数字经济的规范、健康和可持续发展,进行了治理框架和规则体系的有益探索。但存在两个问题:一是既有研究将各类数字财产形式进行区分探讨,在数字财产发展的早期和研究的早期是合适的,但在当下数字经济需要系统性治理时,这些研究欠缺对法律保护的整体性思考。域外至少已经将网络虚拟财产和数据,即我国《民法典》上明确列举需要法律保护的数字财产形式,进行了系统反思。[②]二是既有研究未能统筹协调多部门法领域。在刑法界,有的将财产犯罪认定阶段的(占有转移)要素提前到财产属性的认定阶段,要求不可复制性,[③]这会提早限定数字时代的财产范围;有的区分了财产属性的认定阶段和财产犯罪的认

① 参见陈兴良:《虚拟财产的刑法属性及其保护路径》,载《中国法学》2017 年第 2 期;沈健州:《数据财产的权利架构与规则展开》,载《中国法学》2022 年第 4 期。

② See Kevin Dong, *Developing a Digital Property Law Regime*, 105 Cornell Law Review 1745 (2020); Brian F. Fitzgerald, *Digital Property: The Ultimate Boundary*? 7 Roger Williams University Law Review 47 (2001).

③ 参见陈兴良:《虚拟财产的刑法属性及其保护路径》,载《中国法学》2017 年第 2 期。国外民法学者也有类似观点。See Joao Marinotti, *Tangibility as Technology*, 37 Georgia State University Law Review 671 (2021).

定阶段，却在承认财产属性的前提下过分固守传统解释所形成的犯罪构成教义，仍要求物理性占有，[①]从而导致数字财产犯罪的刑法认定不能。

对于问题一，本章尝试在信息伦理学的指引下，将数字财产理解为一种信息机制的社会安排，对各类数字财产的财产属性进行系统性的重述和反思。此种理论认为，外在于人类的事物，以及人类自身，都是以信息化的方式体现和表达的有机体（信息体），它们的成长兴衰都是信息化环境中的重要事件，需要用伦理甚至法律去评价和规范。[②] 相对应的财产观念是，财产制度是一种由人类发展出来传播特定信息模块的技术机制，符合这种信息传播机制社会安排的事物就是法律上要面对的财产。[③] 对于问题二，本章从数字财产属性认定问题的跨部门法研究出发，尝试在考虑民法等部门法与刑法的充分互动和有效区分的基础上，探讨数字财产犯罪认定的路径，从而促进民商、经济法中的财产认定机制进一步与刑法中的保护相贯通。在实证法上，中美两国对于网络域名财产属性的界定和保护，为部门法一体化提供了有益的参考。[④]

为此，本章将系统重述和反思数字财产的属性与保护。在信息理论的指引下，本章将财产属性阐述为层层递进的事物性、财物性、财产性。符合这三个属性的数字财产可以被认定为法律要保护的财产。然后，本章将结合数字财产的信息机制和财产犯罪行为的基本构造类型，对侵害数字财产行为是否、如何该当财产

---

① 参见徐凌波：《虚拟财产犯罪的教义学展开》，载《法学家》2017 年第 4 期。

② 参见［英］卢恰诺·弗洛里迪：《信息伦理学》，薛平译，上海译文出版社有限公司 2018 年版，序言第 4 页、正文第 93 页。

③ See Thomas Merrill, *Property as Modularity*, 125 Harvard Law Review 151 (2012).

④ See *Kremen*, 337 F. 3d at 1030. 我国最高人民检察院在 2017 年公布的刑事指导性案例张某毛盗窃案（检例第 37 号）中也对域名财产犯罪进行了认定。

犯罪构成要件,以及如何对数字财产犯罪进行定量评价,进行系统研究。

一、信息理论下的事物性

财产中的占有概念要求我们研究事物性(以下简称物性),因为占有行为要求存在一些具有物性的事物被占有。例如学者在研究财产性利益犯罪时,在研究占有的内涵之前,会先界定行为对象财产性利益本身。[①] 通过将物性从占有中分离出来,可以发现物性在财产概念中的独特角色,然后对占有作出更准确、更一致的定义。

(一)信息体的物性

物性是作为一个独立的人类活动对象事物的属性。物性应当是确定的,能明确一事物和其余世界即其他事物的界限,只有如此,财产法才能分配该事物给行为人去占有,分配给他人不得干扰的义务。物性的确定发出了该事物独立于外界的信息,所有相关方都能收到和理解该信息。这减少了所有发现和遇见该事物的人的信息处理成本,因为所有人都明白该事物是一个独立的对象,随之可以开始考虑其占有问题。具有物性的资源是财产权利的构成性维度,是财产法律关系的基本构成要素。

资源的一些属性的集合被当作一个单元(模块),即一个事物独立地作为人类活动的对象。我国传统法学理论将物性理解为物的规格,即物的特定性和独立性。特定性是指物在存续上依照社会观念(特别是经济观念)具有同一性,所以物的一部分或构成部分难以被直接支配,也难以被公示。而独立性是指一个物能独立

---

① 参见李强:《财产性利益犯罪的基本问题》,法律出版社 2020 年版,第 56 页。

于其他物而被支配和利用，特别是能在经济观念上被独立交易。[①]这说明物性的判断既可以通过简单的物理性信息来进行，也可以通过复杂的社会观念来进行。

在该资源是有形的对象时，人们可以依赖与生俱来的认知能力，利用物理上的单独性和时空连续边界，来自动地、直觉地识别和区分该事物独立于外界。[②] 然而，这种方法对于无形资产似乎是有问题的，因为没有明显的手段来辨别它们的边界。财产权对象的事物与物理性边界越分离，权利和义务所带来的信息负担就越重。[③] 人们首先面临着确定对象事物边界的问题，他们需要寻找合适的信息以作出该判断。

如果人们可以不依赖显著的有形边界，就能产生和有形边界引发的人们自动依靠直觉作出对象事物独立于外界的类似判断，那么无形资产作为行为对象事物的独立性也是可能的。具体而言，显著的社会实践、规范或习俗就可以帮助人们确定财产法对象事物的边界。[④] 在认知科学上，显著是指一个刺激通过与激励结果相关联而获得的重要性。[⑤] 人们通过获得和认知一个社会实践、规范或习俗的内容（信息），获得了一个刺激，这个刺激与事物被认定为一个单独的整体越是有强相关性，那么这个社会性信息刺激在

---

① 参见林旭霞：《虚拟财产权研究》（修订版），法律出版社2018年版，第84～85页。

② See Thomas W. Merrill & Henry E. Smith, *The Morality of Property*, 48 William & Mary Law Review 1849 (2006).

③ See Larissa Katz, *Exclusion and Exclusivity in Property Law*, 58 University of Toronto Law Journal 275 (2008).

④ See Joao Marinotti, *Possessing Intangibles*, 116 Northwestern University Law Review 1227 (2022).

⑤ See Thorsten Kahnt & Philippe N. Tobler, *Reward, Value, and Salience*, in Jean-Claude Dreher & Léon Tremblay eds., Decision Neuroscience: An Integrative Perspective, Academic Press, 2017, p. 109.

确立事物的独立性时就越具有重要性和显著性。显著性在决定什么算是一件人们财产活动的独立对象时很重要。羊群、企业设备之类集合物的概念意味着我们的社会习惯于在经济上将可以打包有效利用的东西组合在一起,作为一个独立的财产活动对象。此时,这些原本各自是一个独立活动对象的事物不再独立,而是作为一个新的独立对象的不可分割的组成部分。学者认为,考虑到相关人群共享某一社会性信息刺激的显著性的概念,每个人的估算导致他的行为方式印证了其他人的预测,从而形成并延续了惯例。行为人自己对于社会性信息刺激的感知给他提供了实用主义的标准,以分辨可估算的和不可估算的规则性,而不考虑任何先前的关于一些规则性比另外一些规则性更可能进行估算和预测的信念。① 此时,有形性仅仅是确定事物独立性的一种显著性,显著性还包括其他社会性信息刺激,例如社会实践、规范或习俗,而且这种社会性信息刺激可以是比有形性更为重要的显著性,更能帮助人们确定财产活动对象的独立性边界。

由此,事物是由信息组成的一种信息对象,事物的物性就是这种信息对象的模块性,它决定了财产关系的基本界限。学者认为,事物的独立性边界并不一定是物理性的,但一定是信息性的。正如一块土地是由确定该地存在的四至边界的信息组成的,而通常没有相对于临近土地的物理性边界。又如一幅有物理边界的画,画框的界限(长度和宽度的信息)和该画是一个完整的事物(尽管由不同成分组成)的概念使得该画模块化,得以限制信息成本。物性在有形的意义上并没有告诉我们哪一件东西(部件、零件或整个汽车)是财产的基本单位。如果将我们所熟悉的物理

---

① See Robert Sugden, *Salience, Inductive Reasoning and the Emergence of Conventions*, 79 Journal of Economic Behavior & Organization 35 (2011).

物性,而不是信息化的物性,误认为是财产的必要条件,将会大大削弱应用于财产的信息成本理论的力量。[①] 事物的物性代表了该事物是一个完整、独立的模块,所有人只需要搜索到这个信息对象就可以开始考虑该事物的占有问题。模块化在 20 世纪上半叶对物理建筑和 20 世纪后期对计算机科学的虚拟建筑变得重要。[②] 设计良好的代码创建的对象,在信息的意义上,就像传统的事物一样,尽管它们没有有形或物理的组件,即代码中的对象是一个功能包,但它产生一个简化的输出,供系统的其他部分交互和使用。[③] 财产中的事物就像代码中的对象一样,是紧密相关的数据功能集合,而其物性就是简化输出给所有相关人们的信息模块("该事物是在一定时空范围内稳定独立的整体")。在信息理论看来,模块是在某些抽象层次上分析一个事物信息来源的结果。每个事物都是一个信息化实体,是一个融贯的信息包,即其是本身不包含任何矛盾信息并可以在一个信息进程中被命名或指称的项目。[④] 所以,外在的信息体是存在于传统的自然环境中,还是存在于完全信息化的网络环境中,对于人类这种唯一有意识的信息体类型而言,并无本质区别,它们都是人类能够理解的独立、完整的信息体。

---

① See Joshua A. T. Fairfield, *Bitproperty*, 88 Southern California Law Review 805 (2015).

② See Margaret Jane Radin, *Boilerplate Today: The Rise of Modularity and the Waning of Consent*, in Omri Ben-Shahar ed., Boilerplate: The Foundation of Market Contracts, Cambridge University Press, 2007, p. 189.

③ See Joshua A. T. Fairfield, *Bitproperty*, 88 Southern California Law Review 805 (2015).

④ 参见[英]卢恰诺·弗洛里迪:《信息伦理学》,薛平译,上海译文出版社有限公司 2018 年版,第 44、93 页。

（二）信息体的更新

美国法院认为，就像一份公司股票或一块土地一样，域名是一种明确界定的利益。注册域名的人决定那些调用该特定名称的人会被发送到互联网上的什么地方。[①] 域名是一个能够在信息化环境中通过社会实践、规范或习俗显著区分于其他同类信息体和其他类信息体的事物。我国最高人民检察院指导性案例 37 号没有明确提出域名的事物性要求，但其附着的相关法律规定暗含了这一要求。《互联网域名管理办法》第 30 条规定，域名注册服务机构提供域名注册服务，应当要求域名注册申请者提供域名持有者真实、准确、完整的身份信息等域名注册信息。这表明，域名包含了准确、完整的信息，是一个在其运行过程中不包含矛盾信息且可以被命名或指称的有机信息体。

然而，域名案件中存在的一个争议是信息体的更新是否会影响信息体的物性。被告人提出，域名服务系统不是一个文档，因为当更新的域名信息在互联网上广而告之时，它每 12 小时更新一次。法院认为，一个文档不会仅仅因为经常更新就不再是文档。如果是这样，每当股东定期增加或删除时，股票登记就会失效；每当商业卡片增加或删除时，客户地址文件就会失效。文档是通过插入和删除特定记录来更新，还是通过用全新的文件替换旧文件来更新，这是一个没有法律意义的技术细节。[②] 法院承认了更新后的文档仍然是一个具有物性的独立信息体。问题是，它还是原来那个信息体吗？

这个问题在传统网络虚拟财产的认定中格外重要。虚拟世界

---

① See *Kremen*, 337 F. 3d at 1030.

② See *Kremen*, 337 F. 3d at 1035.

的有意更改或代码中未检测到的错误会导致不可预见的后果，例如重大的变化和功能的添加、删除或改变。[①] 这之后的虚拟物品例如装备、土地等还是原来的那个信息体吗？克隆羊多利得到的尊重不比其他自然羊少，创设的全新的大脑也不必然导致更少的尊重。[②] 可见，一个信息体在更新之后是可能被认为仍然是同一个信息体的，条件是社会实践、规范或习俗对它们不进行显著区分。传统自然环境下有的花长得飞快，一周长满花盆，但人们仍可将其作为同一个事物看待。在网络信息环境下，一个装备或一块土地的功能变化也可不影响其作为同一个信息体。因为用户社群不仅接受这些更改，而且期望并共同讨论它们。[③] 此外，如果该信息圈的信息主体不再接受更新之后的信息体为同一个信息体，那么他们需要就新的信息体进行物性上的判断，而判断的结果仍然是，该信息体是一个完整、独立的事物。

（三）信息体的中断

中心化的权威机构具有规定传统网络虚拟财产如装备、游戏币，新型加密资产如中心化加密货币等数字资产的内容、使用甚至存在的技术能力。信息体由此在理论上面临着随时可能因中心化权威机构的决定、倒闭而被中断、灭失的问题。那么，具有这种危险的信息体还具有物性吗？我国司法反对网络虚拟财产作为财产进行保护的一大理由是它们不符合自然期限论，其存在的期限由

① See Joao Marinotti, *Tangibility as Technology*, 37 Georgia State University Law Review 671 (2021).

② See Jacob Turner, *Robot Rules: Regulating Artificial Intelligence*, Palgrave Macmillan, 2019, p. 166 – 170.

③ See Joao Marinotti, *Tangibility as Technology*, 37 Georgia State University Law Review 671 (2021).

网络运营商决定而非自然消亡。[①]

信息体的存续期间如何确定并不影响信息体本身的物性。因为在其灭失之前,它就是一个完整独立的个体,区别于同类信息体和其他类信息体。此外,传统自然环境中的信息体的存续期限也并不都是由自然消亡确定的。在其自然消亡期限到来之前,社会实践、规范或习俗也可提前结束其存续期。食品、其他用品乃至建筑物的存续,都可以通过法律规范予以提前终止。有价证券等价值形态之物的存续期间更是受限于证券交易商等第三方,法币、国债的存续期间也取决于发行方,但这都不影响对其物性的认可。

事实上,不管是信息体的更新,还是信息体的中断,涉及的都是物性的稳定性问题。作为财产关系对象的事物必须具有一定程度的永久性或稳定性。这种永久性或稳定性不仅取决于在传统物理时空维度上的变化程度如何,更取决于信息化环境中的人类信息体是否能够接受、适应这种变化程度,即能否根据信息化环境中的社会实践、规范或习俗予以认可。正如传统信息环境中有价证券、货币的稳定性得到社会的认可,网络信息化环境中的中心化权威机构控制下的信息体的稳定性也大多得到认可。服务商对于信息体的更改和灭失受到法律规范、合同关系、数字经济伦理乃至市场竞争力量的制约,而不可能是随心所欲、毫无理性的突变、大变。这就确保了网络信息化环境下的信息体仍然具有一定程度的稳定性或永久性。

综上所述,作为财产关系对象事物的物性,在信息理论的视野里,是作为一个独立的信息化有机体的属性。这种物性不要求一定通过物理性有形边界来确定,还可以通过信息化环境中的社会

① 参见姜金良、袁海鸿:《侵入他人游戏账号窃取虚拟财产构成非法获取计算机信息系统数据罪》,载《人民司法》2015年第6期。

实践、规范或习俗来确定。是故,数据、网络虚拟财产乃至加密资产,在人类信息体的视野里,都可以分割成一个个独立的信息体,有待人类信息体去发掘其财物性价值,确定其财产性关系。特别地,上述无形资产可在一定条件下交易,就说明它有较为成熟的独立化的方式。

二、信息理论下的财物性

具备物性的事物首先要有价值性才能成为财物,从而有可能进入财产法律关系的视野。事物的价值性可称为财物性,包括使用价值和交换价值。

(一)财物的使用价值

事物的价值性在于人类认为某一具有物性的信息体具有使用价值。当且仅当一件事物被某个人类信息体需要或期望时,它才有价值,有待进一步进入财产法律关系。财产是人类求生和追求更大满足感的自由意志的具体化表现——事物要如何被加以利用而发挥效用,取决于个人在其主观上的目的性,该人对该事物有一定的使用意思,认识到该事物能够满足自己一定的需求,该事物就具备使用价值,并不要求在客观上已有具体的利用行为,而随着使用意思的扩张,使用价值有无限变化的可能性。[①] 不管我们的环境是物理的、虚拟的,还是增强现实的混合体,只要个人自决仍然是

---

① 参见张天一:《时代变动下的财产犯罪》,台北,元照出版有限公司2015年版,第76、79、81、101页;易继明:《财产权的三维价值——论财产之于人生的幸福》,载《法学研究》2011年第4期。该理论起源于黑格尔:人将自己的意志或人格置入某事物,从而产生了财产主张,使其成为他的财产。参见[德]黑格尔:《法哲学原理:或自然法和国家学纲要》,范扬、张企泰译,商务印书馆1961年版,第50页。See Margaret Jane Radin, *Property and Personhood*, 34 Stanford Law Review 957 (1982).

人类追求幸福的一种需求,财产的概念就会对人类的想象力产生强大的吸引力。① 对象可以通过感觉或纯粹的理解而被认识到,成为权利的标的,故可将无体物和因缺乏严格意义上的有体性而无法被物理性感知、触及的对象归入法律保护的经济财产,无体财产权则处在极为广泛的、迅速发展的特别法中。② 例如,最高人民检察院指导性案例37号认定"网络域名是网络用户进入门户网站的一种便捷途径,是吸引网络用户进入其网站的窗口"。人格完善的追求证明了财产存在于那些对我们的性格和情感或心理健康至关重要的事物中,而网络虚拟财产、数据也可以代表、促进非虚拟世界中的(金钱或享乐)价值。③

人类信息体需要通过特定信息化环境中的社会实践、规范或习俗所承认的表达方式将使用意思传播出去。因为只有在信息为他人所知时,他人才有必要考虑是否加以尊重,法律才有必要考虑是否加以保护和调整。在传统的自然环境中,适格的使用意思的表达方式往往是占有的客观行为或意图表达,甚至是直接加以使用或创造,这些客观事实乃至口头表达都显著地表明该人类信息体开始将其使用意思投射于外在的事物。而在新型的网络化信息环境中,信息体并不是天然的,而是人类信息体有意识地创造出来的,这个创造出来的过程就显著表明了创造者对其具有加以利用的意识,并不需要进一步由他人持有或直接利用才能显示出人类

① See Joshua A. T. Fairfield, *Owned: Property, Privacy, and the New Digital Serfdom*, Cambridge University Press, 2017, p. 243.

② 参见[德]罗尔夫·克尼佩尔:《法律与历史——论〈德国民法典〉的形成与变迁》,法律出版社2003年版,第279~280页。

③ See Litska Strikwerda, *Theft of Virtual Items in Online Multiplayer Computer Games: An Ontological and Moral Analysis*, 14 Ethics Inf Technol 89 (2012); Natalie M. Banta, *Property Interests in Digital Assets: The Rise of Digital Feudalism*, 38 Cardozo Law Review 1099 (2017).

信息体对于网络信息体的利用意思。例外情形是，创造者表达出该信息体具有被他人利用的可能性的意思，此时需要他人对该信息体加以持有或直接利用，才能向外界传达出该信息体具有使用价值的意思。此时创造者并不能替其他人类信息体决定使用意思，否则他人就没有意志自由了。

对事物使用价值的承认和尊重并不需要人类信息体完全确定使用价值的范围。学者认为，很难想象虚拟土地使用权的明确边界是可识别的，因为潜在的资产将进行视觉和功能升级，改变一系列可能的用途，而且用户界面的预期更新将改变虚拟土地的一系列禁用用途。[①] 这似乎意味着其他人类信息体必须能够确定网络游戏中的信息体对其持有者的使用价值的明确范围，他们才能开始进行尊重。然而，该学者也明确提出，一项用途只有为法律和合同所禁止，或者根本不可能以该种方式进行使用，它才不在一个人的使用自由之内。对所有者使用自由的限制并不是法律上的障碍，而是不可分割的一部分。因为通过参照所有者对他人的外部义务来界定所有者的使用自由，可对使用自由进行界定。所有者的使用自由包括他没有义务避免的对某物所有可能的使用。[②] 网络游戏中的可能用途和不可能用途、允许的用途和不允许的用途，在特定的时间点，即他人行为的时间点，都是确定的，并不因为服务商可能会随时改变用途的范围而变得不确定。只要其他人类信息体在特定的时间点可以实现某种用途，那么该用途就是持有该网络信息体的用户现在可能实现的使用自由之一。所以，他人必

① See Joao Marinotti, *Tangibility as Technology*, 37 Georgia State University Law Review 671 (2021).

② See Joao Marinotti, *Tangibility as Technology*, 37 Georgia State University Law Review 671 (2021).

须开始考虑是否尊重用户现在可能的所有用途。

(二)财物的交换价值

交换价值只是已实现的交换者的使用意思,是个人主观使用意思的特殊表现形式。李四用财物换取了张三持有的某信息体,此时张三可能认为该信息体具有对自己的使用价值,也可能认为没有,但张三和李四达成了该信息体具有针对李四或者第三人的使用价值的意思表示一致。由此,我们可以理解最高人民检察院指导性案例 37 号的要旨内容——“网络域名属稀缺资源……具有市场交换价值,所有人可以以货币形式进行交易”。

当事物的供给无边无际或不存在或者需求不存在时,交换价值就无法形成。[①] 金钱价值是一种交换价值判断的尺度和信息符号,将个人与大众对于某一事物的需求度予以数量化表达,金钱数量之高低反映了需求度之高低。[②] 确切地说,稀缺性是供求关系的结果。如果一件东西比需要它的人多,那它就不稀缺。经济学家认为,一件东西越稀缺,它的价值就越高,这不是绝对的,因为一件东西可能一天比一天稀少,却因为没有人要它而毫无价值。没有什么东西本身有价值,消费者通过寻求获得它而赋予它价值。因此,事物的价值从来都不是客观的属性,而总是主观的关系(事物满足人们的实际目的)。[③]

值得注意的是,有形性是稀缺性的糟糕标准:有形的物理性资

① 参见张天一:《时代变动下的财产犯罪》,台北,元照出版有限公司 2015 年版,第 80 页。

② 参见张天一:《时代变动下的财产犯罪》,台北,元照出版有限公司 2015 年版,第 68 页。

③ See Faustino Ballvé, *Essentials of Economics: A Brief Survey of Principles and Policies*, trans. & ed. by Arthur Goddard, D. Van Nostrand Company, Inc., 1963, p. 13, 17.

源可能是稀缺的,例如宝石,也可能不是稀缺的,例如石头;无形的资源如比特币,是稀缺的,但无形的资源如无上限的公共分类账中的条目,并非稀缺的。[①] 知识产品和数据在绝大多数情况下不具有稀缺性,即权利人之外的人类信息体可以非常轻易地获得他自己的一份,因为知识产品和数据大多已经公开在信息化环境中了,例如著作、专利和其他网络公开信息。然而,一些知识产品和数据具有稀缺性,因为权利人对其采取了保密措施或技术措施,他人并不能轻易地获得,例如商业秘密和其他采取技术措施加以保护的大数据。正是因为有稀缺性,它们这些信息体也产生了交换价值,例如大数据交易的日益成熟。

此外,稀缺性是连续的,而不是离散的变量,即资产或多或少都是稀缺的。[②] 事物就算没有与经济交换价值相关的稀缺性,也可能存在与财物使用价值相关的稀缺性。没有交换价值的物品仅仅是没有经济价值的普通财物,其虽然不是经济商品,但仍然具有针对现有持有人或利用人的使用价值。在网络化信息环境中,互联网技术的关键应用似乎是对非稀缺、非竞争的信息的无限复制,而不是对稀缺性、竞争性资源的转移,这让设计用来调整稀缺性、竞争性资源的传统财产体系看起来不能马上适用。[③] 但是传统的桌椅板凳、当代的"农夫山泉"也存在商家大量复制的情形,却不影响每个复制品和原件都是独立的稀缺物。这就说明,不可复制性应该针对的是其他广大社会成员,而非生产商。虚拟物品对其他广

---

① See Joshua A. T. Fairfield, *Bitproperty*, 88 Southern California Law Review 805 (2015).

② See Joshua A. T. Fairfield, *Bitproperty*, 88 Southern California Law Review 805 (2015).

③ See Joshua A. T. Fairfield, *Bitproperty*, 88 Southern California Law Review 805 (2015).

大社会成员不可复制就够了，不应该对商家而言也是不可复制的。传统型的网络虚拟财产会有一个中央权威控制供应，但几乎没有商家会敞开供应。就算敞开供应，每个人都获得想要的数量，也还会有人想去破坏别人拥有的数量。一种资源之上发生冲突的可能性使它变得稀缺。别人的数量应当得到保护，因为从被破坏到重新获得想要的数量之间是有时间差的，此时仍有利益破坏，即使用价值的侵犯。它们就算是人人都能得到的免费事物，也并非就像我们呼吸的空气一样在需求和供应之间不存在时间差。只要存在相关信息体的供应在特定的时间点不能满足特定的人类信息体需求的稀缺性，特定的使用价值就可能需要他人予以尊重，需要法律进行保护。

三、信息理论下的财产性

《刑法》分则第五章的章名是“侵犯财产罪”，而具体各罪行为对象的表述大多是公私财物。这里的公私财物不仅是具有事物性和价值性的事实上的财物，还是具备财产性的法律上的财物。一个具有事物性、财物性的信息体要成为法律所规范的财产，必须具有财产性，即能够被有效地占有。我国学者大多将占有的事实性和规范性理解为相分离的要素，[①]近年来也有学者认为事实性支配是规范性支配这一本质的表象。[②] 限于篇幅，本章暂不直接介入这一争论，而是尝试一种新的信息理论视角——事实性支配是占有的信息性问题，而规范性支配是占有的正当性问题。

---

① 参见车浩：《占有概念的二重性：事实与规范》，载《中外法学》2014 年第 5 期。

② 参见李强：《作为规范性支配的占有——以日本的刑事判例为中心》，载《环球法律评论》2018 年第 1 期。

(一)占有的信息性

具备事物性和价值性的信息体在事实上是公私财物,但要成为法律保护的财产关系的对象,还必须具有财产性。如果信息体只是体现了人类信息体与外在信息体的直接关系,那么法律没有必要介入,由该人类信息体决定与外在信息体的利用和互动关系方式即可。然而,这种信息化环境中的情形是极为罕见的。设想张三在野外把玩石头或花瓣,李四打开电脑注册了一个域名,看起来只是一个人类信息体与一个外在信息体的直接关系,却随时会转化为和涉及与其他人类信息体之间的关系,例如王五看到了张三的行为或发现了该域名已被注册。此时的事实上的财物可能转化和承载了法律规范上的财产(关系)。转化的过程有赖于一个占有的建立,且这种人类信息体与外在信息体在信息化环境中的支配关系信息必须传播到外界,为其他人类信息体所知,才可能产生其他人类信息体对这种支配关系予以尊重的社会义务。

占有是沟通人类信息体与外在信息体之间控制关系的信息过程和传播行为。研究认为,哈利波特在隐形斗篷之下托悬一个苹果,这种物理现象并非占有,因为公众不会有一种人类体验,即知道苹果不能供他们使用。占有不能也不应该仅仅通过控制(甚至是控制的意图)的标准来定义。而赫敏的直接托悬行为向其他人传达了一个信息,那就是苹果不能被他们挪用。但是展示物理控制并不是传达资源不再可用这一事实的唯一手段。社群和文化可以共同地向象征性行为灌输相同的信息。[①] 占有体现为不同的象征性沟通行为,它们的作用都是表示有人类信息体控制了相关的

---

① See Joao Marinotti, *Possessing Intangibles*, 116 Northwestern University Law Review 1227 (2022).

外在信息体对象。在所有这些场景中,相关的沟通行为传达了相同的信息:该信息体资产目前无法被其他人类信息体获得和使用。[①] 这些行动传达了这些不得干扰的信息,没有任何进一步的沟通形式,社群成员不需要正式的文化知识的指导,就能轻松地学习它们。[②] 虽然权利人不能像传统物权权利人那样"强有力地占有数据信息、数字产品,但却可以通过加密、网关等技术对数据信息、数字产品进行控制"[③]。

一个事物的所有权和用途范围可能是复杂的,但这种复杂性信息不需要传播到第三方:对于作为陌生人的受众来说,这是一个简单的排除规则;当潜在的交易者进入时,这是一个复杂的正式规则;当相关的受众由内部人士(如共同所有人)组成时,这是一个潜在的无限多样性的规则和规范。[④] 人们不需要知道土地或汽车现在的用途是什么、现在的主人是谁,也知道不得未经允许而进入该土地,不得偷走停车场内的这辆车,因为由基本的排除性策略界定的事物调节了经常是匿名的各方的关系。[⑤] 在财产的信息理论看来,人们只需传播该物整体上是否可以被他人获取和使用的信息即可,是就是,不是就不是,而非要求传播具体的这项用途可以为他人所获,那项用途不可以的信息。这是合同可以约定的多变性事项,而非财物上的一般法律关系确定财物的归属和排除性需要

---

① See Joao Marinotti, *Possessing Intangibles*, 116 Northwestern University Law Review 1227 (2022).

② See Thomas W. Merrill, *Ownership and Possession*, in Yun-chien Chang ed., Law and Economics of Possession, Cambridge University, 2015, p. 27 – 28.

③ 郑佳宁:《数字财产权论纲》,载《东方法学》2022 年第 2 期。

④ See Thomas Merrill, *Property as Modularity*, 125 Harvard Law Review 151 (2012).

⑤ See Henry E. Smith, *Property as the Law of Things*, 125 Harvard Law Review 1691 (2012).

明确的事项,否则将给不特定多数的其他人类信息体带来过高的信息成本。

(二)占有的正当性

要由事实上的财物转化为法律上的财产(关系),除了要求上述占有关系的建立与占有关系信息的传播作为判断的基础材料,还必须具备社会实践、规范、习俗对此占有关系建立与占有关系信息传播的认可,如此才能认为占有人对该占有具有法律规范承认的、要予以保护的排他性声称与要求。人类信息体必须尊重社会实践、规范、习俗所承认的占有信息传播方式。因为它们是有效率的占有信息传播方式,能够确保权利和责任在我们人类信息体能够彼此预期的情况下进行分置,帮我们创设高度稳定和可预测的财产关系基础,是我们想要的能帮助我们规划生活的财产法律系统的一部分。

在网络信息化环境中,人类信息体也能通过物理性控制之外的系列象征性行为,向其他人类信息体沟通相关具有事物性和价值性的信息体已然不可为他人所获取和使用,他人必须予以尊重、不得干扰的信息。这种象征性行为可以是设置账号、密码或公钥、私钥的行为,或正在利用的行为,只要其为用户协议、合作协议、自律公约等特定的网络社群规则和习惯所接受,即可推定为其他人类信息体用户所共享的和社会上可理解的传播手段。美国法院认为,域名注册人对于独自占有具有正当的要求,因为注册域名就像在产权局对一块土地提出所有权要求,它告诉其他人,域名是注册人的,而不是其他人的。确保他们从自己的投资(为开发、推广基于域名的网站而花费时间与金钱)中获得收益,可以减少不确定性,从而鼓励投资,促进互联网的整体发展。[①] 我国最高人民检察院指导性案例 37 号也认可了通过先行绑定邮箱及注册 ID 来占有域名的合法性。同理,(垄断性的)运营商固然可以依照格式合同通过代码持有、管理、分配数字财产,但运营商应当维护用户对数据映射的财产占有状态的稳定性,使得用户可以自由处分,以维护数字经济产业健康运行所需的交互性和便捷性。[②]

占有是植根于社会生活而由社会规范构建的分配关系和财产秩序。[③] 其只是直接划定一套更完整的法律关系的捷径,当这种捷径无法有效地分配权利时,契约、法律原则和规范都可以用来凌驾于占有之上。[④] 毕竟,为特定社会实践、规范、习俗所认可的占有方式虽然确定了一个具有一定正当性的财产要求,但这种正当性的程度不如合同和法律所确立的正式财产权利要求。例如,原告利用 ICON 区块链网络协议中的一个意外错误创建了代币,并称被告 ICON 基金会不当干预了他对该加密资产的占有和所有权。原告认为他比被告具有更强有力的占有和所有权要求。[⑤] 此种情形下,原告通过创建代币和钱包控制传播了占有的信息,与他人包括被告确立了初步的财产关系,但被告可能通过(法律承认的)合同条款或其他法律原则、规范而确立更具有终局性的财产关系,更值得法律保护。果真如此的话,被告锁住钱包里的代币准备销毁,就没

---

① See *Kremen*,337 F. 3d at 1030.

② 参见余剑:《财产性数据的刑法规制与价值认定》,载《法学》2022 年第 4 期。刑法上的占有所确定的归属不同于民法上的“所有”,前者是更广义的一个概念。See Hein Wolswijk, *Theft: Taking a Virtual Object in RuneScape*,76 The Journal of Criminal Law 459 (2012).

③ 参见马寅翔:《占有概念的规范本质及其展开》,载《中外法学》2015 年第 3 期;[德] G. 拉德布鲁赫:《法哲学》,王朴译,法律出版社 2005 年版,第 137 页。

④ See Henry E. Smith, *Property as the Law of Things*, 125 Harvard Law Review 1691 (2012).

⑤ See *Shin v. Icon Found.* 20 – *cv* – 07363 – *WHO* (N. D. Cal. Aug. 9,2021) at 7.

有侵犯法律要保护的财产法律关系。学者认为,只有在更好的信息,即关于谁应该被认为是实际所有者的更好的数据基础上,财产所有权记录才会被推翻。也就是说,不存在真正的、绝对的所有者,只存在法律系统可以获取的最佳信息所表明的所有者。[①] 民法调整平等主体的自然人、法人和非法人组织之间的人身关系和财产关系。此时的财产关系不限于财产权利关系。《刑法》分则第四章的章名是"侵犯公民人身权利、民主权利罪",公民的人身权利是不言自明的人权,但财产权利并非如此,而是需要法律的认可。但刑法保护的财产(关系)不限于法律认可的财产权利关系,例如被告之外的其他人仍不得无故损毁原告创建和控制的代币,所以《刑法》分则在第五章的章名(侵犯财产罪)上才没有加上权利二字。

(三)占有的排他性

以上分析强调了,能够将具有事物性、价值性的财物不得被其他人获取和使用的信息沟通至外界的行为都是占有,而符合特定信息化环境中的社会实践、规范、习俗的占有会产生在法律上具有一定正当性的财产性要求,此时法律可以开始介入,予以保护。

一个相关的重要问题是,占有是否要求是排他的,对于排他性应当如何理解?最高人民检察院指导性案例37号提出:"网络域名注册人注册了某域名后,该域名将不能再被其他人申请注册并使用,因此网络域名具有专属性和唯一性。"前述的美国域名案例也强调了财产要能被排他性占有。这表明财产的占有必须具有排他性。那么财产是否要在性质上只能被排他性占有?学者认为,如果占有传达了他人不得获取和使用的信息,他人不得干

---

① See Joshua A. T. Fairfield, *Bitproperty*, 88 Southern California Law Review 805 (2015).

扰的义务就内含了该事物具有竞争性的要求,否则除了故意侵权的原因,他人没有理由在非竞争性的事物上可以完全使用或获得备份而不干扰占有人之时还去干扰占有人。[①] 非竞争商品,如知识产权、信息或数据,在性质上可以被自由复制或模仿。由此,每个副本或实例都可以并行使用,而不会产生直接的相互干扰。[②]

然而,这些表述并不意味着只有在竞争性的事物上才存在他人不得干扰的义务,其恰恰表明,即使是在非竞争性的事物上,也存在着这一义务,例如不得故意或过失灭失数字化信息体的载体或直接删除数字化信息体。同时,在非竞争性的事物上可以建立排他性的占有,使得和要求他人不得进行获取和使用。竞争性的事物如域名、比特币等不具有可复制性,[③]当然会导致其上成立的占有具有排他性。而非竞争性的事物虽然在事物属性上具有可复制性,不具有天然的排他性,但在社会实践中可通过保密管理、技术设定等方式,导致其上成立的占有也具有排他性,如商业秘密、加密的大数据等。[④] 数字财产的排他性导致在它的获取和利用之上可能发生冲突,适合财产法律的介入。

从民法立法表述的演变过程来看,数据和网络虚拟财产可以是物,可以是知识产品,也可以是其他类型的财产权利客体。《民

---

① See Joao Marinotti, *Tangibility as Technology*, 37 Georgia State University Law Review 671 (2021).

② See Konrad S. Graf, *Commodity, Scarcity, and Monetary Value Theory in Light of Bitcoin*, 3 The Journal of Prices & Markets 52 (2014).

③ 域名代表了早期信息化环境中的排他性技术方案,即一些中心化的实体,扮演着可信任名单管理员的角色。比特币代表了新近信息化环境下的排他性技术方案:区块链是中立的、用于跟踪竞争性数字利益的信息协议,不需要中央管理机构。See Joshua A. T. Fairfield, *Bitproperty*, 88 Southern California Law Review 805 (2015).

④ 持有者可以享有数据资源的排他性和竞争性。来小鹏:《用好数据要素,需理解数据资源持有权基本内涵》,载《科技日报》2022年9月5日,第8版。

法总则(草案一次审议稿)》(已失效)第 104 条规定:“……法律规定具体权利或者网络虚拟财产作为物权客体的,依照其规定。”此时明确了网络虚拟财产可以是物权的客体,要求具有排他性。但《民法总则(草案二次审议稿)》(已失效)第 124 条规定:“法律对数据、网络虚拟财产的保护有规定的,依照其规定。”此时并未明确其他法律规定对数据、虚拟财产的保护是归属到既有的财产权利类型框架,还是可以规定新的财产权利类型。在数据和网络虚拟财产通过技术手段或其他社会实践、规范、习俗所认可的手段,实现排他性支配(以及随之而来的排他的权利)时,它们可以是物。

如果我们承认无形资产上的标准化财产权(例如物权),那么至少在可以被独占这点上,域名和电子商务记录是相同的。[①] 美国立法、司法和理论都开始认为,用好标准性财产形式的分析能够界定无形资产的财产类别。如果交易的结构表明,转让方不打算在租赁期限结束时获得任何有价值的东西,那么该租赁实际上是一种出售。[②] 如果由于移走的成本和难度,“承租人”没有实际能力退回转让的货物,应当将许可证重新归类为销售。[③] 如果以一定价格永久放弃占有,那就是出售。[④] 如果不要价钱而永久放弃占有,那就是赠与或抛弃。但不管以何种形式永久放弃占有,他人用户都可以获得占有,如果是排他性的占有,那就是产生了典型的标准化财产关系。数字化信息环境中常有中心化的实体发布各式各样的

---

① See Juliet M. Moringiello, *What Virtual Worlds Can Do for Property Law*, 62 Florida Law Review 159 (2010).

② See U. C. C. § 1 - 203.

③ See *In re WorldCom, Inc.*, 339 B. R. 836 (S. D. N. Y. 2006) at 73 - 74.

④ See Juliet M. Moringiello, *What Virtual Worlds Can Do for Property Law*, 62 Florida Law Review 159 (2010). 虚拟财产服务商不应通过合同削弱对数字财产的财产权界定和保护。参见谢鸿飞:《财产权的公共性》,载《上海政法学院学报(法治论丛)》2022 年第 5 期。

格式合同或许可证,但这提高了人们的信息成本。为了发挥标准化财产形式的信息通知功能,提高财产关系的效率,无形资产上的权利也应当尽可能地标准化。

四、信息理论下的刑法定性评价

在通过事物性、财物性、财产性的阶层性标准认定传统网络虚拟财产、新型加密资产和数据可以成为法律所保护的财产之后,本部分探讨它们如何能够被盗窃、使用盗窃、诈骗等财产犯罪的行为方式侵害。

(一)占有侵害的认定

有研究认为虚拟财产是财产,但不同于有体物的以一定的物理性时空关系为基础的占有,虚拟财产只能在观念上被占有,并不能符合“打破并建立占有”的盗窃罪基本行为结构。① 然而,承认虚拟财产是财产,却不承认其可被占有是存在矛盾的。财产的概念必然包含占有的要素。上已述及占有的信息性,纯自然的控制关系即一个人类信息体对于外在信息体的控制,可以使得该外在信息体成为财物,但这并不需要法律的关注。关涉法律的财物意味着存在法律所关注的财产关系,这种财产关系的产生是因为对于财物的控制以一定的信息方式沟通到了外界,为其他人类信息体所知悉,对其他人类信息体产生了约束:该信息体资产目前归属于某个人类信息体,无法被其他人类信息体获得和使用。其他人类信息体要对此予以尊重。既然通过一定的信息方式确认了某一财物归属于某一信息体,那么就可以通过转移占有的信息方式来确认其归属于其他信息体。这种信息方式就是客观构成要件的实质内容。

---

① 参见徐凌波:《虚拟财产犯罪的教义学展开》,载《法学家》2017 年第 4 期。

确认占有的方式和确认转移占有的方式都是一种手段,目的是确认财物信息体的归属,确保人类信息体在财产关系上的可预见性利益。占有是一种人类信息体控制外在信息体的信息传播方式,占有的正当性意味着得到社会认可的信息传播方式具有优先受到法律保护的地位,即占有并不一定是一种全有或全无的二极判断,而可以是一定程度上的判断,更正当的占有信息传播方式得到社会的优先承认和尊重。传统物理空间中的时空关系基础上的占有固然能够得到社会认可,但数字空间中的信息技术控制也能够得到社会认可。例如论者明确承认“虚拟财产在不同账户之间的控制转换在日常语言中表达为‘转移’”[①]。这就表明,将这种信息环境中的数字控制手段作为确认财物归属的信息传播手段,是被社会普遍认可的。数字财产的占有方式依托的是信息技术环境下的一般性社会共识,刑事司法对此种占有的承认能够达到刑法的明确性要求。最高人民检察院指导性案例 37 号就认可了“行为人利用技术手段,通过变更网络域名绑定邮箱及注册 ID”完成域名的占有转移。

与其固守“原初”的构成要件定型性,放任刑法漏洞出现,不如发展出符合数字时代公民预期的行为结构,实现法益保护的目标。刑法教义学当然是对刑法固有条文的解释,但不是对某种原初解释的固守。事实上,打破并建立占有的基本行为结构也存在多种样态,否则就不会存在失控说、控制说、失控加控制说等论说之间的争议了。同样,在数字信息环境中,获得账号、密码信息可以认为是建立了占有,但并未排除权利人的占有,二者在客观上是共同占有。只有在修改密码或者将账户内的虚拟财产转移到另一个账户之下才排除了权利人的占有,即虚拟财产信息体不再具有归属

① 徐凌波:《虚拟财产犯罪的教义学展开》,载《法学家》2017 年第 4 期。

于权利人的信息外观了。

我国古代刑律也没有固守财物的自然属性来认定财产犯罪的行为结构。唐律根据体积大小、所处状况、自然属性和控制方法等,将财物概括为“器物之属”“阑圈系闭之属”“放逸飞走之属”,以此分类基础来明确“成盗”标准。① 器物之属须移徙,即器物、钱帛之类要离开本处,珠玉、宝货之类入手隐藏即可,木石重器应须驮载。② 阑圈系闭之属即马牛驼骡之类,须绝离常处,即出阑圈或解除栓系和封闭;放逸飞走之属即鹰犬之类,并无常处,须专制在已。③ 可以看到,传统空间中有体物的占有和占有转移,虽然都有一定的物理空间性,但并非都像第一类器物之属那样从一个固定的空间点转移到另一个空间点,而是可以像后两种那样,其中的一个空间点是不固定的,此时的控制已经介入了更多的社会观念因素。换言之,即使是在没有发达市场交易的自给自足的自然经济形态中,对财物的占有也可是观念性的。鹰犬并无固定的空间,却仍然可以被认定为某人已占有,比如通过标记,通过社群认可的喂养和训练方式,这些都是社会观念认可的占有信息传播方式。既然财产是一种社会关系,是人类命运共同体对于某一成员信息体与某个外在信息体之间的控制关系的认可与尊重,那么这种认可过程就必然介入共同体的观念。

在数字空间中,空间性的确定和变化将更为复杂和动态,但只要是能为信息主体所广泛认可的确定方式和变化方式,就是确定数字财产归属的占有方式和占有转移方式。现有的占有方式根据数字财产的类型具有多种形式:传统的网络虚拟财产以账号、密码

---

① 参见孙向阳:《中国古代盗罪研究》,中国政法大学出版社 2013 年版,第 194 页。

② 参见孙向阳:《中国古代盗罪研究》,中国政法大学出版社 2013 年版,第 195 页。

③ 参见孙向阳:《中国古代盗罪研究》,中国政法大学出版社 2013 年版,第 201 ~ 202 页。

的形式进行占有,新型的加密资产以公钥、私钥的形式进行占有,数据以载体或者加密手段的形式进行占有。与之相应,打破占有、建立占有的过程也会有不同的表现。例如在打破占有的认定场景中,传统的网络虚拟财产的账号、密码即使被删除或者其载体被灭失,若能通过服务商系统及时予以找回,也难以认定为打破占有。但对于去中心化的加密资产如比特币而言,私钥被删除或者其载体被灭失之后,无法重新找回,该数字财产就永久灭失了,可以认定为打破了被害人的占有。财产犯罪占有转移中的打破占有与新建占有是指打破"被害人"的占有,新建"行为人或第三人"的占有,所以,占有转移其实是占有在不同主体之间的转换,而不单是财产在不同空间或账号之间的转换。通过私钥,也可以将被害人既有的加密货币清空、销毁,在行为人或第三人的公钥地址上创设、增加相应的加密货币。此时打破占有的财产和新建占有的财产在技术上并不完全是同一事物,但仍然符合"占有的打破和新建"的财产犯罪行为结构。

这应用了信息技术环境下的本体再现原理。这个原理通过制度性实体(institutional entity)的概念得以运用。制度性实体指被赋予某种"地位功能"(status function)的实体:当人们共同为一个具有某特征的(数字)实体分配一个有意义的地位时,就会产生地位功能;地位的集体分配产生了一项协议,它的"构成规则"形式是"在情景 C(真实的制度性活动)中,X(该活动所必要的对象)算作某现实 Y"①。正如被害人银行账户上的资金并没有"原封不动"地传递、转移到另一个账户,即行为人或第三人的账户,而是在此新

① J. R. Searle, *The Construction of Social Reality*, The Free Press, 1995, p. 14 – 29; P. Brey, *The Social Ontology of Virtual Worlds*, 62 American Journal of Economics and Sociology 269 (2003).

账户上增加了替代物、同类物,[①]但这不影响盗窃的成立。臧进泉等盗窃、诈骗案(最高人民法院指导案例27号)的裁判要点明确提出:“行为人利用信息网络,诱骗他人点击虚假链接而实际通过预先植入的计算机程序窃取财物构成犯罪的,以盗窃罪定罪处罚……”信息技术的介入导致看似简单的行为具有较为复杂的事实基础,但公众的交易习惯和观念形象决定了可以对占有转移进行规范性的抽象想象。[②] 在数字经济活动中,虚拟货币、电子资金的取得被认为是现实的财产转移。

除了公钥和私钥,加密数字货币、NFT等存在于区块链上的数字财产还可以通过智能合约进行控制,实践中已出现利用智能合约进行盗窃的犯罪活动。智能合约具有自动化特性,与公钥和私钥存在较大差别。它不需要控制者临时通过私钥进行操纵,而只需要事先通过代码设定合约自动执行的条件(X),当此条件被系统识别为已被满足时,相应的交易或资产的转移(Y)将被立即自动执行和完成。智能合约的执行过程是完全自动且不可修改的,任何自然人、组织乃至法律机关都不得强制中断或有效中止合约内容的执行。所以,伪造的消息能够被系统识别为条件已被满足且传达给系统时,数字财产的占有就同时被侵害了。例如,跨链桥能够将数字资产和信息从一个独立的区块链转移到另一个区块链,而某个区块链的跨链桥的验证方式存在漏洞,该漏洞可能允许攻击者伪造任意消息。攻击者伪造信息通过了该区块链跨链桥的验证,使跨链桥向攻击者地址发送了大量虚拟货币。在此,伪造的

---

① See UK Jurisdiction Taskforce, *Legal Statement on Cryptoassets and Smart Contracts*, Outer Temple (Nov. 25, 2019), https://www.outertemple.com/wp-content/uploads/2019/11/Crypto-Paper-ASQC-SB-and-CBE-FINAL-VERSION.pdf.

② 参见王华伟:《论网络盗窃中的规范占有》,载《国家检察官学院学报》2021年第6期。

信息向该区块链传达时，就可以认定数字财产的占有被侵害了。

（二）使用盗窃的认定

在数字经济活动日益活跃和复杂的态势下，数字资源的流通性更强，传统的网络虚拟财产、新兴的加密资产以及数据财产都有可能被使用盗窃，即以盗取后进行使用的目的进行侵害，但并无永久排除权利人对数字财产的占有的目的。

网络虚拟财产和加密资产通过账户、密码或者公钥、私钥的技术控制手段，可以认为权利人已经排他性地进行了占有，同一数字财产原则上不能为竞争性（rival）的他方所同时占有。所以在虚拟财产或加密货币被使用盗窃的情形下，技术就已经设定了转移的财产要么是同一个虚拟财产，要么是同等性质的加密财产。此时的占有转移可以符合使用"盗窃"的行为构造要求。学者认为，使用盗窃构成盗窃罪需要不法取得的目的，但对这一目的可以作缓和解释，即在给被害人造成重大财产损失的情况下，使用盗窃可以被认定为具有不法取得目的；使用盗窃后续的盗用（不法使用行为）如果达到较长时间，或者挖掘出了财物的全部或部分价值，则表明了使用盗窃行为人侵害占有意思的严重程度。[①] 由此看来，在传统的网络虚拟财产或新兴的加密资产被使用盗窃时，可以根据其占有被转移的数字财产是否要被较长时间地使用，或者其全部或部分价值是否要被现实化为具体的利益，而认定为是否构成盗窃罪。例如，在传统的网络虚拟财产的网络游戏大赛期或者新型加密货币的市场交易活跃期的使用盗窃可以认定为盗窃罪，因其使用价值或获利可能被实质性地转移了。

但在数据财产的场合，问题更为复杂。数据是在技术属性上天

---

① 参见李强：《论使用盗窃与盗用》，载《国家检察官学院学报》2018 年第 2 期。

然可复制的,竞争性的双方乃至多方可以同时占有各自的一份。数据财产权并非具有天然排他性的财物上的财产权利。那么,数据财产能否被盗窃,特别是能否被使用盗窃呢?卫某龙、龚某、薛某东非法获取计算机信息系统数据案(最高人民法院指导案例36号)的行为人内外勾结,通过账号、密码、Token令牌查询、下载公司内部管理开发系统中储存的电子数据,并销售牟利。此时的数据财产能否被侵犯财产罪的行为方式侵害?数据在被盗取后显然是可以永久使用的,但这种使用并不会自然地排除权利人享有的使用或挖掘数据的价值。在数据财产被盗取的情形下,行为人得到的财产也是同等性质的数据财产,在技术上,权利人对原有的数据财产并不会自然地丧失占有。

此时只有建立新占有的行为,并无排除旧占有的行为,并不符合使用"盗窃"的行为构造要求。排他性是夺取罪(包括盗窃罪)行为方式的要求。财物的天然排他性实现了这种行为方式的要求。例如传统物理环境下的有形性确定的事物排他性,导致其在一个时间点只能为一个行为主体所占有,确定了其可以被盗窃、诈骗、抢夺、抢劫、侵占的行为方式必然是排他的,它们必然可以成为这些犯罪行为方式的对象。而商业秘密等信息、数据依其性质是可复制的,他人可以同时占有相同的一份,这导致它们一般无法被夺取罪(包括盗窃罪)侵害。

那么中国刑法上的财产保护是否应当排除对数据、信息的保护?本章认为,应该在财产犯罪构造上进行财产犯罪的部分排除,而非在财产范围上进行一概排除。[①] "占有的排他性"部分已经论

① 《卢森堡刑法》不会对盗窃的实体或非实体物品作出区分,存储在银行服务器上的电子数据是银行的专属财产,可以通过下载的方式获得。See Andreas Boerding et al., *Data Ownership—A Property Rights Approach from a European Perspective*, 11 Journal of Civil Law Studies 323 (2018).

及,财产本身不需要在性质上天然具有排他性。在立法史上,盗窃罪的对象在1988年的三个稿本里有较大变化,先是在基本犯的罪状中列举了盗窃罪的对象为公私财物、电力、煤气、科技成果,但后三者纳入基本构成中不尽妥当,所以在第二个稿本中,基本犯的对象统一为公私财物,第2款规定盗窃电力、煤气、智力成果的,依照前款规定处罚。而第三个稿本删去了第2款。① 可见,立法者将电力、煤气、智力成果等当时能够想到的新型财产认定为公私财物,是存在共识的。最终删去了这种公私财物包括一切值得刑法保护的新型财产的提示性规定,并不影响司法中作出同样理解。1992年《关于办理盗窃案件具体应用法律若干问题的解释》(已失效)规定:"盗窃的公私财物,既指有形财物,也包括、电力、煤气、天然气、重要技术成果等无形财物。"这种理解部分结束于1997年《刑法》单独规定了侵犯知识产权罪,规定了盗窃商业秘密的行为方式,指向的是获取、披露、使用或者允许他人使用该商业秘密。同理,鉴于数据在技术上天然的可复制性,即非竞争性,单纯盗取数据的行为(原则上)应当以类似于保护商业秘密的立法加以保护,而非以(使用)盗窃的方式认定为盗窃罪行。② 正如荷兰最高法院的意见,如果他人获得了控制,盗窃罪的受害人必须被剥夺对对象的控制;传统网络虚拟财产符合这一要求,而数据并不符合。③ 但在例外的情形下,数据的排他性控制权被行为人以修改技术设定(如账号、

---

① 参见高铭暄:《中华人民共和国刑法的孕育诞生和发展完善》,北京大学出版社2012年版,第485~486页。

② 参见杨翱宇:《美国法信息盗用制度的演进及其对我国数据财产权益保护的启示》,载《政治与法律》2019年第11期。但数据不一定涉及知识产权,规定在扰乱市场秩序罪中更合适。

③ See Hein Wolswijk, *Theft: Taking a Virtual Object in RuneScape*, 76 The Journal of Criminal Law 459 (2012).

秘密等管理权限）的方式获得时，排除占有和获得占有同时发生了，可以认定为夺取罪的发生。

在行为人同时删除该数据或毁坏其载体的附加行为基础上，权利人会丧失占有。刑法尚未在知识产权犯罪中规定灭失商业秘密或数据的行为方式。直接的灭失行为如删除信息或毁坏载体可以被认定为故意毁坏财物。[①] 也就是说，对性质上不具有排他性的财物也可能以特定的财产犯罪方式进行侵害。它们依然可以通过毁坏载体或技术删除的手段被不可逆转地毁坏，此时没有任何人可进行占有。行为人进行了终极处分行为，排除了权利人对该信息体的占有。

（三）系统诈骗的认定

传统虚拟财产、新型加密资产和数据都有可能处于某个网络服务商的系统管理之下。此时对数字财产的侵犯可能以诈骗的形式出现。但是，认定为诈骗罪存在一些理论上的争议，这种争议集中体现在信息系统是否能够被骗上。传统教义学认为，诈骗罪的行为构造包括了被害人产生认识错误进而处分财产的环节，而信息系统并不能像自然人信息体那样产生作为心理现象的主观认识及其错误。[②] 这种诈骗罪的教义学认识在德国、日本刑法学界较为常见，特别是在德国、日本专门增设计算机诈骗罪之后，传统的诈骗罪不能涵盖计算机诈骗行为的理论认识更加根深蒂固。[③] 如果

---

① 当这些数据主要用于企业的生产经营时，数据删除是破坏生产经营的行为。参见广东省深圳市南山区人民法院刑事判决书，（2018）粤 0305 刑初 1923 号；于改之：《从控制到利用：刑法数据治理的模式转换》，载《中国社会科学》2022 年第 7 期。

② 参见徐凌波：《虚拟财产犯罪的教义学展开》，载《法学家》2017 年第 4 期。

③ 《德国刑法典》第 263a 条单独规定了计算机诈骗罪："本规定系填补以不正当方式操控电脑进而获利之行为，无法以第二百六十三条诈欺罪规范之漏洞。"参见林东茂主编：《德国刑法翻译与解析》，台北，五南图书出版股份有限公司 2018 年版，第 555 页。

认为我国与德国、日本刑法共享了同一套诈骗罪教义学构造，就自然会认为我国的诈骗罪也无法处理计算机诈骗的行为，通过冒用数字财产权利人身份或者输入错误信息欺骗信息系统的行为，只能等待未来增设计算机诈骗罪才能予以犯罪化。然而，教义学首先要依托的是特定法域的刑法具体条文表述，而我国诈骗罪与德国、日本刑法条文的具体表述并不相同，所以并不能理所当然地认为我国诈骗罪教义学构造与德国、日本的相同。我国诈骗罪的简单罪状是一个立法留白，为诈骗罪的教义学重构提供了充分的解释空间，避免了修改刑法的高昂成本。[①] 这是如作者所说的在比较法研究中去伪存真、继续刑法理论本土化创新的需要，也是跟进信息时代，对一国刑法教义学进行时代更新的需要。

我国司法实践体现了将计算机诈骗认定为诈骗罪的需要。审判参考案例认为，系统处于故障状态时不能代表其管理者处分财物，处于正常工作状态则可以成为处分财产的主体。[②] 这对信息环境下的诈骗罪教义学重构进行了初步探索。然而，通过判断系统是否处于正常状态，来判断是否可以适用预设同意理论，预设正常状态的信息系统能够代替设置者进行财产处分，仍然无法回答状态多样而非二元划分的信息系统是否能够替代设置者产生认识错误的问题。所以，我们需要重构诈骗罪的教义学构造，解决认识错误及其导致的财产处分行为要素问题。教义学新构造认为，被害人的认识错误及财产处分并非规范意义上的因果关系环节，而仅仅是行为人实施的交易基础信息的操纵行为所影响的对象，是构

---

① 参见王莹：《诈骗罪重构：交易信息操纵理论之提倡》，载《中国法学》2019 年第 3 期。

② 参见丁晓青、伍红梅：《邓玮铭盗窃案—以非法占有为目的，在网络上利用出现系统故障的第三方支付平台，故意输入错误信息，无偿获取游戏点数，如何定性？》，载张军主编：《刑事审判参考》第 85 集，法律出版社 2012 年版。

成要件结果发生的事实意义上的条件,即行为人创设的导致交易等财产安排失败的错误信息风险得以实现的配合性工具和被动性环节。[①] 由此,被害人的认识错误和处分行为不是作为构成要件结果的共同主体行为而存在的,而仅仅是结果发生的一个事实条件。所以,被害人产生认识错误进行财产处分的行为构造,可以改造为行为人影响被害人进行财产安排这一中间结果。

在此行为构造上,通过信息系统诈骗数字财产可以认为是行为人预先创设了财产安排失败的错误信息风险,信息系统进行数字财产的转移仅仅是被害人通过信息系统进行财产安排的一种信息表现,是行为人创设的错误信息风险的自然实现过程。这种错误信息风险在于,行为人进行交易等财产安排,是为了实现其对外在财物信息体的特定使用意思或交换意思,但这种财产安排的自由意思的实现遭遇了失败。行为人对相关基础信息如财物信息体的种类与特性、交换目的、交换类型、交换价格及其构成进行了操纵,控制和支配了财产损害的危险及其实现过程。所以,在被害人信息体对于外在的财物信息体的财产安排的自由意思因为行为人信息体对于财产安排基础信息的操纵而失败时,诈骗就已经发生,并可归责于处于绝对优势地位的行为人的信息操纵。

在信息化交互环境下,行为人信息体对于财产安排基础信息的数字化操纵可以通过对信息系统数据资源、算法设计等方面的操纵来进行,操纵行为包括通过程序的不正确形成,不正确或不完整信息的使用,信息的无权使用或其他对程序的无权作用,决定性地影响财物信息处理的结果。在假冒权利人身份的情况下,如果是单纯利用登录的行为进行数字财产的转移,并不涉及权利人或者信息系统要处理的财产交易等财产安排的基础关系,即行为人

① 参见王莹:《诈骗罪重构:交易信息操纵理论之提倡》,载《中国法学》2019 年第 3 期。

并没有进行财产安排基础信息的错误沟通。此时只能认定为盗窃，而非诈骗。冒用身份之后，只有像上述审判参考案例，输入错误的财产安排基础信息获取数字财产的，才是诈骗。同理，在智能合约的场景下，如果传输的是关于满足要约的信息，此时涉及合约系统要处理的财产安排的基础关系，应当认定为诈骗。如果传输的是不涉及财产安排基础关系的信息，则应当认定为盗窃。

五、信息理论下的刑法定量分析

传统的网络虚拟财产、新兴的加密资产以及数据财产都存在认定为财产犯罪对象时的犯罪危害程度判断问题，这集中体现在是否要局限于数额标准以及数额标准如何适用的问题上。我国财产犯罪刑法具体条文表述中最主要的定罪量刑标准是数额。这导致有观点认为网络虚拟财产难以认定相关犯罪具体数额，所以不应当作为财产进行保护。[①] 且不说以定量分析的难度否决定性分析的结论是否属于逻辑倒置的错误，我们先探究数额标准的本质，分析普遍接受的数额标准到底应该如何理解，然后探究其如何适用。

（一）数额标准的本质

学者认为，因为我国司法实践中不具有金钱交换价值的违禁品等也是财产犯罪的对象，所以财产价值不必是经济价值；但司法解释关于财产数额计算方法的规定显示了财产价值应当是具有特

① 参见陈国庆、韩耀元、宋丹：《〈关于办理盗窃刑事案件适用法律若干问题的解释〉的理解和适用》，载《人民检察》2013 年第 11 期；胡云腾、周加海、周海洋：《〈关于办理盗窃刑事案件适用法律若干问题的解释〉的理解与适用》，载《人民司法》2014 年第 15 期。

定客观标准的客观价值,而非难以计算的主观价值。[①] 但就信息理论下财产价值的本质而言,在财物中皆存在的针对人类信息体的使用价值,是无法用金钱来计算的,而不一定存在的交换价值才是能够用金钱来计算的。任何财物都只是有可能以金钱价值来计算,因为交换价值本来就是一个可能存在的价值衡量结果,只有在人类信息体沟通之后形成了交换代价之合意,才会产生交换价值。[②]

所以,只要早期的虚拟游戏财产、近期的加密货币以及数据等数字财产存在买卖等交易行为,他们就具备用价格进行衡量的交换价值。确定其交换价值的难易不应当成为法律是否给予其与传统物品类似的财产刑法规范保护的根据。正如我国多次更新盗窃罪等财产犯罪司法解释,不断地对财产犯罪数额的认定规则进行更新和细化,并且允许地方司法机关进行进一步的探索。最高人民法院指导案例 37 号就提出:“对于网络域名的价值,当前可综合考虑网络域名的购入价、销赃价、域名升值潜力、市场热度等综合认定。”对于国家扶持的数字财产,显然(即将)存在成熟的交易市场和相对客观的交换价值。2022 年,中共中央、国务院《关于构建数据基础制度更好发挥数据要素作用的意见》提出,要构建合规高效的数据要素流通和交易制度。而对于国家进行限制的数字财产,例如国家要求不得为比特币、NFT 的交易提供交易场所,对其二级市场直接下了禁令,[③]导致它们不存在相对客观的交换价值,

① 参见李强:《财产犯中财产性利益的界定》,载《法学》2017 年第 12 期;刘明祥:《窃取网络虚拟财产行为定性探究》,载《法学》2016 年第 1 期。

② 参见张天一:《时代变动下的财产犯罪》,台北,元照出版有限公司 2015 年版,第 100 页。

③ 参见 2021 年中国人民银行等十部委《关于进一步防范和处置虚拟货币交易炒作风险的通知》。

只能是民间自发的、较难公开确证的价格。

事实上,数额标准所体现的交换价值也只是一个估算。并不存在绝对客观的交换价值,交换价值的客观性是相对而言的。如果追求交换价值的客观性,计划经济的统一定价是可欲的。而在纷繁复杂、高度动态的市场经济环境中,交换价值必然具有波动性。经济学观点认为,认为买了东西的人希望以等值的价格换回它是错误的。在市场上,买方和卖方给予的都比他得到的少。如果不是这样,就不会发生交换,因为每个人都将保留自己已经拥有的东西。[①] 在最早的刑事审判参考相关案例中,Q 币和游戏点卡的交换价值计算采取了游戏商卖给经销商的合同价,而游戏商自定的发行价被认定为具有随时间的波动性,玩家之间的交易被认定为具有无序性和不稳定性,难以认定,带有很强的感情色彩。[②] 的确,从财产法益侵害的角度看,本案被害人是经销商,其财产损失是用合同价购买的虚拟财产。然而,这种合同价也具有波动性。同理,游戏商发行价和玩家交易价也具有波动性,但这本身不应当作为排除其作为犯罪数额认定标准的唯一或主要理由。传统的文物、古玩的价格,以及线上形形色色交易的价格,都具有波动性。

每个个体在具体信息环境下的认知和情感存在波动,所以对于价值的估算也存在波动。同一外在的信息体对于同一人类信息体也具有在不同信息化环境下的不同价值,对不同人类信息体更是如此。一个信息体的价值不是永恒不变的,因为一些新的发明或发现,或仅仅是流行品位的改变,都可能削弱它,

---

① See Faustino Ballvé, *Essentials of Economics: A Brief Survey of Principles and Policies*, trans. & ed. by Arthur Goddard & D. Van Nostrand Company, Inc., 1963, p. 15.

② 参见朱铁军、沈解平:《孟动、何立康盗窃案——如何认定网络盗窃中电子证据效力和盗窃数额》,载熊选国主编:《刑事审判参考》第 53 集,法律出版社 2007 年版。

甚至完全毁掉它。[①] 在犯罪行为直接针对游戏商或者玩家时，发行价、玩家交易价也具有犯罪数额认定的参考意义。正如在另一参考案例中，行为人盗卖单位的游戏武器装备给玩家，获利数额被认定为职务侵占数额。[②] 总之，应当探明数字财产的形成阶段、核价顺序，"区分交易环节、法益主体分别认定相关犯罪的犯罪数额"[③]。

即使是盗窃毒品等违禁品，应当按照盗窃罪处理的，也可以根据情节轻重量刑。[④] 这说明，公开的大规模交易被限制的加密资产，以及公开的大规模交易被鼓励的数据财产，更可以根据情节轻重量刑。这涉及数额标准的本质是体现和传递法益侵害程度这一信息的一个常见标准。在量刑规范化司法改革的政策背景下，在市场经济环境和货币主义价值观建立和深化的时代背景下，技术主义的数额标准依赖出现了，这反而遮蔽了理念上的法益损害量定的目标。[⑤] 就财产犯罪的具体条文表述而言，盗窃罪已经通过2011 年的《刑法》修正增加了"多次盗窃、入户盗窃、携带凶器盗窃、扒窃的"入罪标准，并在加重标准中增加了数额巨大之外的其他严重情节标准。其他犯罪如诈骗罪的加重标准也有一样的规定。其他犯罪如聚众哄抢罪和故意毁坏财物罪在入罪标准上有了数额较大之外的其他严重情节。可见，虽然数额标准在立法上仍

---

① See Faustino Ballvé, *Essentials of Economics: A Brief Survey of Principles and Policies*, trans. & ed. by Arthur Goddard & D. Van Nostrand Company, Inc., 1963, p. 14.

② 参见苏敏华、吴志梅：《王一辉、金珂、汤明职务侵占案—利用职务便利盗卖单位游戏"武器装备"的行为如何定罪处罚》，载熊选国主编：《刑事审判参考》第 58 集，法律出版社2007 年版，第 54 页。

③ 余剑：《财产性数据的刑法规制与价值认定》，载《法学》2022 年第 4 期。

④ 参见 2013 年最高人民法院、最高人民检察院《关于办理盗窃刑事案件适用法律若干问题的解释》第 1 条第 4 款。

⑤ 参见魏昌东、尤广宇：《法益损害的"数额犯化"与量定标准重构》，载《国家检察官学院学报》2021 年第 3 期。

然是主要的定罪量刑标准,但并非唯一的标准。其仅仅是犯罪情节的一个主要标准,而犯罪情节可以有形形色色的其他表现形式,只要立法文本能够容纳这些形式,司法实践就不应当忽视这些情节表现在定罪量刑中反映法益侵害程度的作用。

(二)数额标准的转化

所谓的数额标准并不一定是市场交换上的价格标准(金额)。“数额”在汉语语言学上指一定的数目。这个数目不仅能指代金额,还可以包括数量。[①] 我国《刑法》除了“数额”的规定,在分则第三章“破坏社会主义市场经济秩序罪”中还有“销售金额”“资本金额”“资金金额”的规定。这说明我国刑法中的数额和金额本就存在一定差别。

在司法解释中,数额和金额也存在区别,不能画等号。前已述及,盗窃违禁品的,按照情节轻重处理。然而盗窃罪的入罪标准除了数额,其他的情节只包括“多次盗窃、入户盗窃、携带凶器盗窃、扒窃”。这显然不能包括盗窃违禁品的所有情节,例如违禁品的数量。司法实践也不可能局限于《刑法》明确列示的次数、地点和手段方面的情节。这使得司法实践看起来违反了罪刑法定原则。1998 年最高人民法院《关于审理盗窃案件具体应用法律若干问题的解释》(已失效)第 5 条规定,“被盗物品的数额,按照下列方法计算:……(八)盗窃违禁品,按盗窃罪处理的,不计数额,根据情节轻重量刑”。开头说的是“数额,按照下列方法计算”,而随即说的是“不计数额,根据情节轻重量刑”,这似乎突破了罪刑法定原则下数额的要求。然而,有的地方也有相应规定,“具有列情形之一的,应

---

① “蒋军兵力不敷分配,征兵不足规定数额。”《毛泽东选集》(第 4 卷),人民出版社 2006 年版,第 1211 页。

当以盗窃罪追究刑事责任”:文物数量、发票数量、毒品和淫秽物品数量达到标准的。[1] 这确定了限制流通物、违禁品相关财产犯罪危害性的定量方式。前者被限制流通而价格难以稳定、简便地确定,违禁品则因为被法律禁止而不得合法流通,所以刑事司法不承认以其现实黑市交易价值为准计算数额,而改用独有的量化标准,即张、盘、本、件等能反映财产犯罪社会危害性大小,又有司法操作可能性的量化标准。确切地说是不计金额意义上的数额,而计数量意义上的数额,因为这才具有可操作性,并且能够反映犯罪的法益侵害程度,达到入罪、法定刑升格所需的罪量。

所以2013年最高人民法院、最高人民检察院《关于办理盗窃刑事案件适用法律若干问题的解释》第1条第4款删除了盗窃违禁品“不计数额”的表述,而直接表述为“根据情节轻重量刑”。此处的情节除了包括“多次盗窃、入户盗窃、携带凶器盗窃、扒窃”这些《刑法》中明确规定的情节,还可通过解释使得《刑法》明确规定的“数额”包括金额和数量。这并不是突破法律明文规定的“数额”要求,而是遵循罪刑法定原则下的扩张解释(相对于传统的数额解释而言)。同理,信息时代对侵犯数字财产的定量评价标准问题也能够通过司法探索数字财产信息体的数量表现机制得到解决。数字财产犯罪的数量化定量不仅要考虑行为对象静态上的种类数量与绝对数量,还要考虑犯罪行为动态上的发生次数、持续时间数量,以更为全面、准确地反映数字财产的动态使用和流转价值。

六、结论

数字财产是数字经济的构成性要素,是人们在数字经济时代

---

① 参见曲文丽主编:《图解刑法罪名适用》(第3分册),中国法制出版社2012年版,第350页。

追求幸福的要素。本章根据信息理论的指引，系统研究了传统虚拟财产、新型加密资产以及数据财产的财产属性在于事物性、财物性和财产性的阶层性构成。财产性中占有的排他性是占有行为信息传播的一种社会性后果，而非要求占有的财物本身具有不可复制性、只能被排他性地的占有，所以数据也可以是财产。在财产犯罪的认定上，能为信息主体所广泛认可的占有确定方式和变化方式，就是数字财产的占有方式和占有转移、占有消除方式。所以传统网络虚拟财产和新型加密资产也能被夺取罪侵害，数据虽然一般不能被夺取罪侵害，但仍可被毁灭型犯罪侵害。在犯罪的定量分析上，应当重视财物性的本质在于使用价值，交换价值只是可能实现的使用价值估算的合意，而且犯罪数额的认定不仅包括交换价值意义上的金额标准，还包括更契合使用价值这一财物性本质的数量标准。所以数字财产犯罪数额的认定亦为可行。

财产是一种信息系统，一种记录、传播了事物性、财物性、财产性的信息有机体。本章提出放弃长久以来的物理性财物的观念，迈向信息化环境中的财物观念；放弃时空性占有的观念，迈向信息化占有的观念，肯定会有更多相关的例子和问题需要讨论。限于篇幅，本书也未考虑到数字财产相关的非法获取计算机信息系统数据罪等计算机犯罪罪名、个人信息和知识产权方面的法律与罪名。但这些考虑并不能一般性地排除数字财产方面的上述研究结论，而只是要求我们在财产研究的基础上进一步考虑上述研究结论与相关概念、制度的协调问题。希冀本章或多或少能让读者开始考虑放弃一些习以为常的却与数字财产的法律保护特别是刑法保护要求不相适应的传统财产观念和犯罪构成教义。

第三章　数字经济秩序下侵犯虚拟货币的刑法判别

本章概要：虚拟货币是只有电子生成和存储形式的价值的数字化表示，包括去中心化的加密货币、中心化的加密货币和非加密货币三类，不仅具有经济利益，在一定条件下还具有法律意义。侵犯虚拟货币的刑法定性之所以出现争议，是因为多种秩序观主导了法律解释的过程。实用主义的司法秩序观灵活考虑了立法现状、司法难题、域外法律比较以及对计算机犯罪规范的依赖四个因素，但其内部考量不能维持否定虚拟货币财产性的结论，其外部还面临着三段论司法秩序观的挑战。法秩序统一观追求社会政策适应性和价值观统一性，但在具体运用中对于“违背公序良俗的”数字经济政策容易理解有误。应当在数字经济这一具体的法秩序场域中理解虚拟货币承载的数字金融秩序、财产秩序和计算机网络秩序。对于侵犯虚拟货币行为的具体定性，应当充分考虑数字经济秩序下虚拟货币相关平台和相关个体受到的利益侵犯及其侵害方式。

关键词：数字经济秩序　网络虚拟财产　财产犯罪刑法　网络犯罪刑法　法秩序统一论

随着加密技术和区块链等分布式数字技术的成型和应用，比特币、以太币、泰达币等虚拟货币在世界各国不断涌动，经济的数字化转型也得以加快。虚拟货币是只有电子生成和存储形式的价值的数字化表示。它通过指定的软件、移动设备或计算机应用程序存储和处理，相关交易通过安全、专用的网络或互联网进行。它们是由私人团体或开发商团体发行的，大多不受监管。去中心化的虚拟货币可以加密，也可以不加密。加密货币使用密码学确保和认证交易，是一种基于区块链技术分布在大量计算机上的去中心化网络的数字资产形式。区块链技术通过一系列区块将加密货币用户彼此连接起来，共同构建了一个数字资产平台，以控制货币供应，并验证交易中的资金转移。所以，虚拟货币可分为三类：(1)去中心化的加密货币，如比特币；(2)中心化的加密货币，例如大多数稳定币，具有旨在维持稳定价值的机制，即通过将币的价值与特定的货币、资产或资产池挂钩，或通过响应需求变化以算法控制供应以稳定价值；(3)非加密货币，例如游戏币，此时基本是中心化的，由一个集中治理结构定义。这三种虚拟货币都是本书的研究对象。

目前有数千种加密货币可供使用，总市值达上万亿美元。然而，正如网络犯罪和网络犯罪刑法的历史所表明的那样，每一次技术革新也很早就为犯罪分子所掌握和利用，其逐利性日渐凸显，这在数字经济背景下的侵犯虚拟货币犯罪中尤为突出。2022 年 3 月，美国出台《关于确保数字资产负责任发展的总统令》，认为数字资产及其交易所和交易平台的使用增加，可能会增加欺诈和盗窃等犯罪以及其他违反法律和监管规定的行为的风险。[①] 这需要刑法的准确判别和及时回应。

然而,世界各国的法律和伦理都显得跟不上技术发展的步伐。[②] 美国法官坦言:在我们的参考框架中,没有任何东西可以让我们准确地定义或描述比特币。[③] 据统计,在元典智库、法信网、北大法宝和中国裁判文书网上,以全文关键词"虚拟货币",仅仅加案由"盗窃罪"或"非法获取计算机信息系统数据罪",相关案例仅在 2017 年就有数十起。这充分显示了以盗窃行为方式侵犯虚拟货币的犯罪情势。我们可以充分预想以其他方式,比如诈骗、勒索甚至抢劫方式侵犯他人虚拟货币的犯罪情况。相较于犯罪学上的常见多发性问题,更为重要的是刑法规范问题。全国各地对于以盗窃方式侵犯虚拟货币,即以信息技术手段转走虚拟货币的行为,定罪情况存在较大差别。有单独认定为构成非法获取计算机信息系统数据罪、盗窃罪或构成破坏计算机信息系统罪的。还有认为同时构成盗窃罪和非法获取计算机信息系统数据罪的,系一行为同时触犯多个罪名,属于想象竞合犯,从一重罪以盗窃罪定罪处罚。

这种司法定性上的混乱并非一个全新的问题,主张将侵害虚拟货币的行为认定为财产犯罪的观点近年来在学界也较为

---

① See *Executive Order on Ensuring Responsible Development of Digital Assets*, White House (Mar. 9, 2022), https://www.whitehouse.gov/briefing-room/presidential-actions/2022/03/09/executive-order-on-ensuring-responsible-development-of-digital-assets/.

② 参见刘艳红:《网络犯罪的法教义学研究》,中国人民大学出版社 2021 年版,第 274 页。See Vivek Wadhwa, *Laws and Ethics Can't Keep Pace with Technology*, MIT Technology Review (Apr. 15, 2014), https://www.technologyreview.com/2014/04/15/172377/laws-and-ethics-cant-keep-pace-with-technology/.

③ See *State v. Espinoza*, No. F14 – 2923, slip op. at 5 (Fla. Cir. Ct. July 22, 2016).

普遍。[①] 但是,在研究思路上,这种观点的提出往往基于虚拟货币具备财产属性的论证前提,没有对司法实践中具有影响力的财产性否定说进行系统的回应,容易陷入自说自话的境地,并不能消除司法者的疑虑;在研究结论上,这种观点也没有妥善处理好如何适用计算机犯罪罪名的问题,似乎一概排除其适用或者简单地从一重罪处理就是当然的结果。新近研究认为,对侵犯虚拟财产的行为,应当作出危害数据安全进而危害网络服务商运营秩序的犯罪和侵害用户财产利益的犯罪的区分,[②]而非一概认定为二者的竞合然后从一重罪论处,这对侵犯虚拟货币的行为定性具有启发意义。但是,该研究所针对的虚拟财产是由中心化的网络服务商发行的,而本书研究的虚拟货币虽然也包括中心化的服务商发行的传统游戏币和新型加密货币,但还包括去中心化的加密货币,所以在具体进行行为定性时会有所不同。[③] 对此,本书的新意主要在于两个方面:一是研究思路的新意。对司法实践中具有较大影响力的两种财产性否定论进行观念上的深层溯源和理解,并进行充分的回应,从虚拟货币所涉秩序观念的更新这一视角系统推动司法界接受虚拟货币的财产性。二是研究结论的推进。在承认虚拟货币财产性的基础上,根据数字经济秩序观的具体框架,提出侵犯平台秩序的计算机犯罪的一般认定规则和具体区分规则,以及侵犯用户利益

---

① 例如学者数年前就揭示了虚拟货币的司法认识不一。参见涂龙科:《网络时代经济刑法变革的系统阐释》,载《法学评论》2019 年第 6 期。最近的研究认为应当以财产犯罪处理。参见任彦君:《非法获取虚拟货币行为的刑法定性分析》,载《法商研究》2022 年第 5 期;马永强:《论区块链加密货币的刑法定性》,载《苏州大学学报(法学版)》2022 年第 2 期。

② 参见阎二鹏:《“数据安全法益”命题下虚拟财产犯罪的归责路径重构》,载《政治与法律》2022 年第 12 期。

③ 在作者统计的案例中,涉及加密货币的财产犯罪判决和计算机犯罪判决的数量是 3 : 10,而涉及游戏币等早期网络虚拟财产的相关判决数量是 16 : 10。

的财产犯罪的一般认定规则和具体区分规则。

定性上的混乱受到了大约10年前的最高司法机关司法解释，特别是其内部机构和人员的理论解释的影响，更与对数字经济秩序场域下的法秩序统一论缺乏充分、具体的理解和运用有关。为此，本章第一部分将批判分析司法机关在10年前的相关实用主义司法秩序观，说明其在当时与当下的不合理性。第二部分进而论证在法秩序统一观下，虚拟货币也可以作为财产。第三、四部分从虚拟货币嵌入数字经济秩序的复杂性这一角度出发，提出侵犯虚拟货币的犯罪处理，应当在数字经济秩序的具体框架下得到更新的理解和更具合理性的认定。

一、侵犯虚拟货币的刑法判别争议

本书认为，侵犯虚拟货币不构成财产犯罪的论证难以成立。根本缘由在于，侵犯虚拟货币会产生系统外的现实危害，而非仅仅产生系统内的虚拟危害。遍览相关政策文件、法律文件和中外学术文献，可以发现虚拟货币并非唯一的表述，相关的表述有数字货币、加密货币。虽然它们指代的对象范围大致一致，都包括比特币、以太币、泰达币，但它们侧重的技术性特征和社会性特征有所不同，而这将影响到我们对其法律地位的认识和相关犯罪的处理。

（一）数字经济秩序下虚拟货币的技术性

第一，加密货币使用密码学确保和认证交易，这是一种基于区块链技术分布在大量计算机上的去中心化网络的数字资产形式。区块链技术通过一系列区块将加密货币用户彼此连接起来，共同构建了一个数字资产平台，以控制货币供应，并验证交易中的资金转移。区块链技术是由分散的计算机网络执行的分布式账本。区块链通过将每个系列的交易放置到一个区块中，然后按线性和时间顺序对这些区块添加时间戳,指向前一个块的信息链接,并将其合并到一个更大的链中。区块链通常由点对点网络管理,在这个网络中,对等体共同遵守一个协议来验证新块。每个区块都由工作证明协议不可逆转地连接起来,在这个过程中,计算机必须解决一个复杂的谜题来验证每个交易,并将其添加到不断增长的区块链中。当加密货币交易开始时,交易最初会被广播到由节点或称为计算机组成的 P2P 网络。然后,节点验证交易和所涉及用户的身份。一旦一个区块形成,就不可能在没有痕迹的情况下改变它,这使得伪造或重复消费几乎成为不可能。这种分散的分类账系统数据库用于保存数据和保存分批的独立事务,允许各方记录和验证全球加密货币交易。加密货币有很多,但比特币是最受欢迎的一种,并且它是第一个使用区块链技术的。比特币工作证明协议基本上是一个解码竞赛和奖励那些参与者的激励。对于比特币来说,第一个破解密码的参与者将获得新创造的比特币作为奖励。①

第二,虚拟货币是只有电子生成和存储形式的价值的数字化表示。它通过指定的软件、移动设备或计算机应用程序存储和处理,相关交易通过安全、专用的网络或互联网进行。它们是由私人团体或开发商团体发行的,大多不受监管。金融行动特别工作组(打击洗钱的国际组织)将其描述为可以数字化交易的价值的数字表示,功能如下:(1)交换媒介;(2)计算单位;(3)一种价值储存手段。但仅通过虚拟货币用户社区内的协议才能履行上述

① See Lam Pak Nian & David Lee Kuo Chuen, *Introduction to Bitcoin*, in David Lee Kuo Chuen ed., Handbook of Digital Currency: Bitcoin, Innovation, Financial Instruments, and Big Data, Elsevier, 2015, p. 8.

功能。[①] 虚拟货币可以是中心化或去中心化的。去中心化虚拟货币被美国财政部的金融犯罪执法网络 FinCEN 定义为包括：(1)没有中央存储库和没有单个管理员的虚拟货币；(2)个人可以通过自己的计算、制造工作获得的虚拟货币。[②] 用户可以在一个封闭的系统中彼此进行真实或虚拟的交易，或者在一个开放的系统中交换法定货币，而不用经过传统的中央清算所。去中心化的虚拟货币可以不加密，但其往往是加密的，此时等于上述加密货币。

第三，数字货币是一种只能通过电脑或手机以数字或电子形式存在、使用的货币形式。数字货币是一种支付系统，是一种非基于法定货币的替代性的无形货币。在实践中，数字货币与其他货币在交易中的支付功能类似。其缺乏现金的实物形式，因此可以进行即时交易。这种独特性使得数字货币能够促进跨境交易。数字货币包括中心化数字货币。常见例子包括航空里程、中央银行数字货币、数字钱包和其他形式的客户忠诚度点。数字货币还包括去中心化数字货币。它们可以与任何外部代理进行交易，由于开源软件，治理主要是分散的，但这不是必然的。区块链通过点对点验证过程支持去中心化数字货币，这包括各种形式的加密货币。去中心化货币的要点在于，即使它不是完全分布的，它也不受个人或一个实体的控制。

综上所述，数字货币是最为宽泛的技术性概念，既包括由国家

---

① See Financial Action Task Force, *Virtual Currencies, Key Definitions And Potential AML/CFT Risks*, FATC (June, 2014), http://www.fatfgafi.org/media/fatf/documents/reports/Virtual-currency-key-definitions-and-potential-aml-cft-risks.pdf.

② See Dep't of Treasury & Financial Crimes Enforcement Network, *Application of FinCEN's Regulations to Persons Administering, Exchanging, or Using Virtual Currencies*, Fincen (2013), https://www.fincen.gov/statutes_regs/guidance/pdf/FIN-2013-G001.pdf.

数字化发行的中心化法定货币，又包括非法定的数字货币。后者等于虚拟货币。虚拟货币可分为三类：（1）去中心化的加密货币，如比特币；（2）中心化的加密货币，例如大多数稳定币，具有旨在维持稳定价值的机制，即通过将币的价值与特定的货币、资产或资产池挂钩，或通过响应需求变化以算法控制供应以稳定价值；（3）非加密货币，例如游戏币，此时基本是中心化的，由一个集中治理结构定义。这三类货币都是本书的研究对象。

（二）数字经济秩序下危害性质的复杂性

一种在司法实践中较具影响力的观点认为，虚拟游戏币等虚拟财产的法律属性是计算机信息系统数据。[①] 此时对虚拟游戏币等虚拟财产的侵害只会造成系统内安全的损害，而不具有系统外的社会利益的现实危害。这种认识在理论上由来已久，特别是有学者长期认为网络游戏币等虚拟财产永远存在于网络虚拟空间中，[②]这涉及对于加密货币等虚拟货币的虚拟性的深层次理解。学者认为，尽管“数字”和“虚拟”经常被交替使用，特别是在描述基于电子媒介的货币时，但是“虚拟”有一种消极的含义，在其指的是存储在数字或电子寄存器中的货币时，其表示看似真实但并非完全

---

① 喻海松：《最高人民法院研究室关于利用计算机窃取他人游戏币非法销售获利如何定性问题的研究意见》，载张军主编，最高人民法院研究室编著：《司法研究与指导》2012 年第 2 辑（总第 2 辑），人民法院出版社 2012 年版，第 127～136 页。北京法院参阅案例第 36 号“王某非法获取计算机信息系统数据案”［2018 年 9 月 10 日北京市高级人民法院审判委员会第 15 次（总第 449 次）会议讨论通过］根据最高人民法院研究室出台的《关于利用计算机窃取他人游戏币非法销售获利如何定性问题的研究意见》，认为游戏装备、游戏币等计算机网络虚拟财产属于电子数据；非法进入计算机信息系统获取游戏装备、游戏币等虚拟财产并出售牟利的行为，宜认定为非法获取计算机信息系统数据罪。

② 参见侯国云：《论网络虚拟财产刑事保护的不当性——让虚拟财产永远待在虚拟世界》，载《中国人民公安大学学报（社会科学版）》2008 年第 3 期；侯国云、么惠君：《虚拟财产的性质与法律规制》，载《中国刑事法杂志》2012 年第 4 期。

真实的东西。“虚拟”一词在中外语境下容易被理解为相关货币仅仅是计算机从无到有的生产或模拟,而非物理性的存在。但这些货币非常真实,确确实实地存在。① 存在有两种意义,其中一种是技术意义上存在,这在关于虚拟货币的技术性分析中可以得到阐释,现在也得到了普遍认识。哪怕是10年前,在否定游戏币、游戏装备是有实际意义的学者和大众大有人在时,也几乎无人会否定它们在计算机和网络中是切实存在的。关键在于虚拟货币的社会性含义需要进一步澄清。

虚拟加密货币作为流通货币上的社会特性在于缺乏内在价值。法定货币是虚拟货币社会性特征的对比对象。法定货币是真实货币或国家货币受司法管辖区的发行或担保,是指被一个国家指定为其法定货币的硬币和纸币,能够通兑,并在发行国被习惯地用作和接受的交换媒介,当其被提交给债权人时,是一种有效和合法的付款要约。电子货币是法定货币的数字表示,用于电子转移以法定货币计价的价值。② 相应的经济活动仅限于高度集中的交易,依赖传统中央银行和金融机构作为中介。与美元、人民币等传统交易单位不同,加密货币既不是由中央银行发行的,也不与任何政府的现有货币挂钩。虚拟加密货币本身没有价值,它们的价值与黄金或其他实物商品的价值无关,也与政府对法定货币的完全信任和信用的保证无关。

但是,不同的虚拟加密货币在数字经济运行中有不同的社会性用途:(1)一些虚拟货币,如比特币,可被用作常规货币,在区块

---

① See Lam Pak Nian & David Lee Kuo Chuen, *Introduction to Bitcoin*, in David Lee Kuo Chuen ed., Handbook of Digital Currency: Bitcoin, Innovation, Financial Instruments, and Big Data, Elsevier, 2015, p. 6.

② See M D Tuba, *The Regulation of Electronic Money Institution in the SADC Region: Some Lessons from the EU*, 17 Potchefstroom Electronic Law Journal 2269 (2014).

链上进行支付;(2)有的虚拟货币,如以太坊,用于执行智能合约,取代金融市场中的传统中介机构;(3)有的虚拟货币,作为开发新虚拟货币的平台存在;(4)还有一些虚拟货币,通过发行来为公司筹集资金;(5)一些虚拟货币的创建是为了促进社会事业,例如太阳能硬币,旨在促进太阳能发电;(6)其他的则是为了传统的商业目的。在试图设计金融监管制度时,这些差异至关重要。[①] 第六种用途是为了传统的商业目的,此时的货币可以是加密货币,也可以是非加密货币。之前,中国只允许两类实体经营虚拟游戏货币业务:网络游戏运营商和网络游戏虚拟货币交易服务商。一个实体不能既是游戏运营商又是服务提供商。网络游戏虚拟货币是指由网络游戏经营单位发行,网络游戏用户使用法定货币按一定比例直接或者间接购买,存在于游戏程序之外,以电磁记录方式存储于服务器内,并以特定数字单位表现的虚拟兑换工具。[②] 此时的网络游戏虚拟货币就是为了传统的商业目的而发行的货币。

可见,虚拟货币被称为货币,即流通的货物,这就指代了其被很多人使用或接受的数字经济事实,各种虚拟货币就有了社会性的实际意义。学者提出的基于技术、法律和经济方面的启发式概念分析模型表明,在广义上,虚拟加密货币可以理解为:去中心化,在一个具有点对点架构的网络中运行,得到加密保护;基于信任和共识的虚拟货币类型;满足货币的一些功能。可将问题缩小到仅围绕一个知识领域,只关注加密货币功能的法律、经济或技术

---

① See Hadar Yoana Jabotinsky, *The Regulation of Cryptocurrencies: Between a Currency and a Financial Product*, 31 Fordham Intellectual Property, Media & Entertainment Law Journal 118 (2020).

② 参见原文化部 2010 年《网络游戏管理暂行办法》第 2 条第 4 款。然而,“放管服”改革已将该办法废止。

领域。[①] 可见,法律和经济角度的功能是加密货币存在的社会意义。同理,法律和经济角度的功能也是虚拟货币切实存在的社会意义:在经济上将其视为一种发挥某种经济作用的数字资源,在法律上基于信任和共识获得一定的地位和行为效力,这是社会性的两层含义。此时“虚拟”货币的概念看起来有不合适之处。

但本书依然决定使用虚拟货币的概念,而非数字货币、加密货币的概念。首先,加密货币的范围偏小,不能涵盖未加密的虚拟货币,例如我国法秩序承认的网络游戏虚拟货币大部分是未加密的虚拟货币。其次,数字货币的概念虽然相较于虚拟货币的概念更为中性,但其范围偏大,特别是包括了数字化的国家法定货币,这与本书要关注的数字化非法定货币在法律上存在显著差异。最后,虚拟货币的经济功能和法律功能已经在全社会有了更高程度的认识,特别是随着基本法律 2017 年《民法总则》(已失效)和 2020 年《民法典》正式纳入网络虚拟财产的表述,普通公民已经基本明确了所谓的虚拟并非没有社会意义,而是具有经济意义,而且在符合一定条件下具有法律意义。“虚拟”的侵犯也会产生现实的危害。[②] 所以,本书延续基本法律的思路,仍称之为虚拟货币,上述社会性特征和意义的辨析已经足以为本书后续的研讨奠定基础。

二、侵犯虚拟货币刑法定性的司法秩序观

对于盗窃游戏币等虚拟财产的行为,10 年前我国最高司法机

① See Uniwersytet Warszawski, *Social Sciences to the Rise and Development of Cryptocurrencies: An Analysis of the Notion*, 3 Wojciech Mincewicz 94 (2021).

② 《民法总则》公布后生效的第一例保护虚拟财产大要案,通过案例形式,承认网络虚拟财产系公民私人所有的财产:虚拟财产概念中的“虚拟”二字,不是指价值虚幻或者法律性质虚假,而是仅为了与传统有形财产相区分。参见广东省佛山市中级人民法院刑事裁定书,(2016)粤 06 刑终 1152 号。

关出台了相关司法解释,最高司法机关内部机构和工作人员也进行了理论解释。游戏币可以说是第一代的虚拟货币,这些解释对于侵犯其他类型的虚拟货币,特别是盗窃虚拟货币行为的刑法处理具有较为重要的影响。2010 年 10 月,有关部门就利用计算机窃取他人游戏币非法销售获利如何定性的问题征求最高人民法院研究室意见。最高人民法院研究室经研究认为:利用计算机窃取他人游戏币非法销售获利行为目前宜以非法获取计算机信息系统数据罪定罪处罚。在 2013 年最高人民法院、最高人民检察院《关于办理盗窃刑事案件适用法律若干问题的解释》起草过程中,有意见提出应当在司法解释中明确,对盗窃游戏币等虚拟财产的,以盗窃罪定罪处罚。经研究认为,此意见不妥。① 如果延续这个刑法定性思路,侵犯虚拟货币的行为只能认定为计算机犯罪,而不能认定为财产犯罪。

这种侵犯虚拟货币的刑法定性思路是基于一种司法秩序观得出的。司法秩序是司法者所实际遵循的或应当遵循的秩序。在侵犯虚拟货币的刑法定性场景下,司法秩序是司法者基于稳定既有的相关裁判规则体系的考量而意图维持的裁判秩序。对此司法秩序观,必须予以充分之理解,方可进行最新之研判。一种在司法实践中颇具影响力的观点认为,虚拟游戏币等虚拟财产的法律属性是计算机信息系统数据。② 北京法院参阅案例第 36 号"王某非法获取计算机信息系统数据案"[2018 年 9 月 10 日北京市高级人民

① 参见陈国庆、韩耀元、宋丹:《〈关于办理盗窃刑事案件适用法律若干问题的解释〉的理解和适用》,载《人民检察》2013 年第 11 期;胡云腾、周加海、周海洋:《〈关于办理盗窃刑事案件适用法律若干问题的解释〉的理解与适用》,载《人民司法》2014 年第 15 期。

② 参见喻海松:《最高人民法院研究室关于利用计算机窃取他人游戏币非法销售获利如何定性问题的研究意见》,载张军主编,最高人民法院研究室编著:《司法研究与指导》第 2 辑,人民法院出版社 2012 年版,第 127 页。

法院审判委员会第15次(总第449次)会议讨论通过]认为,根据最高人民法院研究室出台的《关于利用计算机窃取他人游戏币非法销售获利如何定性问题的研究意见》,认为游戏装备、游戏币等计算机网络虚拟财产属于电子数据;非法进入计算机信息系统获取游戏装备、游戏币等虚拟财产并出售牟利的行为,宜认定为非法获取计算机信息系统数据罪。可见,司法实践中的此种思路已经深刻影响了侵犯虚拟财产的定性。尽管中国刑法学研究会在2022年的司法实务论坛中似乎达成了侵犯虚拟财产包括虚拟货币的行为可以构成财产犯罪的结论,[①]但在司法惯性的运作之下,此种学理性的意见很难在短时间内奏效。事实上,该实务论坛由最高人民法院研究室协办,相关负责人也开始采纳学理性的立场,但在正式的司法文件或指导性案例出台之前,司法风向的转变也面临司法惯性的阻碍。即使新的司法指导得以出台,司法者仍然面临一个问题,即为何司法指导意见发生了变化?我们必须深入分析此种司法秩序观的形成过程,才能解释和推动此种司法秩序观的变化。

综合上述司法解释出台过程中的理解与适用相关资料,[②]我们可以总结出此种司法秩序观重点考量的几个因素。第一,根据刑法立法现状,将虚拟财产解释为财物超出了司法解释的权限。这是一种立法和司法分工有别的秩序。第二,将虚拟财产解释为财物会带来棘手的问题,特别是数额认定争议问题。这是司法运行应当追求可操作性和统一性的秩序。第三,境外法律实践鲜有将虚拟财产当作财物进行刑法保护。这是一种参考法治发达法域的

① 参见中国刑法学研究会:《虚拟财产刑事案件司法实务——第四期实务刑法论坛实录》,载微信公众号“中国刑法学研究会”2022年8月9日,https://mp.weixin.qq.com/s/9TddkRXL_Pg_3iacawy5vg。

② 参见喻海松:《网络犯罪二十讲》(第2版),法律出版社2022年版,第392页。

法律实践的司法秩序。第四,虚拟财产也是系统数据,统一认定为数据犯罪反而能根据相关司法解释认定犯罪情节轻重。这是一种利用既有司法解释、维护既有司法体系稳定性的司法秩序。

可以发现,此种司法秩序观并无一种固定之样貌,而是司法者在司法实践中总结其已知的、既有的法律经验而选定的秩序。这是一种非常务实的、灵活的实用主义秩序观。既然如此,此种司法秩序观就会面临两个问题。其一,它内部本身的考量因素是否得到了准确的描绘,某一因素的变动是否会影响其在当下得出一样的结论?这将在下述部分一一分析。其二,司法秩序观是否有其他的样貌和版本,从而导致得出不一样的结论?对于侵犯虚拟货币的刑法定性,至少还有司法三段论的司法秩序观可资参照。

(一)实用主义司法秩序观的内部考量

不破不立,先破后立。本部分将批判性地分析侵犯虚拟货币不构成侵犯财产罪相关解释的不合理性,包括刑法立法现状、司法难题、境外法律比较以及依赖计算机犯罪四个方面。①

其一,虚拟财产与金钱财物等有形财产、电力燃气等无形财产存在明显差别,将其解释为盗窃罪的犯罪对象"公私财物",超出了司法解释的权限。然而,这种论证难以成立。现行《刑法》无论是在第92条对公民私人所有财产的范围解释,还是在分则侵犯财产罪中对犯罪对象的描述,都未明确提及金钱财物或电力燃气。既然如此,就不应当将虚拟财产与所谓的有形财产和无形财产相比,而应当从财产的一般概念出发,探讨现行刑法所保护的财产概念究竟为何。换言之,既然虚拟财产对比的对象并非刑法明文规定的保护对象,那么用财产犯罪规范保护虚拟财产并不必然违反罪

① 参见喻海松:《网络犯罪二十讲》,法律出版社2018年版,第245页。

刑法定原则。事实上,后将论及,根据《刑法》总则明文列举的财产形式,反而能够推断出虚拟财产受到刑法的直接保护。

其二,对盗窃虚拟财产的行为适用盗窃罪会带来一系列棘手问题,特别是盗窃数额的认定,目前缺乏能够被普遍接受的计算方式。这恐怕是不认定为财产犯罪的关键原因,然而这个理由同样不成立。价格数额问题的解决途径是现成的。对比文物、玉石盗窃行为的价值鉴定,可以发现侵犯虚拟货币构成财产犯罪也可以进行数额的灵活认定。游戏玩家证言、平台计价表可用于虚拟货币价值认定。[①] 在网络上可自由交易的"虚拟货币",其交易价格在短期内较为稳定、一致的,交易所得可以认定为犯罪数额。[②] 更重要的是,信息时代犯罪数额标准难以适用,应当探求计算被侵害数额的新标准,甚至不计数额。这让作者想到了司法实践中数额的数量化现象。1998 年最高人民法院《关于审理盗窃案件具体应用法律若干问题的解释》(已失效)第 5 条规定:"被盗物品的数额,按照下列方法计算:……(八)盗窃违禁品,按盗窃罪处理的,不计数额,根据情节轻重量刑……"[③]该规定为虚拟财产的定性和定量提供了有益的启示。例如上海市规定,具有下列情形之一的,应当以盗窃罪追究刑事责任:……盗窃鸦片 200 克以上不满 500 克、海洛因 10 克以上不满 40 克或者其他毒品数量较大的,或者盗窃淫秽录像带、光盘 30 盘以上,淫秽书刊 50 本以上、淫秽扑克牌或者其他淫

---

① 参见安徽省怀宁县人民法院刑事判决书,(2019)皖 0822 刑初 84 号。

② 参见北京市海淀区人民法院刑事判决书,(2017)京 0108 刑初 725 号;重庆市巫山县人民法院刑事判决书,(2019)渝 0237 刑初 198 号。

③ 2013 年最高人民法院、最高人民检察院《关于办理盗窃刑事案件适用法律若干问题的解释》第 1 条延续了该规定。

秽物品60件以上的。[①] 这首先承认了违禁品的财产属性，其次确定了违禁品这种财产犯罪危害性的定量方式。违禁品因为被法律禁止而不得合法流通，所以法律不承认以其现实黑市交易价值为准计算数额，而改用违禁品独有的量化标准，即盘、本、件等能反映违禁品社会危害性大小，又有司法操作可能性的量化标准。

确切地说是不计数额，而计数量，因为这才具有可操作性，并且能够反映犯罪的法益侵害程度达到入罪、法定刑升格所需的罪行。这并不是突破法律明文规定的“数额”要求，而是遵循罪刑法定原则下的扩张解释。可以发现，上述《关于审理盗窃案件具体应用法律若干问题的解释》第5条开头说的是“数额，按照下列方法计算”，而随着说“不计数额，根据情节轻重量刑”，这似乎突破了罪刑法定原则下数额的要求，但是，根据后面上海市的对应规定可以发现，司法者其实是对法定的“数额”要求作了扩大解释，不仅包括对象物价值的大小，还包括对象物计数上的大小。同理，信息时代对侵犯虚拟货币犯罪的定量评价标准问题也能够得到解决。这将在后续刑法判别方案中进一步阐释。

其三，从境外刑事立法和司法来看，鲜有将盗窃虚拟财产的行为以盗窃罪论处。

事实上，美国联邦第九巡回上诉法院2003年的一项裁决进一步拓宽了判定无形产权的标准，即无形物品是一种财产利益，如果它满足三个要求：(1)该利益必须能够精确定义；(2)它必须能够被排他性占有和控制；(3)某些个人必须能够提出合法的要求。[②] 美国一家联邦地区法院2013年裁定，从法律上讲，电子数据

---

① 参见曲文丽主编：《图解刑法罪名适用》(第3分册)，中国法制出版社2012年版，第350页。

② See *Kremen v. Cohen*, 337 F. 3d 1024, at 1030 (9th Cir. 2003).

和计算机软件属于无形财产。[①] 美国法律早就规定了进入计算机进行诈骗和获取价值罪(通过这种技术行为,进一步推进了有意的欺诈行为,并获得了任何有价值的东西)。[②] 从拥有内在货币价值的意义上说,虚拟货币是否有价值,这是一个争论点;但是,任何一件物品之所以有价值,是因为人们愿意以市场价格买卖它,这可以说是对法令中使用的"价值"一词最自然的解读。[③] 美国法律还规定了电信欺诈罪(为了获得金钱或财产)。[④] 由于法院历来对该法规有广泛的解释,它仍然是检察官在美国几乎每一个新出现的欺诈领域的第一道防线。[⑤] 该罪名也被运用到盗窃比特币的行为制裁上。[⑥]《英国1968年盗窃法》可包含与这一新资产类别有关的不法行为——由于其独特的技术特征,在大多数情况下将加密货币定义为财产并不困难,且在行为方式上,加密货币可被窃取。[⑦]

一个最新的国际动向是,《联合国打击网络犯罪公约》的最新

---

① See *Capitol Comm'n Inc. v. Capitol Ministries*, 2013 WL 5493013, at 12 (E. D. N. C. 2013) [citing *Am. Online Inc.*, *v. St. Paul Mercury Ins. Co.*, 347 F. 3d 89, 96 (4th Cir. 2003)].

② See 18 U. S. C. § 1030(a)(4) (2012).

③ See Henry S. Zaytoun, *Cyber Pickpockets: Blockchain Cryptocurrency and the Law of Theft*, 97 The North Carolina Law Review 395 (2019). 本章最后一部分将表明,德国、日本的刑法增设的计算机诈骗罪也可作类似解释。

④ See 18 U. S. C. § 1343(a)(4) (2012).

⑤ See Jed S. Rakoff, *The Federal Mail Fraud Statute (Part I)*, 18 Duquesne Law Review 771 (1980).

⑥ See Henry S. Zaytoun, *Cyber Pickpockets: Blockchain Cryptocurrency and the Law of Theft*, 97 The North Carolina Law Review 395 (2019).

⑦ See A. Taylor & M. Ó Floinn, *Bitcoin Burglaries and the Theft Act* 1968, 3 Criminal Law Review 163 (2021).

草案第13条规定了与计算机技术有关的盗窃,[1]这就鼓励各国承认和规定特别的计算机盗窃罪,特别是承认网络空间中的财产或财产权利为犯罪对象,例如网络虚拟财产或其他一些虚拟资产。同时规定各国可以将本行为视为盗窃罪的加重处罚情节,这就直接将盗窃罪的犯罪对象范围扩大了。在国际法背景下,特别是《联合国打击网络犯罪公约》到了起草最后一年的关键阶段,中国作为该公约的主要推动者之一,其刑事立法和司法要考虑国际法渊源。该公约对于网络盗窃的认定,包括盗窃虚拟财产的认定倾向于支持成员国将其纳入既有的盗窃罪犯罪。当然,它也预留了一个空间,即可以有其他打击方式。但即使不能通过立法或者司法纳入既有的盗窃罪,可能也要通过立法或者司法纳入其他财产犯罪。

除了传统的网络虚拟财产,该公约还提到更为新型的网络虚拟财产,即网络虚拟货币。该公约在第33条"洗钱"罪中明确提到,洗钱对象包括虚拟货币。面对这一刑事法的国际法渊源,为了履行国际条约的义务,在1~2年内我们可能就需要考虑该公约实施的问题。我国并非一定要通过立法的方式解决该公约的实施问题,也可以通过司法的方式予以解决,例如后文提及的非法集资的相关司法规定已经开始将虚拟货币认定为资金。

其四,不适用盗窃罪同样能够解决问题,而且能够更好地解决问题。虚拟财产的法律属性是计算机信息系统数据,对于非法获取计算机信息系统数据的行为当然可以适用非法获取计算机信息系统数据罪定罪量刑。最高人民法院、最高人民检察院2011年

---

① UN, Ad Hoc Committee to Elaborate a Comprehensive International Convention on Countering the Use of Information and Communications Technologies for Criminal Purposes, UN (Dec. 7, 2022), https://www.unodc.org/documents/Cybercrime/AdHocCommittee/4th_Session/Documents/A_AC291_16_Advance_Copy.pdf.

《关于办理危害计算机信息系统安全刑事案件应用法律若干问题的解释》对非法获取计算机信息系统数据罪明确了具体定罪量刑标准,违法所得 5000 元以上的就可以入罪,适用该罪名可以实现罪责刑相适应。然而,这种论证在四方面都有待商榷。(1)即使在盗窃虚拟财产的问题上甚至在盗窃虚拟货币的问题上,都可以使用计算机犯罪解决定罪量刑的问题,但在以诈骗、勒索、抢劫的方式侵犯法益的问题上,由于一般不涉及计算机技术手段,所以,计算机犯罪难以适用。此时如果仍然排除财产犯罪的认定,将是人为制造法律漏洞。而如果此时就认定为财产犯罪,显然是不一致的法律适用——盗窃虚拟财产或虚拟货币是计算机犯罪,而诈骗、勒索、抢劫虚拟财产或虚拟货币是财产犯罪。(2)在定性上并非认定了虚拟财产的法律属性是计算机系统数据就可以排除其是财产的法律属性。竞合犯在理论上和实践中都是常见多发的。《刑法》第 287 条是利用计算机实施犯罪的提示性规定,该条提示司法者,利用计算机触犯其他罪名的,不能因为构成计算机犯罪就直接认定为计算机犯罪,而必须考虑同时构成其他罪名,然后按照司法规则和司法理论解决竞合问题。正如司法者举出的例子,企业的商业秘密可能就是一组数据,这组数据的物理属性是数据,但其法律属性是知识产权,非法获取这组数据可能构成侵犯商业秘密罪。[①] 同理,在数字经济时代,人们的财产可能是一组虚拟货币数据,这组数据的物理属性是计算机信息系统内的数据,但是其社会属性是财产。(3)危害计算机系统安全的犯罪有司法解释列举的定罪量刑标准,有利于相关行为的处罚,但这是事后判断。易言之,盗

① 参见喻海松:《最高人民法院关于利用计算机窃取他人游戏币非法销售获利如何定性问题的研究意见》,载张军主编,最高人民法院研究室编著:《司法研究与指导》第 2 辑,人民法院出版社 2012 年版,第 127 页。

窃虚拟货币的行为如果有了司法解释,其定罪量刑也不成问题。而出台盗窃虚拟货币的司法解释、确定以财产犯罪论处的定罪量刑标准的过程,比起计算机犯罪并不必然更为艰难,更重要的是,定罪量刑本身不应当受到其标准确定过程艰难性的影响。(4)计算机犯罪只有两档最高刑,法定刑最高为7年有期徒刑,这显然低于财产犯罪的法定刑,所以在侵犯海量虚拟货币的情形下,甚至是在获利数额特别巨大的情况下,仅认定为计算机犯罪是否真能实现罪刑相适应,存在疑问。

(二)三段论司法秩序观的外在挑战

实用主义司法秩序观除了在内部考量因素上难以在今时今日得出继续用计算机犯罪处理侵犯虚拟货币案件的结论,还直接面临着另一个主要的司法秩序观版本的挑战。司法三段论是基于大前提、小前提得出司法推论的司法过程,因其符合演绎逻辑,而能最大程度地帮助司法者在同类案件上得出统一的裁判。同案同判所体现的司法一致性是司法者不可忽视的秩序。

在侵犯虚拟货币刑法定性的场景下,三段论司法秩序观体现为先认定刑法上的财产具有哪些属性,然后判断虚拟货币是否具有这些属性,最后得出虚拟货币是否是刑法上的财产的结论。例如,6年前我国学界在争论虚拟财产包括游戏币这一传统虚拟货币的相关案件如何定性时,有学者提出作为财产犯罪对象的财物,必须具备管理可能性、转移可能性、价值性三个特征,然后论证虚拟财产符合这三个特征,故而虚拟财产可以作为财产犯罪的对象。[①]这就和实用主义司法秩序观产生了直接冲突。事实上,在2022年中国刑法学研究会主办的虚拟财产刑事司法论坛上呈现的主流观

---

① 参见张明楷:《非法获取虚拟财产的行为性质》,载《法学》2015年第3期。

点也基本上是基于司法三段论得出的肯定性结论。

然而,这种三段论的司法秩序观也面临着自身的困境。首先,三段论的司法裁判过程看似非常理性,能够帮助司法者得出一致的结论,但事实上司法者对于大前提,即财产属性的认定,和小前提,即虚拟货币属性的认定,都会存在差异和争议。例如我国有学者认为,虚拟财产的价值属性主要涉及虚拟财产到底是一般财物还是财产性利益的问题,这就开始将大前提财物的分类和小前提虚拟财产的分类结合起来分析了。[①] 然而,排列组合的复杂化意味着得出一致性结论的难度不降反升。例如,司法者可能认为财物必须具有交换价值,但这种交换价值必须达到能够在所有用户之间不受限制地交换流转的程度。[②] 对于财物的这种属性要求过于苛刻,难以被司法者一致接受。

其次,司法三段论的秩序观基本上是一种本质主义的秩序观,即认为财产在本质上具有哪些属性,虚拟货币又在本质上具有哪些属性,所以它们二者的属性是否能够匹配是在一开始就确定了,没有其他可能性。这就容易将侵犯虚拟货币刑法定性的探讨导向唯一的、绝对的结论,但这并不符合我国司法实践的需求。如后所述,我国刑法并不能在虚拟货币作为合法金融产品、货币的意义上保护虚拟货币的财产性质;虚拟货币即使在作为普通财产的意义上可以作为财产犯罪的对象,也并非在最后定性时一定要认定为财产犯罪方为妥当,而是必须考虑到数字经济秩序的框架。所以,三段论的司法秩序观是一种技术主义的秩序观,应当受到更为宏观的秩序观的框定和指导。

---

① 参见陈兴良:《虚拟财产的刑法属性及其保护路径》,载《中国法学》2017 年第 2 期。

② 正如某一花店发出的购花卡,若只能由记名会员换取该店的鲜花送人,该卡就不是财产。参见杭州市西湖区人民法院刑事判决书,(2017)浙 0106 刑初 791 号。

三、侵犯虚拟货币刑法定性的法秩序统一观

前文已论及,实用主义司法秩序观考虑的因素太过灵活而不成体系,而三段论的司法秩序观本身只是一个技术过程,关键在于如何确定大前提和小前提本身的实质性内容。为此,法秩序统一观可以有所助益,例如确定相关交换价值的承认。侵犯虚拟货币的行为可以认定为侵犯财产犯罪。这不仅是因为计算机犯罪无法覆盖诈骗、敲诈勒索乃至抢劫虚拟货币的行为,需要侵犯财产罪行的介入;更是因为在《民法典》颁布实行的背景下,通过民刑一体化的法秩序统一思量,考虑财产的代际变化发展,虚拟货币本身应当被纳入刑法保护的财产范围。这个结论并不会因为多部门在2013年、2017年和2021年的三个规范性文件中对虚拟货币的立场趋严而受到根本性的影响。[①]

(一)法秩序统一观对虚拟货币财产属性的否认不成立

法秩序统一观考虑在特定的法秩序中某一事物、某一行为是否被接受和承认,然后在相关的场景中得出相应的结论。[②] 比起实用主义司法观灵活考量多种因素,法秩序统一观考虑的因素更为稳定,得出的结论也更有可预期性。比起三段论司法秩序观,法秩序统一观否认了本质主义的思路,拒绝某一属性、某一结论从来如此、未来也如此的观念,而是根据社会观念、社会政策所影响的法秩序的变动,予以适时区分和调整,更能符合当代的社会需要。在

---

① 参见2013年《关于防范比特币风险的通知》;2017年《关于防范代币发行融资风险的公告》;2021年《关于进一步防范和处置虚拟货币交易炒作风险的通知》。

② 参见陈庆安:《〈刑法修正案(十一)〉的回应性特征与系统性反思》,载《政治与法律》2022年第8期;刘艳红:《人性民法与物性刑法的融合发展》,载《中国社会科学》2020年第4期;吴镝飞:《法秩序统一视域下的刑事违法性判断》,载《法学评论》2019年第3期。

侵犯虚拟货币的刑法定性场景下，法秩序统一观能够认为财产不是具有固定属性的事物，而是权利束，财产的形式可以与时俱进地发展。财产形式的时代性发展早有专著研究，总的趋势是财产形式随着科学技术发展和经济社会应用不断多样化、复杂化，经济上的承认和法律上的保护也随之变化。[①] 在比特的世界里，数字化是一个不可逆转的大趋势，人们的生存、生活乃至观念都不断呈现出从原子到比特的过程，数字音乐、数字产品、数字货币不断影响社会，也逐渐得到社会认可。产业界和社会各界都要面临从事物的所有权或控制向信息的所有权或控制的转变，应对一种全新的、革命性的市场和产品、服务提供方式。[②]

在 2022 年中国刑法学研究会主办的虚拟财产实务论坛上，有学者借用了法秩序统一观来分析虚拟货币的财产属性及其刑法保护问题：2013 年的《关于防范比特币风险的通知》否认了虚拟货币是货币，但肯定了其是虚拟商品，此时的法秩序容许虚拟货币的流通和交易，虚拟货币应当被作为财产得到刑法保护；2017 年的《关于防范代币发行融资风险的公告》禁止了网络平台从事虚拟货币的相关服务，虽然未提到虚拟货币是虚拟商品，但个体仍然可以进行虚拟货币的流通和交易，整体法秩序仍然应当将虚拟货币作为财产处理；2021 年的《关于进一步防范和处置虚拟货币交易炒作风险的通知》不允许虚拟货币的相关业务性活动，同时明确个体“投资虚拟货币及相关衍生品，违背公序良俗的，相关民事法律行为无效，由此引发的损失由其自行承担”，经由这种严格的金融监管政

---

① 参见［美］斯图尔特·班纳：《财产故事》，陈贤凯、许可译，中国政法大学出版社 2017 年版，序言。

② See Andrew Murray, *Information Technology Law: The Law and Society*, Oxford University Press, 2016, p. 13.

策,相关行为被认定为违背公序良俗而在民法上不受保护,所以相关虚拟货币也不应作为财产得到刑法的保护。[①]

应当承认,这一法秩序统一观的运用看起来符合了社会政策的变化,其追求整体法秩序内部的价值统一性也应当得到认同。然而,“违背公序良俗的”在规范性文件中的表述仅仅是一个提示性的表述,而非规定性的表述。具体的司法者仍需根据案件的具体情况和公序良俗判断的一般原理得出结论,而非直接认为国家已经认定所有的个体间虚拟货币交易行为一概违背公序良俗而无效,[②]对民法案例的考察可以充分表明这一点。当然,司法中也有不认可加密货币财产性的反例,但因不区分普通人的普通民事行为和特定经济主体的特定经济行为而遭到民法和经济法学者的批判。[③]

(二)法秩序统一观支持虚拟货币财产属性的刑法确认

在民刑一体化的法秩序统一论视角下,《民法典》已经原则上承认了对于虚拟财产的保护,只要没有违反罪刑法定原则,刑法也应当推进对于虚拟财产的保护。《民法典》第127条规定,“法律对数据、网络虚拟财产的保护有规定的,依照其规定”,这延续了《民法总则》(已失效)的规定。民法学者从《民法总则》起草过程中的

---

① 车浩教授在首都检察“三办”检察官联席会2022年第二次会议“利用技术手段窃取虚拟货币的法律定性”的类似发言,参见北京市人民检察院第三分院:《利用计算机手段非法获取虚拟货币法律定性问题研讨会部分专家发言实录》,载《刑事二审工作指导专刊》2022年第10期。

② 参见齐爱民、张哲:《政策与司法背景下虚拟货币法律属性的实证分析》,载《求是学刊》2022年第2期。

③ 参见许多奇、蔡奇翰:《我国加密货币财产属性的司法认定——以金融法与民商法的二维区分为视角》,载《上海政法学院学报(法治论丛)》2021年第6期;程啸:《虚拟货币相关交易合同的效力》,载《法治日报》2022年5月18日,第9版。

条文演进及其内在逻辑分析出:“立法实际上是将网络虚拟财产视为一种物权客体,可以建立所有权。”[①]虚拟货币作为虚拟财产的一种重要类型,其作为物权甚至是所有权对象受到民法的保护也就不存在法理障碍了。[②] 个体之间可以自由买卖作为商品的虚拟货币。这符合鼓励交易、维护公平交易秩序的民商事立法初衷。[③] 根据《美国商品交易法》的包容性定义,商品包括目前或将来签订的未来交付合同所涉及的所有服务、权利和利益。[④] 据此,美国商品期货交易委员会(CFTC)认定比特币和其他虚拟货币是商品。[⑤] 不管使用的标签是什么,虚拟货币可能是商品、证券、衍生品或其他金融产品。各法域、各部门法无论认为虚拟货币是证券、货币还是商品,都认为虚拟货币的所有权必须属于个人,这都表示了对虚拟货币的个人利益的认可。

可以理解的是,法律人担心将财产保护过度延伸到过于虚无缥缈而无法充分定义的物品上,但这也可能是由于历史上缺乏人们可以合理要求所有权的无形商品。[⑥] 例如,认为法律上的财产支配彰显现实世界的占有秩序,虚拟空间中对加密数字货币的支配很难被认定为是物权法上的支配,公示性难以满足交易观念的

---

① 杨立新:《民法总则规定网络虚拟财产的含义及重要价值》,载《东方法学》2017 年第 3 期。

② 参见赵天书:《比特币法律属性探析——从广义货币法的角度》,载《中国政法大学学报》2017 年第 5 期。

③ 参见赵炳昊:《应对加密数字货币监管挑战的域外经验与中国方案——以稳定币为切入点》,载《政法论坛》2022 年第 2 期。

④ See Section 1a(9) of the Commodity Exchange Act.

⑤ See Coinflip, Inc., CFTC No. 15 – 29, 2015 WL 5535736, 3 (Sept. 17, 2015) (order making findings & imposing remedial sanctions); 7 U. S. C. § 1a(9) (2018).

⑥ See Henry S. Zaytoun, *Cyber Pickpockets: Blockchain Cryptocurrency and the Law of Theft*, 97 The North Carolina Law Review 395 (2019).

要求。[①] “数字货币虽然只存在于虚拟空间,但是只要能够借助相应的技术手段对其加以控制与支配,以数据电文为形态的数字货币成为所有权客体,并无理论上与制度上的障碍。”虚拟货币可能通过数字资产交易平台进行交换,也可能通过点对点技术进行交换。[②] 权利人对物的直接支配性不仅体现为可依据自己意志直接占有、使用或采取其他方式支配其物,也体现为权利人根据自己意志独立进行支配而无须得到他人的同意。[③] 虚拟货币权利人通过账号密码、私钥等方式可以不经过他人同意便支配和实际控制虚拟货币。由此,权利人向整个世界宣告其是唯一能对该虚拟货币提出正当诉求的人。而且,在技术上,虚拟货币权利人通过分布式记账技术反而能更好地实现支配及其转移的公示性。分布式账本技术在网络上共享数据,在参与者之间创建一个经过验证的交易或信息的数字账本,数据通常使用加密技术链接,以维护账本的完整性,并执行其他功能,包括所有权或价值的转移。

在刑法立法上,《刑法》第 92 条规定了公民私人所有财产的范围:(1)公民的合法收入、储蓄、房屋和其他生活资料;(2)依法归个人、家庭所有的生产资料;(3)个体户和私营企业的合法财产;(4)依法归个人所有的股份、股票、债券和其他财产。此处的其他生活资料、生产资料、其他财产的认定,既要体现对个体有一定的效用价值,这种效用价值又必须得到一定程度、一定范围的社会性认可,起码不违反法律的强制性规定和公序良俗。非加密货币如网络游戏币,加密货币如比特币,对于个体来说可以作为劳动对

① 参见许多奇、蔡奇翰:《我国加密货币财产属性的司法认定——以金融法与民商法的二维区分为视角》,载《上海政法学院学报(法治论丛)》2021 年第 6 期。

② 参见赵磊:《数字货币的私法意义——从东京地方裁判所 2014 年(ワ)第 33320 号判决谈起》,载《北京理工大学学报(社会科学版)》2020 年第 6 期。

③ 参见王利明主编:《民法》(第 6 版),中国人民大学出版社 2015 年版,第 152 页。

象,即在劳动过程中被采掘和加工的事物,成为生产资料,但是国家法律政策反对“挖矿”比特币,这起码不符合《民法典》上的绿色原则,社会的善良风俗可能也不提倡仅以游戏币为劳动对象。所以,比特币和游戏币难以成为刑法上认可的劳动资料。但是,它们对于个体来说可以作为生活资料,虽然难以归为衣、食、住、用方面的基本消费品,在生存资料的意义上发挥作用,但是显然可以在现代社会作为用于发展体力、智力的体育、文化用品等发展资料,以及作为类似于高级营养品、华丽服饰、艺术珍藏品等的享受资料。这些效用并不违反法律的禁止性规定和善良风俗。

至于《刑法》第 92 条第 4 项规定的“其他财产”,可谓所有财产的兜底性规定,如果认为我国现行刑法应当尽可能通过解释来满足社会发展的保护需求,那么这里就不应当局限于前 4 项列举的农业经济时代和工业经济时代的典型财产形式或其所谓的相当形式,因为这些财产形式必然会和数字经济时代的财产形式在观念上有较大的差别。在这一解释背景下,财产犯罪对象的界定需要重新理解。《刑法》分则第五章“侵犯财产罪”里并未对财产进行解释或明文列举,而是一般用“公私财物”的概念进行对应。唯一明文列举的是《刑法》第 265 条规定:“以牟利为目的,盗接他人通信线路、复制他人电信码号或者明知是盗接、复制的电信设备、设施而使用的,依照本法第二百六十四条的规定定罪处罚。”该条被认为在财产对象的意义上是注意规定,将电信码号和电信设备的使用等财产性利益纳入财物的范围。[①] 既然 1997 年《刑法》在数字经济的早期就将数字化财产性利益作为刑法保护的财物,那么在数字经济成熟期的当代,刑法保护的数字化财物应当更加多样和普遍。只要这些数字化财物具有管理可能性、转移可能性和效用价

① 参见张明楷:《刑法学》(第 6 版),法律出版社 2021 年版,第 1239 页。

值,就能够作为被害人可管理的、他人可侵害的、值得刑法保护的财物。[①] 虚拟货币具有效用价值,能够满足用户进行交换、寄托精神与情感等目的。[②] 虚拟货币与个人在数字空间中的地址相联系,能够被精确定义,因为每一个虚拟货币都是具体的、独一的代码。虚拟货币也被排他式地持有和控制,义务个体持有账号、密码或私钥,相应地,他人可以通过获知此类数据而变更持有、进行侵害。

近年的司法解释已经在事实上承认了虚拟货币的资金属性和财物属性。2021 年年初,国务院公布的《防范和处置非法集资条例》第 19 条规定了对以从事各类虚拟货币业务等名义吸收资金行为的调查认定。2021 年年底,最高人民法院《关于修改〈最高人民法院关于审理非法集资刑事案件具体应用法律若干问题的解释〉的决定》将 2010 年的最高人民法院《关于审理非法集资刑事案件具体应用法律若干问题的解释》第 2 条第 8 项修改为"以……虚拟币交易等方式非法吸收资金的",符合该解释第 1 条第 1 款规定的条件的,应当依照《刑法》第 176 条的规定,以非法吸收公众存款罪定罪处罚。根据《关于进一步防范和处置虚拟货币交易炒作风险的通知》的规定,非法的虚拟币交易包括法定货币与虚拟货币兑换业务、虚拟货币之间的兑换业务、作为中央对手方买卖虚拟货币、为虚拟货币交易提供信息中介和定价服务、代币发行融资以及虚拟货币衍生品交易等虚拟货币相关业务活动。而非法集资类的虚拟币交易要求承诺还本付息或给付回报,主要是代币发行融资以及虚拟货币衍生品交易。此类交易中获取的虚拟货币就是非法集

---

① 参见张明楷:《刑法学》(第 6 版),法律出版社 2021 年版,第 1212 ~ 1218 页。

② 参见上海市静安区人民法院刑事判决书,(2020)沪 0106 刑初 551 号。能够交换就是市场经济时代最大的使用价值,贝壳、黄金也难言有对用户直接的使用功效,但无人否认其具有使用价值。相反观点参见杨延超:《论数字货币的法律属性》,载《中国社会科学》2020 年第 1 期。

资中的资金。如果行为人具有诈骗故意，非法获取的虚拟货币就是集资诈骗中的财物。在虚拟货币不断翻新和涌现的当下与未来，贪污贿赂犯罪、洗钱犯罪、掩饰隐瞒犯罪所得犯罪中的财物认定司法过程不应该也不可能否认虚拟货币的财产属性，否则将造成极大的处罚漏洞。

四、侵犯虚拟货币刑法定性的数字经济秩序观

上文已从法秩序统一观下民事司法的发展和我国刑法立法的解释正面论证了虚拟货币可以是我国刑法所保护的财产。这似乎意味着将侵犯虚拟货币的行为统一认定为相应的财产犯罪即可，或者从一重罪处理即可。然而，这仅仅是传统的法秩序统一论的简单应用。虚拟货币是数字经济的重要要素，法律需要保障该领域的数字经济秩序，要在经济上将其视为一种发挥某种经济作用的数字资源，在法律上基于信任和共识使其获得一定的地位和行为效力。2021 年 10 月，习近平主持中央政治局第三十四次集体学习时强调，要把握数字经济发展趋势和规律，推动我国数字经济健康发展。国务院于 2021 年 12 月发布《“十四五”数字经济发展规划》，开篇提出“数字经济是……促进公平与效率更加统一的新经济形态。数字经济……正推动生产方式、生活方式和治理方式深刻变革”。数字经济时代的经济社会政策是发展数字经济，把握新一轮科技革命和产业变革新机遇——形成以技术发展促进全要素生产率提升、以领域应用带动技术进步的发展格局——以满足人民美好生活需要，构建现代化经济体系，构筑国家竞争新优势。而发展数字经济要实现这些经济社会政策目标，必须确保数字经济安全有序、公平有效。

我们可以从数字经济秩序这一具体的法秩序场域分析，刑法

保护虚拟货币的财产性符合法秩序统一性，但在数字经济的场景下，法秩序并非只保护虚拟货币的财产性。在数字经济秩序观的视野里，虚拟货币的财产性并非孤立的、静态的财产得到保护的秩序问题，而是财产秩序动态地嵌入整个经济秩序中，需要整个刑法体系予以系统考察的问题。在数字经济秩序观的视角下，需要区分虚拟货币作为金融产品、货币的数字金融秩序和虚拟货币作为一般性商品的数字经济秩序；作为数字经济中的一般性商品，虚拟货币也需要来自财产秩序之外的计算机网络秩序的保护。

（一）数字经济秩序观排斥的虚拟货币刑法保护

数字经济时代的刑法要发挥保障和落实国家经济社会政策的社会功能。在虚拟货币领域的数字经济秩序首先表现为，虚拟货币作为金融产品、货币的经济活动一概不允许，因为这会触及我国的金融安全底线，影响我国数字经济的总体安全。《数字经济规划》在十四处提到“有序”发展，有十四处提到“风险”，并强调要“牢牢守住安全底线”。规范性文件针对的是投资类交易活动，特别是具有金融属性、能够冲击数字金融秩序的投资交易活动。所以我国刑法不能在虚拟货币作为合法金融产品、货币的意义上保护虚拟货币的财产性质，因而侵犯虚拟货币财产权益行为的罪名适用、危害程度判定都不能参照相关的金融产品、货币犯罪罪名。

其一，虚拟货币作为金融产品的财产属性不应当得到我国刑法的认可。有学者认为，我国《刑法》第 92 条第 4 项列举的股份、股票、债券这三种财产形态都属于金融产品，即在资金融通活动中通过非现金方式使用的金融工具。比特币实际上可以与法定货币进行双向兑换，在实践中承担了金融商品的功能。[①] 为了遏制欺诈

① 参见王熠珏：《“区块链＋”时代比特币侵财犯罪研究》，载《东方法学》2019 年第 3 期。

行为,美国证券交易委员会还得出结论,使用比特币或以太币的融资工具构成了一种证券形式。[①]《关于防范代币发行融资风险的公告》事实上承认了虚拟货币具有金融商品功能:"代币发行融资是指融资主体通过代币的违规发售、流通,向投资者筹集比特币、以太币等所谓'虚拟货币',本质上是一种未经批准非法公开融资的行为。"然而该规范性文件禁止了这种功能的发挥。虚拟货币的金融商品属性并不为经济法所认可,那么根据法秩序统一原理,其金融商品属性也不应当为刑法所认可。

然而,所谓的效用型代币(虚拟商品)和证券型代币(金融产品)之间的技术分歧可能在理论上挑战证券的法律定义,因为使用此类代币的消费动机可能超过盈利预期,这种利润预期不太可能来自其他人的努力。如果代币投资者希望从二级市场转售给其他个体的数字交易活动中获利,在没有中央控制的情况下,二级市场的价格仅由市场波动决定。[②] 是故,在并非通过中心节点发行达成获利预期,而是通过个体自由买卖达成获利预期的情况下,虚拟货币并未作为非法的金融产品在流通,而只是作为合法的虚拟商品在流通,是一种合法的数字经济交易活动,应当得到刑法的保护。

其二,作为货币的属性也不应当为我国刑法所认可。作为一种虚拟货币,加密货币提供了一种替代国家发行的法定货币的功能。美国有联邦地区法院承认,尽管比特币仅在少数几个地方被接受,限制了它作为货币的使用,但它仍然是一种货币或货币形式,因为它可

---

① See SEC, *Report of Investigation Pursuant to Section* 21(*A*) *of the Securities Exchange Act of* 1934: *The Dao*, SEC (July 25, 2017), https://www.sec.gov/files/litigation/investreport/34-81207.pdf.

② See Protocol Labs & Juan Batiz-Benet et al., *The SAFT Project*: *Toward a Compliant Token Sale Framework*, Saft Project (Oct. 2, 2017), https://saftproject.com/#saft-whitepaper.

以与传统货币交换。[①] 2014 年,美国国税局(IRS)发布了通知,规定出于联邦税收目的,所有虚拟货币都被视为财产,而不是美国或任何其他司法管辖区的法定货币。当加密货币与真实货币具有等价价值或作为真实货币的替代品时,它被称为可兑换虚拟货币。[②] 然而,由于投资者渴望参与挖矿和投机,加密货币市场一直非常动荡,[③]所以可能缺乏国家货币得以成功运行和抵御危机的大众信心和信用。[④] 随着价格的飙升,加密货币市场极易受到庞氏骗局和欺诈的影响。[⑤] 我国 2013 年中国人民银行等《关于防范比特币风险的通知》、2017 年中国人民银行等《关于防范代币发行融资风险的公告》、2021 年中国人民银行等《关于进一步防范和处置虚拟货币交易炒作风险的通知》都明确了,比特币、以太币、泰达币等虚拟货币具有非货币当局发行、使用加密技术及分布式账户或类似技术、以数字化形式存在等主要特点,不具有法偿性,不应且不能作为货币在市场上流通使用。

其三,虚拟货币作为支付平台的属性应当部分为我国刑法所认可。支付系统是指对支付交易的处理、结算有正式和标准化安

---

① See *SEC v. Shavers*, 2013 WL 4028182, (E. D. Tex. Aug. 6, 2013) at 2. See also *United States v. Faiella*, 39 F. Sup. 3d 544, 545 (2014).

② See IRS, *Virtual Currency Guidance*, IRS (Apr. 24, 2014), https://www.irs.gov/irb/2014-16_IRB#NOT-2014-21.

③ See Thomas Lowenthal, *Bitcoin: Inside the Encrypted, Peer-to-Peer Digital Currency*, Ars Technica (June 8, 2011), http://arstechnica.com/tech-policy/2011/06/bitcoin-inside-the-encrypted-peer-to-peer-currency/.

④ See John O. McGinnis & Kyle Roche, *Bitcoin: Order Without Law in the Digital Age*, 94 Indiana Law Journal1497 (2019).

⑤ See Laura Shin, *From Blockchains to Mooncakes: Two Chinese Crypto Founders on the ICO and Bitcoin Exchanges Ban*, Forbes (Sept. 19, 2017), https://www.forbes.com/sites/laurashin/2017/09/19/from-blockchains-to-mooncakes-two-chinese-crypto-founders-on-the-ico-and-bitcoin-exchanges-ban/#7f91489d6a3d.

排和通用规则的金钱转账系统。① 支付系统的核心功能包含提供资金储存设施,并承诺根据需要提供流动资金。② 其中,加密货币是一种数字资产,它可能是一种交换媒介,其生成或所有权记录由依赖加密的分布式账本技术(如区块链)提供支持。此时的比特币是一种点对点网络,也被称为区块链网络或区块链协议,它允许数字货币的所有权证明和转移,而不需要可信的第三方的验证,而是通过网络的矿工节点提供的密码验证。德国认为比特币是具有法律约束力的金融工具,属于德国银行法中的记账单位,但不具备法定货币地位,可进一步分析和完善其在跨境支付中的使用、银行间转账和交易数据存储。③ 日本 2016 年立法将虚拟货币定义为“通过电子信息系统处理,可以在不特定主体之间用于清偿债务、既非法定货币也不以法定货币计价的财产性价值”④。在 2020 年年底签署的《澳新数字经济协议》中,澳大利亚和新加坡两国政府承诺推动采用国际公认的在线支付系统标准。⑤ 由于没有中介参与,加密货币交易理论上比传统支付网络更便宜、快捷。⑥ 然而,鉴于加

---

① See Ross Cranston et al., *Principles of Banking Law*, Oxford University Press, 2017, p. 348.

② See Sijuade Animashaun, *Regulating Virtual Currency Payment Systems*, 4 Cambridge Law Review 29 (2019).

③ 参见王娜:《马克思主义政治经济学视角下两种数字货币的本质及发展趋势》,载《经济纵横》2017 年第 7 期。

④ 刘道纪:《比特币的监管及其路径》,载李爱君主编:《金融创新法律评论》第 1 辑,法律出版社 2016 年版。

⑤ See Department of Foreign Affairs and Trade, *Australia-Singapore Digital Economy Agreement*, DFAT (Dec. 8, 2020), https://www.dfat.gov.au/trade/services-and-digital-trade/australia-and-singaporedigital-economy-agreement.

⑥ See Rain Xie, *Why China Had to Ban Cryptocurrency but the U. S. Did Not: A Comparative Analysis of Regulations on Crypto-Markets between the U. S. and China*, 18 Washington University Global Studies Law Review 457 (2019).

密货币支付系统的去中心化本质为犯罪和欺诈提供了机会，加密货币交易的爆炸式增长伴随着欺诈、盗窃和骗局，我国已经在 2021 年中国人民银行等《关于进一步防范和处置虚拟货币交易炒作风险的通知》中明确禁止了虚拟货币之间的兑换业务。

这就意味着仅仅进行同一种虚拟货币的支付平台服务是不受禁止的。当然，该平台不能提供该文件同时禁止的信息中介和定价服务，也不能是 2017 年中国人民银行等《关于防范代币发行融资风险的公告》中禁止的各金融机构和非银行支付机构（“不得直接或间接为代币发行融资和‘虚拟货币’提供账户开立、登记、交易、清算、结算等产品或服务”）。仅仅提供同一种虚拟货币支付系统服务的平台应当满足 2013 年中国人民银行等《关于防范比特币风险的通知》中的备案要求，即提供比特币登记、交易等服务的互联网站应当在电信管理机构备案。只有部分承认虚拟货币作为支付平台的属性，才能顺利成章地赋予其反洗钱义务、外汇管制配合义务，例如提供对链上数据转移追踪与分析的证据。① 综上所述，虚拟货币可以作为虚拟商品和部分作为支付平台系统服务而存在，受到刑法的保护。

（二）数字经济秩序观要求的虚拟货币刑法保护

在数字经济秩序观看来，刑法对于数字经济具有构成性功能，即确定数字经济的相关要素（如虚拟财产）的合法利用，构成数字经济运行的基础。② 刑法的构成性保障主要体现在财产与合同、确定市场边界等方面。

首先，刑法规定了财产安全（如反对盗窃等）和合同安全（如反

① 参见赵炳昊：《应对加密数字货币监管挑战的域外经验与中国方案——以稳定币为切入点》，载《政法论坛》2022 年第 2 期。

② See Lindsay Farmer, *The “Market” in Criminal Law Theory*, 85 MLR 435 (2022).

对欺诈)，这对于个体能够追求自我利益的稳定社会秩序具有基础性的作用。刑法应当维护侵犯虚拟货币行为所冲击的财产秩序。这种财产秩序应当在数字经济秩序中得到理解。数字经济要统筹发展与安全，促进公平和效率更加统一。作为(通过区块链自行、直接交易的)虚拟商品和部分作为支付平台系统服务的虚拟货币的财产性质是我国现行数字经济政策所允许的财产秩序的内容，我国刑法也应当对其进行相应的财产保护。社会已经承认某种对于虚拟货币的利益，虚拟货币是一种可以拥有的东西，拿走它是一种必须受到法律惩罚的行为；这将进一步强化法治的基本概念，即不认可侵犯他人合法所有权利益的不公正收入。[①] 这一权利必然涉及财产法律对侵犯这一权利的惩罚，这对威慑数字时代的新型财产犯罪和公众对于法律保护这一权利的信心都至关重要。[②] 这样的起诉将实现数字经济监管计划的关键目标，培养对区块链数字资产的信任，并以一种不那么繁重的方式发展行业间的区块链用途，为创新创造一个安全的竞争环境；“区块链”的开发人员将会在不牺牲其他重要的社会目标和价值的情况下，保留继续开发技术的自由。[③]

其次，刑法规定了市场的界限，即能够被买卖的对象是什么，能被允许的交易的类型，能缔结交易合同的主体，由此规定了能够商品化的虚拟货币及其能被交易的条件。虚拟货币的相关市场发行和运行扰乱了数字金融秩序，可能符合相应的金融产品和货币

---

① See Henry S. Zaytoun, *Cyber Pickpockets: Blockchain Cryptocurrency and the Law of Theft*, 97 The North Carolina Law Review 395 (2019).

② Henry S. Zaytoun, *Cyber Pickpockets: Blockchain Cryptocurrency and the Law of Theft*, 97 The North Carolina Law Review 395 (2019).

③ Henry S. Zaytoun, *Cyber Pickpockets: Blockchain Cryptocurrency and the Law of Theft*, 97 The North Carolina Law Review 395 (2019).

犯罪的规定。我们的刑法除了应当维护非法金融行为所扰乱的经济秩序，还应当维护侵犯虚拟货币行为所冲击的数字经济社会的计算机网络秩序。虚拟货币是只有电子生成和存储形式的价值的数字化表示。它通过指定的软件、移动设备或计算机应用程序进行存储和处理，相关交易通过安全、专用的网络或互联网进行。所有的虚拟货币要么实时存储在计算机设备、网络当中，要么其操作必须通过计算机网络进行。虚拟货币在技术意义上存在，这在关于虚拟货币的技术性分析中可以得到阐释，现在也得到了普遍认识。哪怕是10年前，当时否定游戏币、游戏装备具有实际意义的学者和大众大有人在，也几乎无人会否定它们在计算机和网络中是切实存在的。数字化的存在和运行方式使得虚拟货币得以生成、得以高效。若其存在和运行所依托的计算机网络秩序得不到保障，那么虚拟货币将难以得到数字经济主体的信赖，①数字经济的安全、高效也得不到保障。

侵犯虚拟货币的罪行基本不涉及金融秩序的扰乱，主要扰乱了财产秩序和计算机网络秩序。所以，侵犯虚拟货币可能同时构成财产犯罪和计算机犯罪。选择罪名的传统方法是从一重罪处罚，这既取决于立法上最高的法定刑幅度，也取决于实践中每一档量刑幅度所对应的定量要求，而这两者都具有较大的随机性。罪刑关系论存在较大争议，②本书限于篇幅和主题，只想在此提出，侵犯虚拟货币行为的刑法定性，应当充分考虑数字经济秩序下虚拟

① 参见郭旨龙：《非法获取计算机信息系统数据罪的规范结构与罪名功能——基于案例与比较法的反思》，载《政治与法律》2021年第1期。

② 参见石经海、熊亚文：《何以“以刑制罪”：罪、责、刑相适应原则的定罪意义》，载《社会科学战线》2015年第2期；付立庆：《以刑制罪观念的展开、补充与回应——兼与叶良芳教授等否定论者商榷》，载《东南大学学报（哲学社会科学版）》2018年第4期；姜涛：《批判中求可能：对量刑反制定罪论的法理分析》，载《政治与法律》2011年第9期。

货币相关平台和相关个体所受到的利益侵犯及其侵害方式。

五、数字经济秩序观下侵犯虚拟货币的区分定性

侵犯虚拟货币的行为可能同时构成计算机犯罪和财产犯罪，但并非一定要从一重罪处理；侵犯虚拟货币的行为也可能只构成计算机犯罪或财产犯罪。这都取决于数字经济秩序下虚拟货币相关平台和相关个体所受到的利益侵犯及其侵害方式。

（一）侵犯虚拟货币平台秩序的计算机犯罪

侵犯平台的虚拟货币更有秩序扰乱的性质，不管是扰乱网络游戏等数字经济秩序（狭义的数字经济秩序），还是扰乱网络平台空间管理秩序（广义的数字经济秩序），认定为计算机犯罪中的“后果严重”，都较为合适。

1. 侵犯平台秩序的计算机犯罪一般认定规则

侵犯行为的伴随后果是平台需要采取技术手段予以处理，[①]并且可能要将联合运营公司结算的“充值收益分成”予以撤销。[②] 对于中心化的平台而言，其上的虚拟货币数量和数额如果可以以极低成本甚至零成本增加，虚增或者转走行为更多的就是侵犯平台的运营秩序，而非具备一定稀缺性的财产，这是侵犯非加密货币的常态。例外地，中心化的加密货币如泰达币初期称为稳定币，与法定货币直接挂钩，此时平台加密货币稀缺性较为明显，其财产性问题需要专门研究；但后期的非全额法定货币担保保证金制度导致

---

① 例如，使用外挂程序在游戏内非法获取虚拟货币，这绕过了游戏的保护措施，对游戏正常操作流程和正常运行方式造成了干扰。参见江苏省常州市钟楼区人民法院刑事判决书，（2017）苏0404刑初705号。又如，平台需要处理很多人反映从平台买走的各类充值卡有被充值过的情况。

② 参见北京市朝阳区人民法院刑事判决书，（2014）朝刑初字第3017号。

隐性超发，此时将侵犯官方平台拥有的泰达币的行为认定为秩序扰乱更为适当。有的发现虚拟货币网络平台存在系统漏洞，利用技术手段增加虚拟货币。[①] 有通过技术手段在平台上给自己的账号虚假充值，再购买平台虚拟货币的案件，[②]有采用非法手段侵入游戏，窃取该游戏管理员账号中的网络游戏虚拟货币的案件，[③]上述案件都被认定为计算机犯罪。然而，通过篡改计算机信息系统数据，虚假充值，或者通过代理服务器向服务器发送数据包，干扰游戏服务器的传输，从而不断获得游戏金币，被认定为盗窃公私财产，数额巨大或特别巨大。[④] 此类犯罪常见多发而被侵害方并无相当数额财产损失，故其定性应予纠正，防止刑罚过重。

如果网络交易平台或者数字钱包软件仅是存储诸多用户的账号、密码或私钥，并不中心化地产生和持有自己的虚拟货币，那么侵入、控制网络交易平台或数字钱包软件的行为也直接构成相应的计算机犯罪。此时构成扰乱公共秩序犯罪，众多用户可以作为证人存在。例如先在比特币交易平台注册账号，然后在账号下面注册自己的比特币钱包地址，然后通过撞库、验证正确取得别人的比特币交易平台的账号密码，进入申请更换钱包地址，这时交易平台会发验证码给注册人，再把对方的验证码骗取过来，输入验证码，就完成了交易平台钱包地址的更换。[⑤] 如果取得账号密码时被抓获，此时就是计算机犯罪的既遂和财产犯罪的预备。其预备的

---

① 参见江苏省靖江市人民法院刑事判决书，(2018)苏 1282 刑初 663 号；南京市鼓楼区人民法院刑事判决书，(2018)苏 0106 刑初 401 号。

② 参见四川省成都市中级人民法院刑事判决书，(2019)川 01 刑终 948 号。

③ 参见辽宁省高级人民法院刑事判决书，(2017)辽刑再 9 号。

④ 参见上海市徐汇区人民法院刑事判决书，(2018)沪 0104 刑初 203 号；四川省成都市中级人民法院刑事判决书，(2010)成刑终字第 232 号。

⑤ 参见河南省南阳市卧龙区人民法院刑事判决书，(2018)豫 1303 刑初 583 号。

财产犯罪需要进一步证明,且我国司法一般不打击预备犯。构成计算机犯罪的标准可以是对平台经营造成显著影响等,特别是影响多人次的用户,以及影响较长时长的平台经营。

2. 侵犯平台秩序的计算机犯罪具体区分规则

侵犯虚拟货币的行为当然能够认定为计算机犯罪,但需要根据案件的具体情形认定为非法获取计算机系统数据罪或者破坏计算机信息系统罪,也可能同时构成两罪。计算机犯罪首先是一种技术性犯罪,侵犯虚拟货币是否构成计算机犯罪要先看其技术性质。如果该行为涉嫌计算机犯罪,首先要求虚拟货币数据属于计算机信息系统内的数据,其次这种侵犯行为要符合计算机犯罪的相关数据行为方式。

第一,先以信息技术方式增加网络平台系统账户内的虚拟货币数量再转走的行为,不是非法获取计算机信息系统数据,只能是破坏计算机信息系统。非法获取计算机信息系统数据罪保护的是计算机信息系统里面既有数据的保密性和可用性。① 系统里面的数据必须是计算机信息系统内已经存在的数据,②如此才有相关权利人对该数据的保密性和可用性期待,然后行为人通过技术手段非法获取,侵犯了相关权利人对该数据事先存在的保密性和可用性利益。如果是行为人自己通过信息技术手段虚增,然后转走,涉嫌破坏计算机信息系统罪。破坏系统里面的数据干扰行为方式是对于计算机系统内存储、处理或者传输的数据进行删除、修改、增加的操作,其基本危害在于干扰了数据的“三性”(可得性、真实性、

---

① 参见郭旨龙:《非法获取计算机信息系统数据罪的规范结构与罪名功能——基于案例与比较法的反思》,载《政治与法律》2021年第1期。

② 参见赵秉志主编:《刑法修正案最新理解适用》,中国法制出版社2009年版,第144页。

完整性)。最高人民法院公报案例认为,被告人在某通信网主机系统中对该系统的部分文件进行修改、增加、删除等一系列操作,非法开设了三个账户送给袁某(另案处理)使用,安装并调试网络安全监测软件,属于对计算机信息系统中存储、处理或者传输的数据和应用程序进行删除、修改、增加的操作。[①] 而增加网络平台账户里的虚拟货币然后转走的行为就是对该系统处理的虚拟货币数据进行增加、修改的行为,侵犯了虚拟货币数据的真实性和完整性。

第二,转走已经存在于系统内的虚拟货币的,既涉嫌非法获取计算机信息系统数据罪,又涉嫌破坏计算机信息系统罪。虚拟货币已经存在于系统里有两种情况:一种是已经存在于网络平台的统一账户中,由平台管理人实际控制。例如擅自通过公司电脑进入公司开发的手游版游戏系统后台数据库,编辑程序指令,给自己的游戏账户充入需要付费购买的游戏币,再进入本人游戏账户领取。[②] 另一种是已经存在于网络平台上的私人账户中,由私人直接控制,平台充其量是间接控制。但不管何种控制情况,转走已经存在系统里的虚拟货币的,同时侵犯了虚拟货币数据的可用性和完整性,分别涉嫌非法获取计算机信息系统数据罪和破坏计算机信息系统罪。

第三,不管是直接增加虚拟货币到自己账户或其他账户,还是转移平台账户或其他私人账户已有的虚拟货币到自己账户,都是计算机犯罪的技术手段。这源于计算机操作认定的低门槛性。非法获取数据罪行要求侵入计算机信息系统或者采用其他技术

---

① 参见吕某文破坏计算机信息系统案,载《最高人民法院公报》2000 年第 3 期。至于这种数据操作的后果是否严重,则另当别论。参见清国:《吕薛文破坏计算机信息系统案[第 68 号]》,载中华人民共和国最高人民法院刑事审判第一庭编:《刑事审判参考》第 2 卷,法律出版社 2000 年版。

② 参见福建省福州市鼓楼区人民法院刑事判决书,(2019)闽 0102 刑初 113 号。

手段，根据同类解释的要求，这里的其他技术手段必须和侵入计算机信息系统的手段大体类似。事实上，侵入手段本身的技术性要求也并不高，偷窥到他人账号密码而登录的，或登录授权过期或者超出授权事项范围仍然登录的都属于侵入行为。所以，就算要求其他技术手段与侵入行为具有相当性，也仅要求和计算机信息系统操作相关的技术手段而已。[①] 而转走其他账户中已有的虚拟货币，必然需要账户登录或者在账户已经被登录的情况下进一步操作计算机才能完成转走的行为。[②] 用提前掌握的账号、密码或私钥登录相应账户后获取虚拟财产，[③]和通过查找系统漏洞、发送木马、使用外挂工具包等技术手段攻击计算机信息系统以非法获取虚拟财产，[④]都采用了计算机技术手段。破坏系统罪行里面的数据干扰行为是对计算机信息系统中存储、处理或者传输的数据和应用程序进行删除、修改、增加的操作，而增加自己在平台内账户下的虚拟货币或其他账户下的虚拟货币，必然是对系统内存储、处理或传输的虚拟货币数据进行了增加甚至修改的行为，符合此处的技术手段要求。正是技术手段的低门槛性导致计算机犯罪适用的口袋化，需要进一步探讨其他合理的犯罪定性规则。

---

① 美国国会报告认为，在访问计算机和获取信息罪里中，“获得”这种无形的信息是广义的，可以通过阅读来实现。See S. REP. NO. 104 – 357 (The National Information Infrastructure Protection Act Of 1995), at 7 (1996).

② 有学者认识到了盗窃比特币的手段技术性，但没有把握住行为对象的特殊性，认为利用黑客技术盗窃比特币，可构成非法侵入计算机系统罪。参见李婕：《比特币的犯罪风险及刑法规制》，载《南海法学》2020 年第 3 期。然而该罪要求的行为对象必须是特定的四类重点保护的系统，虚拟货币相关系统一般不涉及四类系统。

③ 参见广东省深圳市福田区人民法院刑事判决书，(2020)粤 0304 刑初 2 号。

④ 参见浙江省金华市婺城区人民法院刑事判决书，(2019)浙 0702 刑初 696 号。

(二)侵犯虚拟货币用户利益的财产犯罪

1. 侵犯用户利益的财产犯罪一般认定规则

侵犯用户虚拟货币的,考虑到用户花费相当价值才获得虚拟货币,且其可以使用或转手虚拟货币而获得相当价值,此时认定为财产犯罪更合适。[①] 这是侵犯去中心化加密货币如比特币、以太币的常态,虽然没有中心化的发币平台,但可有较为集中的交易、支付平台。平台替客户直接或间接控制的虚拟货币也具有财产性质,中心化的加密货币如泰达币,和非加密货币如游戏币也有此用户特征,即该类货币的产生花费一定的必要劳动时间或具有一定的公认价值,且用户的使用或交易能获得一定的公认价值。[②] "犯罪行为的目的不限于为了获取虚拟货币所对应的公钥与私钥,这两者只是计算机系统随机生成的英文与数字组合,其根本目的是通过公钥与私钥转移他人对虚拟货币的占有,取得虚拟货币带来的财产性利益,故仅认定其非法获取计算机信息系统数据不足以评价其犯罪行为。"[③]计算机犯罪的法律条文并非如此,它们要求"后果严重",只是司法罪名有问题,偏重了行为和后果的技术性,

---

① 被盗取的被害人网络游戏中的"黄金"系在官方网络平台中充值相当的人民币购买获得,许某、余某盗取他人游戏中"黄金"后,出售获利,所盗取的被害人"黄金"具有财产价值,应属财物范畴。参见吉林省延边朝鲜族自治州中级人民法院刑事裁定书,(2019)吉24刑终112号。

② "用户以支付真实货币的方式购买Q币和游戏点卡后,就能得到发行Q币和游戏点卡的网络公司提供的等值网上服务,因此Q币和游戏点卡体现着网络公司提供网络服务的劳动价值。被害单位茂立公司是Q币和游戏点卡的代理销售商,按照合同约定的折扣,通过支付真实货币,从腾讯公司、网易公司得到Q币和游戏点卡。"朱铁军、沈解平:《孟动、何立康盗窃案[第420号]》,载熊选国主编:《刑事审判参考》第5集,法律出版社2007年版。

③ 参见上海市静安区人民法院刑事判决书,(2020)沪0106刑初551号。

导致不能完整评价社会性后果和有效沟通该后果。[①] 相比之下,侵犯财产罪能完整评价手段行为和目的行为。

此时除了按照数额入罪,[②]还可以按数量入罪,以及按照侵犯多次、多人等情节入罪。首先,如何确定具体的数量要求呢?关于盗窃罪数额的认定标准,“最高人民法院在综合比较有关意见,并参考全国职工年人均工资收入统计分析情况的基础上,征得有关部门同意,在本解释中规定:个人盗窃公私财物价值人民币 500 ~ 2000 元以上的,为‘数额较大’”[③]。可以将年人均工资收入转化为时间计量单位。虚拟货币作为虚拟商品,其价值由社会必要劳动时间确定。“在社会标准的生产条件下,用社会平均的劳动熟练程度与强度,生产一个使用价值所必要的劳动时间。”[④]2013 年最高人民法院、最高人民检察院《关于办理盗窃刑事案件适用法律若干问题的解释》第 1 条第 1 款确定的入罪标准是 1000 ~ 3000 元,而 2012 年城镇居民人均工资性收入为 17, 336 元。[⑤] 据此可以算出入罪数额对应的时间数量,作为入罪标准,更为稳定。用户在相对应的时间可得的虚拟货币数量即入罪标准,这更能适应数字经济社会发展的治理需要。近年来,北京、南京、青岛、成都等地积极探索

---

① 参见郭旨龙:《非法获取计算机信息系统数据罪的规范结构与罪名功能——基于案例与比较法的反思》,载《政治与法律》2021 年第 1 期。

② 被盗取的被害人网络游戏中的“黄金”系在官方网络平台中充值相当的人民币购买获得,许某、余某盗取他人游戏中“黄金”后,出售获利,所盗取的被害人“黄金”具有财产价值,数额巨大。参见吉林省延边朝鲜族自治州中级人民法院刑事裁定书,(2019)吉 24 刑终 112 号。

③ 张军主编:《解读最高人民法院司法解释之刑事卷(上)》,人民法院出版社 2011 年版,第 544 页。

④ [德]卡尔·马克思:《资本论》,郭大力、王亚南译,译林出版社 2013 年版,第 5 ~ 6 页。

⑤ 参见《人口司负责人:2012 年平均工资数据解读》,载国家统计局网,https://www.stats.gov.cn/sj/sjjd/202302/t20230202_1896761.html。

“时间银行”互助养老服务模式，将储蓄和激励机制引入养老服务，运用互联网、大数据、区块链等技术，搭建统一的信息平台，建立长期可靠的记录管理和通存通兑功能。[①] 数字化时间银行的时间币也将会面临财产犯罪的侵害，入罪量刑标准可考虑人均收入锚定的时间标准和与之对应的数字币数量。此外，前述 2021 年修改后的最高人民法院《关于审理非法集资刑事案件具体应用法律若干问题的解释》明确增加虚拟币交易这一集资方式，该解释第 3 条第 2 款规定了“数额 + 情节”标准，情节包括曾因非法集资受过刑事追究的，2 年内曾因非法集资受过行政处罚的，或造成恶劣社会影响或者其他严重后果的。这些定量方式也值得侵犯虚拟货币的财产犯罪借鉴。

2. 侵犯用户利益的财产犯罪具体区分规则

在行为人以计算机操作的技术手段侵犯用户的虚拟货币财产时，上已述及，应当认定为财产犯罪。然而，由于技术性的介入，特定财产犯罪构成要件之间的区分将成为争议焦点，主要体现在诈骗罪与盗窃罪的区分上。

这种区分争议的犯罪场景在于行为人利用技术漏洞进行计算机操作，对计算机有误导的过程，最终取得虚拟货币财物。德国、日本刑法专门规定了计算机诈骗罪。《德国刑法典》第 263 条 a 款单独规定了计算机诈骗罪，针对的行为方式众多，包括对他人的计算机程序作不正确的调整，使用不正确的或不完全的数据，非法使用数据，以及以其他手段对他人的计算机程序作非法影响。“本规定系填补以不正当方式操控电脑进而获利之行为，无法以第 263 条诈欺罪规范之漏洞。其保护法益则与第 263 条相同，均为个人

① 参见杨彦帆、李蕊：《探索“时间银行”模式　倡导互助养老服务》，载《人民日报》2021 年 12 月 24 日，第 19 版。

财产法益。”[①]此时的计算机诈骗罪与诈骗罪的保护法益并无不同，不同之处仅在于行为方式。因为传统的诈骗罪面向的是人与人之间的诈骗，而计算机诈骗罪并无人与人之间的直接互动，所以计算机诈骗行为方式难以被归入传统诈骗罪的人们产生错误认识进而处分财物的行为构成，需要单独立法成罪。所以，如果我国发生的利用系统故障进行虚拟货币非法获取的行为发生在德国，[②]只能认定为计算机诈骗罪，而不能认定为普通诈骗罪。也不能认定为盗窃罪，因为德国刑法中其犯罪对象为有形的动产。然而，正因为不能认定为盗窃罪，所以以没有诈骗意味的手段进行虚拟货币盗窃的行为也认定为计算机诈骗罪。计算机诈骗罪的行为方式既包括具有诈骗计算机意味的对他人的计算机程序作不正确的调整，使用不正确的或不完全的数据，也包括并不具有明显诈骗计算机意味的行为方式，例如非法使用完整的和正确的数据，以及以其他手段对他人的计算机程序作非法影响。

在我国，由于财产犯罪罪名体系的不同，对于同类虚拟货币犯罪情形会作不同的处理。如果我们参照德国刑法理论要求传统诈骗罪的人们产生错误认识进而处分财物的行为构成，对于具有诈骗计算机意味的对他人的计算机程序作不正确的调整，使用不正确的或不完全的数据的行为方式，就难以认定为诈骗罪，只能考虑认定为盗窃罪。这是可行的，因为我国盗窃罪的立法表述并未要

---

① 甘添贵总主编，林东茂主编：《德国刑法翻译与解析》，台北，五南图书出版股份有限公司 2018 年版，第 555 页。参见王钢：《德国判例刑法（分则）》，北京大学出版社 2016 年版，第 231 页。

② 行为人发现“MBAEX”虚拟货币网络平台存在系统漏洞，登录在该平台注册并获得认证的账户，在该账户有虚拟货币的情况下，点击转账，在输入的转账数额前添加负号，后点击确认，该账户即增加相应数额的虚拟货币。参见江苏省靖江市人民法院刑事判决书，(2018)苏 1282 刑初 663 号。

求行为对象是有形的动产，而是可以统一解释为所有可以符合盗窃行为方式的财产。当然，我国司法也可能认为我国的诈骗罪可以涵盖计算机诈骗的行为方式，这是对诈骗的行为方式进行了信息时代的解释，以对其行为链条进行扩张解释。而对于并不具有明显诈骗计算机意味的行为方式，例如非法使用完整的和正确的数据，以及以其他手段对他人的计算机程序作非法影响，进而非法获取虚拟货币的，则只能认定为盗窃罪。

六、结语

2021 年中国人民银行等《关于进一步防范和处置虚拟货币交易炒作风险的通知》是多年来最为严厉的，其严格禁止了第三方进行的定价服务、信息中介服务和接受投资。由此，个体的投资类交易被严格禁止。然而，正如 2021 年修改后的最高人民法院《关于审理非法集资刑事案件具体应用法律若干问题的解释》对虚拟币交易类的非法集资的界定，投资必然意味着有一个第三方作为中心节点接受多数人的投入，然后承诺会通过中心节点的努力使得投资人获得回报。投资人正是因为有了这一获利期待，才会投资甚至大肆投机，引发金融风险甚至经济风险。但是，个体之间自发的直接交易仍然是合法的，此时并不存在某方承诺通过其努力确保他方获得收益，也就难以造成社会性风险。这就说明，虚拟货币仍然有受法律秩序认可的交易价值存在，虚拟货币由此成为了可受法律保护的财产。同时，数字经济秩序要求保护虚拟货币生成和运行中所需的计算机网络秩序。至于侵犯虚拟货币行为的具体定性，应当充分考虑数字经济秩序下虚拟货币相关平台和相关个体所受到的利益侵犯及其侵害方式。

第四章　民刑协同秩序下网络加密货币的财产属性

本章概要：网络新事物的财产性问题是已然持续数十年的数字经济规范问题，在 2017 年前后达到研究的热度高峰。既有的研究主要面向网络游戏装备、游戏币等早期的网络虚拟财产，并未探讨新近的去中心化区块链技术背景下的比特币等加密货币的财产属性。在《民法典》时代，需要充分考虑民法、刑法的法域协同秩序。罪刑法定原则要求侵犯财产罪的对象必须是财产，而民法上的财产主要是物，物权的种类和内容是法定的。从民法的分类来看，占有中的有体物和无体权利二分法是罗马法的传统，但现代民法已经开始用统一的财产概念来兜底其他财产的保护。从刑法的分类来看，有体物、法律明文例外保护的无体物，以及财产性利益，是德国、日本的财产框架，然而后两者范围本身的有限性导致新的财产类型和形态并不能及时受到刑法的保护。其他法域和我国根据自身刑法的规范逻辑开始用统一的财产概念来兜底其他财产的保护，而不拘泥于无体物和财产性利益的界定与区分。民法和刑法对财产的统一保护理念能够更好地概括中国司法经验。

关键词：数字经济规范　网络虚拟财产　罪刑法定原则　物权法定原则　中国司法经验

一、问题与思路的提出

天下攘攘，皆为利往。数字经济时代的数字资产新类型、新形式不断涌现。随着加密技术和区块链等分布式技术的成型和应用，比特币、以太币、泰达币等网络加密货币在世界各国不断涌动，类型达数千种，资产市值达上万亿美元，在各个法域引发多种违法犯罪，影响数字经济规范发展。

（一）财产属性的多重性障碍

加密货币是否是财产的问题非常重要，因为它涉及诸多法律中的“财产”词汇理解和“财产”制度适用。韩国法律规定可扣押的隐性资产包括现金、存款、股票和其他有价值的有形和无形物品。韩国有法院在一审时认为，比特币与现金不同，是没有实物属性的电子文件，因此不适合没收。虚拟货币不能承担一个客观的标准价值。[①] 上级法院在二审时认为，没收相关的比特币是适当的，因为这是犯罪活动的利润，它们显然具有经济价值。因此，接收比特币是一种获利行为。可以确认被告人持有的比特币，并利用从罪犯那里获得的密钥将非法所得转移到政府的账户上。在日本，网络平台 Mt Gox 为客户持有的比特币在清算过程中被受托人视为资产。[②] 新加

---

① See Samburaj Das, *Korean Court Rules Bitcoin Seizure as Illegal Confiscation*, CCN (Sep. 11, 2017), www. ccn. com/korean-court-rules-bitcoin-seizure-illegal-confiscation/.

② See Adrianne Jeffries, *Inside the Bizarre Upside-Down Bankruptcy of Mt Gox*, The Verge (22 March, 2018), www. theverge. com/2018/3/22/17151430/bankruptcy-mt-gox-liabilities-bitcoin.

坡法院也认为比特币可以是信托的对象，是一种可识别的有价值的无形财产。[①] 审视财产、财物相关的中国刑法条文，加密货币至少涉及《刑法》总则中犯罪物品的处理和没收制度的适用，《刑法》分则中贪污贿赂犯罪、财产犯罪、窝藏包庇犯罪的适用。在元典智库、法信网、北大法宝和中国裁判文书网上，以全文关键词“虚拟货币”，仅仅加案由“盗窃罪”或“非法获取计算机信息系统数据罪”，相关案例自2017年以来就有上百起，定性问题相关的样本案例有39件。

财产属性的认定面临技术性和规范性障碍。司法实践中，认定为财产犯罪往往要认定财产价值大小，而在司法技术上相关认定规则不甚明确；[②]加密货币类似于较早出现的游戏币，都是虚拟货币，属于网络虚拟财产，其属性是计算机信息系统数据，相关案件可以按照非法获取计算机信息系统数据罪或破坏计算机信息系统罪等计算机犯罪来处理。[③] 然而，这种依赖犯罪行为手段的技术性特征认定为计算机犯罪的思路存在一个明显的缺陷，那就是犯罪人没有利用计算机技术手段，不符合非法获取计算机信息系统数据罪所要求的行为（侵入计算机信息系统或者采用其他技术手段，获取该计算机信息系统中存储、处理或者传输的数据），也不符合破坏计算机信息系统罪所要求的行为（对计算机信息系统中存

---

① See *B2C2 Ltd v. Quoine PteLtd* [2019] SGHC(I) 03 (Simon Thorley IJ).

② 行为人盗窃泰达币，以销赃数额巨大认定为犯罪数额巨大，同时构成非法获取计算机信息系统犯罪，情节特别严重，从一重罪处罚。参见上海市静安区人民法院刑事判决书，(2020)沪0106刑初551号。另有根据购买价、鉴定价、销赃价认定为盗窃比特币，数额巨大。参见浙江省台州市中级人民法院刑事裁定书，(2016)浙10刑终1043号。

③ 参见胡云腾、周加海、周海洋：《〈关于办理盗窃刑事案件适用法律若干问题的解释〉的理解与适用》，载《人民司法》2014年第15期；喻海松：《网络犯罪二十讲》，法律出版社2018年版，第245页。

储、处理或者传输的数据和应用程序进行删除、修改、增加的操作），此时难以认定为计算机犯罪。我们可以充分预想以其他方式，比如诈骗、勒索甚至抢劫方式侵犯他人虚拟货币的犯罪情况。事实上，此种犯罪情形越来越多。英国在 2018 年就出现了持枪入户强逼比特币支付的案例。[①] 我国也出现了敲诈勒索比特币的案件。[②] 随着用户采用更严格的技术措施来保护他们的加密货币免受远程威胁，他们使得自己本人成为最容易受到犯罪攻击的节点，因为当罪犯可以简单地殴打、敲诈、诈骗受害者的时候，为何要进行昂贵、耗时且越来越不可能奏效的网络攻击呢？[③]

此时司法者会进退两难：如果还排斥财产犯罪的适用，则会出现法律漏洞；如果适用财产犯罪，则出现了明显的法律适用不一致的问题，仅仅因为犯罪手段的不同，而适用罪质差别较大的罪名。此外，在同时构成财产犯罪和计算机犯罪的情况下只考虑计算机犯罪，面临着是否能够准确反映罪行严重性和程度、反映罪行本质、实现罚当其罪的疑问。是故，本章的目的主要是分析和论证加密货币成为刑法上保护的财产的可能性，使刑法在数字经济时代能够更为周延地保护加密货币。

我国学者已经对早期的网络虚拟财产的刑法保护作了大量研究，并基本认可了早期的网络虚拟财产可以成为财产犯罪的对象。[④]

---

① See A French, *Gang targeting bitcoin traders fled empty-handed*, Oxford (Jan. 30, 2018), https://www.oxfordmail.co.uk/news/15907000.gang-targeting-bitcoin-traders-fled-emptyhanded/.

② 该行为“造成被害单位因购买比特币所致的数额巨大的直接财产损失”。参见北京市海淀区人民法院刑事判决书，(2017)京 0108 刑初 725 号。

③ See A. Taylor & M. Ó Floinn, *Bitcoin Burglaries and the Theft Act* 1968, 3 Criminal Law Review 163 (2021).

④ 参见陈兴良：《虚拟财产的刑法属性及其保护路径》，载《中国法学》2017 年第 2 期；张明楷：《非法获取虚拟财产的行为性质》，载《法学》2015 年第 3 期。

这些研究的论证如果可以直接适用到加密货币的场景,本书就并无多少问题意识。以下两方面是财产属性的又一对技术性和规范性障碍。

其一,加密货币技术明显不同于早期的虚拟财产,例如装备类物品、账号类财产、游戏币。由于虚拟代币只不过是数据单位,所以需要一种机制来防止用户简单地复制和粘贴新的代币。早期的网络虚拟财产通过依赖受信任的各方来发布代币和清算交易来解决这个问题。然而,结合激励工程和分布式共识机制的加密技术,可以创建一种安全的、匿名的、去中心化的虚拟货币。加密货币最终是通过引用其所处系统的规则来定义的。[①] 共识性规则规定了用户可以参与的过程,以便就交易的有效性和顺序达成一致,同时为他们这样做提供了激励。加密货币的交易被广播给参与者网络,一旦确认有效,就被添加到数字分类账中。一些加密货币制度的特征是,管理交易的规则是通过参与者的非正式共识而不是通过合同或其他具有法律约束力的方式确定的。这些规则在实践中是自我执行的,因为只有在遵守这些规则的情况下进行并适当记入权威的有序交易分类账的交易才会被参与者视为有效。账簿可以是分布式的和去中心化的——在网络上共享,没有任何人有责任、有权利维护它。一种常见的分布式分类账使用区块链,它由按顺序连接在一起的事务块组成。用户认为经过最多计算努力的分

① See UK Jurisdiction Taskforce, *Legal Statement on Cryptoassets and Smart Contracts*, Outer Temple (Nov. 25, 2019) https://www.outertemple.com/wp-content/uploads/2019/11/Crypto-Paper-ASQC-SB-and-CBE-FINAL-VERSION.pdf, p. 9 – 10; A. Taylor & M. Ó Floinn, *Bitcoin Burglaries and the Theft Act* 1968, 3 Criminal Law Review 163 (2021); A. Taylor & M. Ó Floinn, *Bitcoin Burglaries and the Theft Act* 1968, 3 Criminal Law Review 163 (2021); A. Judmayer et al., *Blocks and Chains: Introduction to Bitcoin, Cryptocurrencies, and Their Consensus Mechanisms*, Morgan & Claypool, 2017, p. 16.

类账版本是权威的。充当挖掘者（“矿工”）的用户编译离散列表，即他们接收到的交易消息块，然后竞争解决与之相关的计算密集型密码难题。最先算出者得到一定的加密货币奖励或费用报酬。根据共识性规则，解决一个区块就赋予了一种权利，即让其他用户接受它，并将其添加到先前解决的区块链中，从而按照商定的顺序形成一个单一的交易总账。简言之，加密货币是由数据、共识和系统规则相互作用而产生的无形资产，它们表现出不同程度的共识规则、安全性和不可变性。加密货币的财产性需要具体甄别。

其二，法律政策不同。网络游戏中虚拟财产的交易，从交易主体看，有玩家之间交易、玩家与运营商交易、代理商与运营商交易、代理商之间的交易等。根据原文化部 2010 年发布的《网络游戏管理暂行办法》（已失效），不得未经批准，擅自从事网络游戏运营、网络游戏虚拟货币发行或者网络游戏虚拟货币交易服务等网络游戏经营活动。但是，为了进一步推进“放管服”改革，该办法在 2019 年被废止。可见传统虚拟财产已经可以自由流通，既可以在经营者、代理商和消费者之间作为工具型代币进行交易，也可以在消费者之间进行交易。对比之下，多部门在 2013 年、2017 年和 2021 年的三个规范性文件中对虚拟货币的立场趋严，[①]几乎禁绝了个人持有和直接流通之外的其他第三方活动，即不得作为工具型代币在经营者和消费者之间流通，不得作为支付型代币进行交易、兑换给经营者，也不得作为有价证券型代币进行发行、流通，而只能作为特殊的虚拟商品在用户个体之间直接流通。在此背景下，加密货币的财产性的刑法保护存在更大的争议。在统计到的案例中，涉及加密货币的财产犯罪判决和计算机犯罪判决的数量是 3 : 10，而

---

① 参见 2013 年《关于防范比特币风险的通知》；2017 年《关于防范代币发行融资风险的公告》；2021 年《关于进一步防范和处置虚拟货币交易炒作风险的通知》。

涉及游戏币等早期网络虚拟财产的相关数量是16∶10。

(二)法域协同的层次化思路

是否承认早期虚拟财产为刑法所保护的财产,既有研究主要是从刑法上的财产、财物概念出发进行解释的,[①]偶有从民法上物的概念出发进行解释。[②] 本书的论证思路是,从罪刑法定和物权法定的联系出发,充分进行刑法民法的法域协同思考,在此过程中可以系统考虑比较法上对物的解释与对财产的解释,与我国自身的立法和司法经验相沟通,促进研究成果向中国法治实践的转化。

根据罪刑法定原则,侵犯加密货币的行为要构成侵犯财产罪,必须认定犯罪对象加密货币属于刑法规定的财产。具体而言,我国《刑法》分则第五章名称是"侵犯财产罪",这表明《刑法》用一章的规定来保护财产。该章的具体条文的行为对象用语是公私"财物",学者认为我国刑法对二者并无区分。[③] 如此,对《刑法》分则财物的解释,就可参照《刑法》总则对财产的解释。《刑法》第92条规定:"本法所称公民私人所有的财产,是指下列财产:(一)公民的合法收入、储蓄、房屋和其他生活资料;(二)依法归个人、家庭所有的生产资料;(三)个体户和私营企业的合法财产;(四)依法归个人所有的股份、股票、债券和其他财产。"显然,加密货币不是其中具体列明的类型,如金钱储蓄或股票、债券类证券,要不然直接适用《刑法》总则认定为财产,本书的论证可以到此结束。在客观上,加密

---

① 参见刘明祥:《窃取网络虚拟财产行为定性探究》,载《法学》2016年第1期;李强:《财产犯中财产性利益的界定》,载《法学》2017年第12期。

② 参见姚万勤:《盗窃网络虚拟财产行为定性的教义学分析——兼与刘明祥教授商榷》,载《当代法学》2017年第4期;陈兴良:《虚拟财产的刑法属性及其保护路径》,载《中国法学》2017年第2期。

③ 参见张明楷:《非法获取虚拟财产的行为性质》,载《法学》2015年第3期;黎宏:《论盗窃财产性利益》,载《清华法学》2013年第6期。

货币大多不是某个中心化实体发行的金钱或股票、债券，没有一个中心化的实体发行加密货币并承诺承购者可以有预期收益。尽管在少数客观情形下，某个中心化实体将加密货币作为货币、股票或债券进行发行，但这也不为我国法律所允许。多部门在2013年中国人民银行等《关于防范比特币风险的通知》、2017年中国人民银行等《关于防范代币发行融资风险的公告》、2021年中国人民银行等《关于进一步防范和处置虚拟货币交易炒作风险的通知》。三个规范性文件中对虚拟货币的立场趋严，禁止将加密货币作为金融产品或货币。此时的加密货币虽然在客观上属于金钱储蓄、股票、债券，但并不属于《刑法》总则规定的"依法归个人所有的"储蓄、股票、债券。《刑法》第92条第4项规定的依法归个人所有的其他财产也应当是与储蓄、股票、债券相似的金融财产。而现行规范性文件只承认其为特殊的虚拟商品，否定其金融属性。所以，加密货币要认定为刑法上的财产，要么认为它可被解释为《刑法》第92条第3项中的"合法财产"，即它是个体户和私营企业特殊的合法商品；要么认为刑法保护的财产包括但不限于合法财产，还包括其他财产利益，即加密货币不属于"依法"归个人所有的金融财产，但刑法仍然保护这种财产利益。[①]

"对于财产的界定一般是依据民事法的标准来判断。"[②]民法所认可的财产，刑法也应当保护。财产刑法在于巩固民法上的财产分配制度，保障权利人在现实上的利益。[③] 在法典化时代，避免民

---

① 有的法院认定虚拟货币虽然并无实体，但其具有与股份、股票、债券相同的财产属性。参见上海市静安区人民法院刑事判决书，(2020)沪0106刑初551号。

② 《林通武盗窃案》，载国家法官学院、中国人民大学法学院编：《中国审判案例要览(2008年刑事审判案例卷)》，人民法院出版社、中国人民大学出版社2009年版，第337页。

③ 参见周旋：《我国刑法侵犯财产罪之财产概念研究》，上海三联书店2013年版，第53、131页；张天一：《时代变动下的财产犯罪》，台北，元照出版有限公司2015年版，第49～50页。

事和刑事概念之间无原则分歧的重要性更加凸显。在我国《民法典》颁行的背景下,民法上的财产权利体系可为刑法上的“合法财产”提供有益的分析框架。《民法典》第3条规定,“民事主体的人身权利、财产权利以及其他合法权益受法律保护,任何组织或者个人不得侵犯”。《民法典》第一编“总则”第五章规定了“民事权利”,其中第113条统一规定“民事主体的财产权利受法律平等保护”。随后,第114条第1款规定了“民事主体依法享有物权”。但这种最主要的、最常见的财产权利受到物权法定原则的限定。第116条规定“物权的种类和内容,由法律规定”。物权法即关于物权的法律,是关于对物权利或普遍权利的法律。所以,如果按照法律进行规定的物权可以容纳虚拟货币,虚拟货币显然是民法所保护的财产,也是作为保障法的刑法所保护的合法财产。然而,第127条规定“法律对数据、网络虚拟财产的保护有规定的,依照其规定”。部分民法学者认为,加密货币等虚拟财产的保护有待于法律的进一步规定,也就是不能适用法律已有的物权相关规定。此时应当将加密货币解释为其他类别的财产。[①]

所以,根据《民法典》的财产权利体系安排,可以用层次化的逻辑去分析加密货币是否构成民法所保护的财产,成为作为保障法的刑法上的财产。(1)直接认定加密货币为民法上最重要、最常见的财产类型,即属于物的范畴。(2)加密货币是一种不同于物的新型财产,民法原则上予以保护,但需要法律的进一步规定。此时民法上没有法律的进一步规定。但刑法上只需要确定其财产性质即可,以认定成立相关财产犯罪的形式进行保护。此外,只要确认了虚拟货币的财产属性,哪怕难以认定为民法上的“合法”财产,刑法

---

① 参见梁慧星:《民法总则讲义》,法律出版社2018年版,第103页;王利明主编:《中华人民共和国民法总则详解(上册)》,中国法制出版社2017年版,第544页。

也可能根据自身在特定情形下的独立性予以保护。

二、加密货币的物权保护思路

论证网络虚拟财产是否可以成为物权客体,需要结合具体法域的正式法律文本,予以时代性的解释。中国的近现代的相关立法深受大陆法系国家立法的影响,但也有自己的特点。受罗马法传统的影响,域外大陆法系国家要么如德国、日本的民法只规定了有体的权利客体(物),至多通过法律的特殊例外规定增加一些无体物,要么如法国、意大利的民法将财产权利的客体规定为不动产和之外的其他事物,其他事物的范围有待解释。前者(物)难以容纳网络虚拟财产,除非通过法律的明确例外规定,后者(财产)通过解释其他的财产(动产)具有容纳网络虚拟财产的可能性。但网络虚拟财产是否能够容纳在物的范围内这点存在疑问。中国法上也有类似的疑问,但通过法解释可以基本解决。

(一)中国民法上物的范围

1. 物必有体的影响脉络

作为财产所有权的对象物,在物的有体性上,少数法域明文规定物必有体。德国和日本的民法典就是如此。追根溯源,德国、日本民法典的体系结构采取的是潘德克顿体系,该体系以优士丁尼《民法大全》中的《学说汇纂》部分进行命名。[1] 物的概念和所有权、占有的概念相对应:占有被称为坐在某一个地方,因为存在于外部世界的、对人具有社会—经济价值的实体(物)很自然地被停

① 参见[德]霍尔斯特·海因里希·雅科布斯:《十九世纪德国民法科学与立法》,王娜译,法律出版社 2003 年版,第 52~53 页。

留在其上的人占据,他有权坐于其上进行占据。[①] 这种占据持续一段时间就推定取得所有权,他人需要反证才能推翻这种推定,所以人们通过对物的占有来理解财产,并以此为基础来生产新的财产、新的物。[②] 物是单一的、独立的物理性事物,能成为私人所有权的对象。1896 年《德国民法典》与财产相关的一编是物权法。一个根本性的区别是物的所有权和其对象物。在严格的法律意义上,只有有形物才能是所有权的对象,只有有形物才能被占有、使用、收益和处分。在此方面,《德国民法典》受到本国学者的诟病:该民法典仅用 14 个条款规定权利客体,这是不完整的、残缺不全的,人们有理由期待该民法典总则编中对权利作广泛的规定,然而该民法典对权利客体的规定是简短的,主要限于有形的权利客体(物),却几乎没有规定各种不同的无体权利作为权利的客体。[③]

日本法律受德国民法典的影响,将所有权相关事物的范围限制在有形物体的范围内,不承认无体物。根据 1898 年《日本民法典》第 85 条的规定,"物"指的是有体物。为了在日本民法下被承认为物,它必须是一种物理上占有空间的事物。这种所有权对象的观点过于狭隘,脱离了普通人在日常生活中的经验。诸如电和自然力(如热或气)等可控的无形财产,应当被纳入能够成为所有权对象的事物的范围。日本学者为了使法律适应现代社会的经济生活,提出可以通过将有体物的概念予以扩张,包括无体物,或者

---

① 参见《学说汇纂(第四十一卷):所有权占有与时效取得》,贾婉婷译,中国政法大学出版社 2011 年版,第 77 页;黄风:《罗马私法导论》,中国政法大学出版社 2003 年版,第 168 ~ 169 页。

② 参见[意]路易吉·卡珀格罗西·阔洛内赛:《所有权和物权:从罗马法到现代》,薛军译,载费安玲主编:《学说汇纂》(第 2 卷),知识产权出版社 2009 年版,第 11 ~ 13、26 ~ 27 页。

③ 参见[德]迪特尔·梅迪库斯:《德国民法总论》,邵建东译,法律出版社 2013 年版,第 25 ~ 26、1173 页。

通过立法另行规定无体物成为权利客体。[①] 可见，物权的对象物必须具备有体性，除非法律另有特殊的明确规定。随着人类获得能力、获得范围的拓展，认识与控制能力的提升，能源等资源被例外地纳入法律中的物。1912 年生效的《瑞士民法典》第 713 条明文规定了动产所有权标的物是可移动的有体物和可支配的自然力。瑞士联邦议会认为加密货币不满足物的“有体性”，因而不是其民法典中的动产。[②]

中国在法律现代化的初始探索阶段，民事法律草案仍然固守物必有体的立场。如《大清民律草案》在总则第四章“物”的第 166 条规定“称物者，谓有体物”。[③] 此时财产权就是物权和债权，物限于有体物，无法容纳无体物。《民国民律草案》在总则第四章“物”的第 95 条第 1 款是同样的物必有体的规定，但增加第 2 款规定“能受法律支配之天然力，视为有体物”。此时财产权就是物权和债权，物虽然在原则上限于有体物，但法律特别规定的天然力也是物，其他无体物仍然不是法律上的物。

2. 从有形体物、无形体物的二分法到动产、不动产的二分法

法国的财产法则受到《民法大全》中的《法学阶梯》的二分法影响。《法学阶梯》第二卷第二篇区分了有形体物和无形体物，将这种区分作为物的首要分类：“按其性质能被触觉到的东西是有形体

---

① 参见邓曾甲：《日本民法概论》，法律出版社 1995 年版，第 46 ~ 47 页。日本民法典修正案草案中也有相应的建议。民法改正研究会、[日]加藤雅信：《日本民法典修正案 Ⅰ 第一编总则》，北京大学出版社 2017 年版，第 297 ~ 299 页。

② See Swiss Federal Council, *Legal Framework for Distributed Ledger Technology and Blockchain in Switzerland: An Overview with a Focus on the Financial Sector*, Bern (Dec. 14, 2018), https://www.newsd.admin.ch/newsd/message/attachments/55153.pdf.

③ 参见杨立新主编：《大清民律草案：民国民律草案》，吉林人民出版社 2002 年版，第 152 页。

物,例如土地、奴隶、衣服、金银以及无数其他东西。不能被触觉的东西是无形体物,这些物是由权利组成的,例如遗产继承权、用益权、使用权、用不论何种方式缔结的债权等。"[①]这种二分法包括的是人体五官能及的有形体物和不能及的具有财产性的、可脱离有形体物而独立存在、交易和转让的无形权利。[②] 这种经验总结已经穷尽了当时古典物理学社会的所有具有财产价值的物。[③]

1804 年《法国民法典》在第二篇中用财产这一概念来表达《法学阶梯》中物的概念,将动产与不动产的二分法推到物的首要分类,但仍然保留一些无形体物的痕迹:[④]第 516 条明文规定一切财产是动产或不动产;第 526 条、第 529 条在学理上可理解为规定了财产除了有体物还包括使用收益权、债权、股份等一系列权利,它们被明文规定或为不动产,或为动产。此时动产和不动产的划分超越了有形体物和无形权利的划分,而动产的概念产生了被解释为除不动产之外的任何财产的可能性。第 527 条规定,财产之为动产,或按其性质,或按法律的规定。法律规定可以改变物理性标准,表现和适应一定的价值观念,正确反映已经在性质上发生变化的社会经济现实;财产权利特别是所有权,是涉及主体且与其有利害关系的物的归属——控制,权利人在特定范围内享有独占性,此时不能对作为归属客体的物作狭义理解,物不仅包括有形的财产,

① [罗马]查士丁尼:《法学总论——法学阶梯》,张企泰译,商务印书馆 1989 年版,第 59 页。

② 参见费安玲主编:《罗马私法学》,中国政法大学出版社 2009 年版,第 159 ~ 160 页;黄风:《罗马私法导论》,中国政法大学出版社 2023 年版,第 173 页。

③ 参见米健:《罗马法基础》(第 3 版),中国政法大学出版社 2004 年版,第 178 页。

④ 参见徐国栋著:《罗马私法要论——文本与分析》,科学出版社 2007 年版,第 164 ~ 165 页。法国古代法和民法典相对于罗马法对动产与不动产的分类的重视,参见尹田:《法国物权法》,法律出版社 1998 年版,第 84 ~ 88 页。

还包括外化于主体但仍以主体为创始人的有形或无形物、债权，等等。[①]《意大利民法典》也用财产来表述物的概念：第 810 条规定所有能够成为权利客体的物都是财产；第 812 条规定财产由动产和不动产组成，除了明文列举的不动产之外，所有的其他财产都是动产。此时的财产法并未对权利客体之物作出有体物的说明或限定，而是对物中的动产留下了解释的充分余地。[②]

中国生效的民事法律都将动产、不动产的划分优位于有形体物和无形体物的划分。《民法通则》（已失效）在第五章“民事权利”第一节“财产所有权和与财产所有权有关的财产权”一开始的第 71 条规定“财产所有权是指所有人依法对自己的财产享有占有、使用、收益和处分的权利”。第 75 条第 1 款规定“公民的个人财产，包括公民的合法收入、房屋、储蓄、生活用品、文物、图书资料、林木、牲畜和法律允许公民所有的生产资料以及其他合法财产”。此时所有权的对象物是否包括无形物，也存在解释的空间。

2007 年《物权法》（已失效）并没有将作为物权客体的物限制在无体物的范畴内，而是指所有动产和不动产。[③] 无体物解释为民法上的物是可行的。换言之，无体物虽然不是不动产，但可解释为动产。民法学者解释道，《民法总则》（已失效）第五章规定的是“民事权利”，第 113 条规定民事主体的财产权利受法律平等保护，第 114～125 条对物权、债权、知识产权、继承权、投资性权利的客体

---

① 参见［法］雅克·盖斯旦、［法］吉勒·古博：《法国民法总论》，陈鹏等译，法律出版社 2003 年版，第 134～136、143～145 页。信息、通信、互联网等都属于无形动产。参见［法］弗朗索瓦·泰雷、［法］菲利普·森勒尔：《法国财产法》（上册），罗结珍译，中国法制出版社 2008 年版，第 97～115 页。

② See Guido Alpa & Vincenzo Zeno-Zencovich, *Italian Private Law*, Rouledge-Cavendish, 2007, p. 107 – 111.

③ 参见陈兴良：《虚拟财产的刑法属性及其保护路径》，载《中国法学》2017 年第 2 期。

都作了明确规定，而第 127 条规定的网络虚拟财产既不是对民事权利的规定，也不是对民事权利变动规则的规定，那就是对民事权利客体的规定。那到底是何种权利的客体呢？在具有共识规则的完全去中心化系统（如比特币）中，参与者对彼此不承担任何法律义务。网络虚拟财产不是债权的客体，因为它不是其他民事主体的行为，而是独立于人之外的客观存在；它也不是知识产权或其他财产权（股权及其他投资性权利）的客体，那它只能是物权和继承权的客体。① 这是一种根据民法的规范体系和权利体系得出的解释。

然而，这种利用排除法的体系解释是建立在新规定的类型一定归属于既有类型框架的前提之上的。《民法总则》第 126 条规定民事主体享有法律规定的其他民事权利和利益。这为第 127 条的网络虚拟财产的保护提供了其他可能性。虽然《民法总则（草案一次审议稿）》规定的是"法律规定具体权利或者网络虚拟财产作为物权客体的，依照其规定"。此时明确了网络虚拟财产是物权的客体。但《民法总则（草案二次审议稿）》规定："法律对数据、网络虚拟财产的保护有规定的，依照其规定。"此时并未明确其他法律规定对虚拟财产的保护是归属到既有的权利类型框架，还是可以规定新的权利类型。虽然前述学者解释为，立法机关明确认为网络虚拟财产是物权客体，上述二审稿的模糊处理是为了避免直接认定为物权客体的争议而使得法律尽快通过而采取的办法。但是，

---

① 参见杨立新：《民法总则规定网络虚拟财产的含义及重要价值》，载《东方法学》2017 年第 3 期。有学者从规则适用的逻辑融贯与简练上考虑，认为网络虚拟财产作为特殊的物权，优于债权说。参见沈健州：《从概念到规则：网络虚拟财产权利的解释选择》，载《现代法学》2018 年第 6 期。但是网络加密货币比起其他更早的网络虚拟财产（例如游戏币和游戏装备）有一个很大的特性，就是网络加密货币往往是去中心化的，并无一个中心化的网络服务商，此时难以找到一个债权相对人。

这一说法恰恰表明,模糊的定性之所以能够通过,是因为投票的人民代表能够将该模糊性文本与各自的理解相对应,而人民代表们的理解显然不会全是立法机关原来在一审稿中明确认为的物权客体。将立法机关原有的主观解释优先于投票的人民代表在正式文本投票时的主观解释,优先于正式文本出台后的客观解释(普罗大众的对文本的文义理解),是存在很大疑问的。是故,要将新的虚拟财产类型归属于既有的权利客体框架中,需要进一步论证,即在排除了成为其他权利客体的可能性后,还需要正面论证成为物权客体的可能性,并对相关的直接质疑予以回应。

(二)中国民法上物的属性

1. 物的客观形态

从上述关于承认为法律上的物的概述过程来看,加密货币等虚拟财产要成为物权客体,要有一定的物的客观形态。德国、日本一般要求是有体物。很明显,比特币不是可以占据一定的物理空间的有形资产,因为比特币是一种由数字技术发明的替代货币,这种互联网商品的机制依赖一个互联网络。然而,国外近代立法例也普遍承认了电、热、气等自然力。有体在英文里是 tangible 或 corporeal,即能被明显看出来是存在的,或者能被触摸和感知。可以看到有体分为两层含义。[①] 一种是客观存在的含义,区别于主观想象。另一种是物理性实在的含义,这源于罗马法《法学阶梯》的定义,这种有体就是有形的定义在 2000 年前至近代的长时期里都是合适的,因为人们的活动空间都是物理性的空间,人们认识和控制外在世界的方式也都是通过物理性的感官。然而近代以来随着科学技术的发展,人们的活动空间虽然还限于物理性空间,但人们

① 参见刘惠荣:《虚拟财产法律保护体系的构建》,法律出版社 2008 年版,第 145 ~ 147 页。

认识和控制外在世界的方式不再局限于完全通过物理性的感官，而是开始借助全新的科学技术手段，认识和控制了电、热、气等自然力，微生物等自然物。现代的人们进入网络虚拟空间，认识和控制了网络虚拟财产。

与德国、日本立法例不同的是，《民法通则》《物权法》《民法总则》《民法典》，这些中国正式颁行的民事法律都未明文要求物必有体。我国法律规定对物的客观形态的扩展具有充分的包容性。在人们的活动空间扩展到网络空间，人们的活动能力能充分借助信息网络技术时，网络虚拟财产也是能被明显看出来是存在的物。这些数据代码有一些可以由计算机显示和被人感知的表现形式。因此，它可以比知识产权保护对象得到更直接的感知。这是一种实际的、真实的人类活动之物。这是从形式上对我国法律上的物作出的解释。我国立法机关相关部门也是从与著作、商标、专利等精神产品相对而言的角度来界定物的。[①]

从实质解释上看，将物的客观形态限定为物必有体是为了发挥物权边界界定清晰、保障他人行为自由的功能。[②] 这种实现权利客体对权利主体的经济价值的利益分配功能的发挥有赖于物的规格，即物的特定性和独立性。特定性是指物在存续上依照社会观念特别是经济观念具有同一性，所以物的一部分或构成部分难以被直接支配也难以被公示，而独立性是指一个物能独立于其他物而被支配和利用，特别是能在经济观念上被独立交易。[③] 有体物显然容易满足物的特定性和独立性。国外立法例要求物必有体的主

---

① 参见全国人大常委会法制工作委员会民法室编：《中华人民共和国物权法条文说明、立法理由及相关规定》，北京大学出版社 2007 年版，第 3 页。

② 参见高郦梅：《网络虚拟财产保护的解释路径》，载《清华法学》2021 年第 3 期。

③ 参见林旭霞：《虚拟财产权研究》（修订版），法律出版社 2018 年版，第 84 ~ 85 页。

要原因可能是,无形的东西在现实世界中是公众看不见的,因此,除非另有特别规定,否则不应该成为所有权对象,以免损害商业安全。[①] 罗马法的相关研究认为,罗马法中只有有形的东西可以被占有,因此,占有观念起重要作用的几个法律概念不适用于无形物。由于非实体物体不能按照占有存在的要求在物理上被占有,所以它们不能通过涉及获得占有(取得时效)或转移占有(实际的实物交割)的任何方法获得或转移。[②] 学者对大陆法系民法的研究认为,占有是重要的,因为许多物权法(和一些不当得利)规则依赖占有的行为或状态;如果不存在占有,就不太可能存在取得时效、占有救济或善意(或恶意)占有人的责任这些问题。这种占有式的物权法不能直接适用于加密货币,除非延伸概念或提供令人信服的或类比的理由来扩展概念。[③]

在信息网络时代,将网络虚拟财产认定为物并不一定会模糊该类物的清晰界定和他人的行为自由,因为该类物的所有人和他人能够充分借助信息网络技术明显界定该物的边界,其形态和内容明确,并可公示。加密货币在一定条件下能够满足物的特定性和独立性。密码的唯一性通过私钥执行的控制将加密货币与特定的人匹配。另外,公钥对控制加密货币的转移的重要性提供了第三方可以看到的某种公示功能。区块链技术(理论上)意味着加密货币的某种交易历史形式是公开的。这个交易历史是自动即时生

---

① See Kelvin FK Low & Wu Ying-Chieh, *The Characterization of Cryptocurrencies In East Asia*, in David Fox & Sarah Green eds., Cryptocurrencies in Public and Private Law, Oxford University Press, 2019, p. 211.

② See George Mousourakis, *Roman Law and the Origins of the Civil Law Tradition*, Springer International Publishing Switzerland, 2015, p. 114 – 115.

③ See Daniel Carr, *Cryptocurrencies as Property in Civilian and Mixed Legal Systems*, in Fox & Green eds., Cryptocurrencies in Public and Private Law, Oxford University Press, 2019, p. 186.

成的，是一些加密货币存在结构内在的一部分，以分散式账本的变更来办理、公示加密货币的处分。加密货币的识别是可能的，一个比特币能区别于其他比特币，因为它们使用假名而非匿名。所以前述韩国法院才能通过追踪相关区块链交易记录，精准没收从犯罪行为中赚取的比特币。分散的公共登记创造了公开性。但是这并非所有区块链的情况。具有更强匿名协议的加密货币，如黑暗币和门罗币，可能没有追踪它们的证据，就无法被精准没收。

2. 物的可支配性

加密货币等虚拟财产要成为物权客体，要符合的第二个基本条件是可支配性。前述罗马法《法学阶梯》规定的有体物并未明文要求可支配性，但其要求的"按其性质能被触觉到"已经内涵了物理性管理可能性，即其有体物必然是通过人们的物理性能力能被管理的。明文要求物必有体的日本的判例也要求物具有排他性和可控性，即要求这种排他性和可控性要通过独占的控制方式达到。日本法院认为，它必须是一种可以独占控制的东西，因为所有权是一种权利，可以排除任何对所有权所依附的事物的干涉。那些想要加入比特币网络的人可以在他们自己的电脑上拥有区块链，它显示了在互联网上对公众开放的数字记录。因此，与此类区块链相关的数据由加入区块链的多方持有或共享。当比特币从账户 A 发送到账户 B 时，这个过程并不是简单地将代表比特币从账户 A 转移到账户 B 的数字数据发送出去。事实上，那些不是交易双方的人也需要参与交易。[①]这一论点是错误的，因为排他性和可控性的重点应该是控制自己

① See Kelvin FK Low & Wu Ying-Chieh, *The Characterization of Cryptocurrencies In East Asia*, in David Fox & Sarah Green eds., Cryptocurrencies in Public and Private Law, Oxford University Press, 2019, p. 217.

账户中的比特币数量的专有权利,而不是整个比特币区块链。[①] 比特币是由系统参与者生成的抽象对象,对加密但部分公开、可访问的信息进行共同的价值认可,这些信息本身(以比特的形式)存储在许多不同的物理性位置上。虽然比特币交易历史的许多元素是公开的,但私钥将比特币的独家控制权赋予了该密钥的持有者。

管理可能性在当代不应当要求是物理性的。明文规定自然力的瑞士、韩国的法律要求是可支配、可控制的,并未明文限定在物理上可支配、可控制。自然力的确是通过近代科技被物理性地支配和控制,只不过这种物理性支配和控制不是全然通过人们原本具有的物理性感官能力而已。但我国正式的立法例并未明文要求或限定可支配性,且《民国民律草案》对自然力要求的是"能受法律支配",即可支配性不要求是物理性的——不管是通过人们固有的物理性感官能力,还是能够借助科学技术的其他的物理性能力——只要能认定为法律上的支配性即可。这是可支配性根据法律规定所作的形式解释。法律上的支配性只要求对加密货币的排他性占有和独占性的控制。

在实质解释上要求物的可支配性,据说是为了和相对权需要他人的配合或积极履行相区别,确保物上的物权是绝对性的对世权,不需要任何人的同意或积极协助。[②] 为了与只承认有形物作为物权客体的模式相匹配,这种理论坚持物权应与物理性控制(支配)和排他性的概念相联系。《民法典》第 114 条第 2 款规定:"物

① See Kelvin FK Low & Wu Ying-Chieh, *The Characterization of Cryptocurrencies In East Asia*, in David Fox & Sarah Green eds., Cryptocurrencies in Public and Private Law, Oxford University Press, 2019, p. 222.

② 参见高郦梅:《网络虚拟财产保护的解释路径》,载《清华法学》2021 年第 3 期;杜文俊:《司法实践视阈下财产犯罪法益及相关理论研究》,上海社会科学院出版社 2017 年版,第 116～117 页。

权是权利人依法对特定的物享有直接支配和排他的权利,包括所有权、用益物权和担保物权。”如何理解对于特定物享有直接支配的权利和排他的权利?物权的目的是确定权利人对客体实现其意志的特定方式。物权的绝对性效力是指物权权利人有权获得法律保护,使其享有物权之物免受他人任何侵犯。它在全世界范围内实行一种消极的义务,以避免侵犯物权。该效力反映了权利人对第三人侵害权利客体的排除能力。[①] 传统物权要求有物理性的直接支配,以排除他人的干涉。据此,网络虚拟服务构成了网络虚拟场合的前提,游戏装备、游戏币等早期虚拟财产并不能如一般物权那样直接进行交易,而排除一切人的干涉,因为网络服务商总是基于服务合同中的权利义务和自身的存续而控制整个交易过程,限制交易可能。[②] 学者甚至认为,“不存在不以网络服务为内容的网络虚拟财产”[③]。然而,这是以早期虚拟财产的中心化网络服务技术和实践相匹配的观念。在加密货币的语境下,网络服务的必要性已然发生变化。比特币等去中心化的加密货币在自然状态下并无某个服务商可以对网络进行维护和更新。此时并无某个网络服务商中断或终止服务的可能性。比特币等去中心化的加密货币可像一般物那样直接进行交易,排除一切人的干涉。私钥加密控制

---

① 纵观《荷兰民法典》第三卷,绝对性是财产权的基本属性,具有双重效力:一是绝对性权利产生对物效力,即对任何人的权利;二是绝对权利产生对权利客体的支配性占有,即所谓的追求权,即在权利人发现权利的任何地方主张权利。此外,绝对权还产生一种救济,即当权利受到侵害或威胁时,要求赔偿或防止财产损害的权利。See Weiguo Wang, *Restructuring Modern Property Law on a Theoretical Basis*, in Lei Chen and C. H. (Remco) van Rhee eds., Towards a Chinese civil code: comparative and historical perspectives, Martinus Nijhoff Publishers, 2012, p. 121.

② 参见李国强:《网络虚拟财产权利在民事权利体系中的定位》,载《政法论丛》2016 年第 5 期;高郦梅:《网络虚拟财产保护的解释路径》,载《清华法学》2021 年第 3 期。

③ 李国强:《网络虚拟财产权利在民事权利体系中的定位》,载《政法论丛》2016 年第 5 期。

交易，有效排除第三方使用该币进行交易。

除此之外，即使需要网络服务商的同意和积极配合，也可能解释为符合物权的绝对性。这种对世的功能并非一定要通过直接的物理性控制来实现，只要是依据法律直接能够实现物上请求权，排除他人的妨碍即可。物的直接支配方式随着经济活动和科学技术的发展而产生了变化。这种直接支配可以是法律上的，而非限于物理上的直接支配。基于自然科学事实而存在的自然属性之物的物理性直接支配，固然在传统上可以完全不需要任何人的同意或积极协助，但随着寄存、寄卖等经济活动的出现，此类之物的物权也出现了他人同意或积极协助的需要。以一定的货币关系为基础的，通过对客观存在的具体物品的抽象化而实现对其的价值化利用和支配的价值形态之物，例如票据、仓单、提单、有价证券以及证券化的资产等，意味着一种拉长时空距离的经济关系，常态化地使得该类物的直接支配权需要他人的同意或积极配合。[①] 既然需要他人的同意或积极配合，也就不可能在事实上排除他人的一切干涉。电脑、手机、虚拟货币更是深受现代化的复杂经济关系和信息科技的制约。在最高人民法院指导案例 103 号“徐某破坏计算机信息系统案”中，中联重科对“按揭销售”的泵车设备均安装了物联网 GPS 信息服务系统，可以对买家所有的泵车进行实时监控和远程锁车。中心化的加密货币用户虽然不能在事实上阻止网络维护和更新，但用户可以依照法律恢复物权的圆满状态

① 自然属性之物和价值属性之物的区分，参见林旭霞：《虚拟财产权研究（修订版）》，法律出版社 2018 年版，第 83～84 页。实物形态与价格形态的财产利益存在方式之区分参见孟勤国：《物权二元结构论——中国物权制度的理论重构》（第 2 版），人民法院出版社 2004 年版，第 293～294 页。

或防止侵害。[①]

要求可支配性，是为了确保物权绝对性所衍生的排他性对抗效力，即同一物之上不存在两个内容下彼此矛盾的物权，而法律上的排他性控制就可以实现这一目的性功能，确保他人不享有相同内容的支配性权利。加密货币可按照物权优先于协议产生的债权，按照物权的先后效力和追及效力来实现特定物权。追及效力中的所有物返还请求权可能面临因为他人忘记、丢失、顽固反抗而无法获得其私钥，加密货币无法转回权利人的情形。此时的追及效力在实际上是无价值的。但是这种追及不能的情形也存在于传统物品的追及效力当中，却并不影响对该物品可支配性的承认。加密货币正是存在于分布式记账的网络上，才能使得权利人通过注册、加密等手段实现权利人对其的排他性支配，即直接控制和利用加密货币，使得他人不能在同一个加密货币上享有与权利人的物权产生冲突的权利。

综上所述，比特币可以符合物的客观形态要求，通过其特定性和独立性满足权利边界清晰、保护他人行动自由的功能，但其他加密货币可能不满足特定性和独立性；比特币等去中心化的加密货币可以符合物的直接支配和排他的要求，但中心化的加密货币要借助可支配性的实质解释才可能符合物的绝对性对世功能。

三、加密货币的财产统一保护思路

加密货币至少可以是法律上的财产，即使他们可能不是物权法

---

① 服务经营者必须最大限度地维护用户在虚拟财产中的利益。不仅要保护虚拟财产不受第三方的侵害，还要保护虚拟财产不受网络服务提供者的侵害。针对后者的保护通常是通过合同救济，但在没有合同基础的情况下，也可以通过虚拟财产的对物性对损害进行侵权救济。See Weiguo Wang, *Restructuring Modern Property Law on a Theoretical Basis*, in Lei Chen and C. H.（Remco）van Rhee eds., Towards a Chinese civil code: comparative and historical perspectives, Martinus Nijhoff Publishers, 2012, p. 145.

中的物。物权和对人权构成了人们财产权的绝大部分内容。但正如许多(但不是所有)加密货币难以归入物权分类,加密货币也与对人权类别不兼容。毕竟,很多加密货币的持有者没有任何权利去获得任何人的履行。好在大陆法系司法管辖区都不死板地遵循财产的二分法。《德国民法典》中有诸多规定是以一个主体的财产为调整对象的,其他法律中也有此类规定,然而法律中没有关于财产的定义和后果的概括性规定,这是因为并非一切旨在调整财产的法律规定都是一般无异的,对财产无法作出概括性的定义,这些事物的特征仅仅在于它们都属于同一个权利主体。[①] 对象可以通过感觉或纯粹的理解而被认识到,成为权利的标的,故可将无体物与因缺乏严格意义上的有体性而无法感知、触及的对象归入法律保护的经济财产;虽然《德国民法典》和其他民法典的财产法都没有此种发展,但无体财产权法处在极为广泛的、迅速发展的特别法中。[②] 这种特别法发展的依据便是以一个主体的财产为统一保护对象的法律规定。

中国《民法典》的相关规定已经为网络虚拟财产的统一保护路径提供了法律依据。《民法典》明文规定的财产类型多样,但即使网络虚拟财产不属于任何一种类型,也可属于其保护的一般性的财产权利或财产利益:第 3 条规定民事主体的人身权利、财产权利以及其他合法权益受法律保护,任何组织或者个人不得侵犯。第 113 条规定民事主体的财产权利受法律平等保护。第 124 条规定

---

① 参见[德]迪特尔·梅迪库斯:《德国民法总论》,邵建东译,法律出版社 2013 年版,第 888 ~ 889 页。例如德国在处理继承事宜时,将网络虚拟财产作为一般继承财产进行统一管理。参见潘淑岩:《网络虚拟财产继承法律制度研究》,中国政法大学出版社 2017 年版,第 114 页。法国法律上也有总体财产的概念,参见[法]雅克·盖斯旦、[法]吉勒·古博:《法国民法总论》,陈鹏等译,法律出版社 2003 年版,第 150 页。

② 参见[德]罗尔夫·克尼佩尔:《法律与历史——论〈德国民法典〉的形成与变迁》,法律出版社 2003 年版,第 279 ~ 280 页。关于新型财产权理论,参见江波:《虚拟财产司法保护研究》,北京大学出版社 2016 年版,第 96 ~ 98 页。

了自然人合法的私有财产可以依法继承。第 126 条规定民事主体享有法律规定的其他民事权利和利益。第 1164 条规定侵权责任编的调整范围是因侵害民事权益产生的民事关系。网络虚拟财产范围广、种类多、差异大,权利性质很可能不同,统一规定其保护非任何法律所能为、所应为的。第 127 条为特别法基于必要性、适当性进行类型化的界定和保护提供了引致性条款,是一般性的私权保护方向和立法依据;在特别法尚未规定为财产权利之前,可作为民事利益即财产权益进行保护。① 司法经验中,我国法院对比特币的法律定位形成了统一意见,认定其为虚拟财产。② 我国法院本着司法实用主义的态度,并不对虚拟财产的法律性质(如是否属于物权法上的物)作出直接判断;因其具有一定的经济价值,符合财产

---

① 参见李宇:《民法总则要义:规范释论与判解集注》,法律出版社 2017 年版,第 411 页;王利明主编:《中华人民共和国民法总则详解(上册)》,中国法制出版社 2017 年版,第 544 页。

② 例如,胡某涛与王某杰买卖合同纠纷案,北京市通州区人民法院(2019)京 0112 民初 37191 号民事判决书;吴某与上海耀志网络科技有限公司、浙江淘宝网络有限公司网络侵权责任纠纷案,杭州互联网法院(2019)浙 0192 民初 1626 号民事判决书;李某、布兰登·斯密特诉闫某等财产损害赔偿纠纷案,(2019)沪 01 民终 13689 号;陈某诉张某返还纠纷案,江苏省句容市人民法院(2020)苏 1183 民初 3825 号民事判决书。以上案件中,法院认为,首先,比特币通过"挖矿"产生,需要购置、维护相关的专用机器设备,支付耗电能源的对价才能获得。同时其可以产生经济收益,具备价值性。其次,比特币的总量受算法的影响恒定为 2100 万个,具备稀缺性。最后,比特币的持有者对比特币进行占有、使用、收益及处分,使其具备可支配性,符合虚拟财产的构成要件。参见冯洁语:《论私法中数字货币的规范体系》,载《政治与法律》2021 年第 7 期。邱某利与时某萌不当得利纠纷案,山东省滨州市滨城区人民法院(2021)鲁 1602 民初 452 号民事判决书;宋某华与陈某淋不当得利纠纷案,浙江省赣州市章贡区人民法院(2020)赣 0702 民初 2353 号民事判决书。以上案例认为其他虚拟货币如 π 币和泰达币具备财产的属性,属于虚拟财产和数字资产,可以作为买卖的对象。当然,司法中也有不认可加密货币财产性的反例。但这已被民法和经济法学者批判为不区分普通人的普通民事行为和特定经济主体的特定经济行为。参见许多奇、蔡奇翰:《我国加密货币财产属性的司法认定——以金融法与民商法的二维区分为视角》,载《上海政法学院学报(法治论丛)》2021 年第 6 期;程啸:《虚拟货币相关交易合同的效力》,载《法治日报》2022 年 5 月 18 日,第 9 版。

属性,故适用财产权法律规则进行保护。[①]

这种民法上的财产的统一保护思路在刑法上亦为可行。既往的关于网络虚拟财产是否可以认定为刑法上的财产予以保护的研究,大多是从与德国、日本的刑法立法、司法和理论的比较出发,得出肯定或否定的意见。然而,正如前述的德国、日本民法关于物的规定和我国不同,德国、日本刑法关于财产犯罪对象的规定也与我国不同。这种规定上的不同导致我国对财产的解释可以有不同的思路。

(一)域外刑法上财产的区分保护

德国、日本刑法典区分了有体物、无体物和财产性利益,无体物和财产性利益只有在法律明文例外规定的情形下才能作为财产犯罪的对象。[②]《德国刑法典》第 242 条规定盗窃罪的对象是动产,即可移动的物品。第 248c 条特别规定了盗用电力罪,这说明电力并非盗窃罪的对象,[③]所以虚拟财产也难以解释为盗窃罪的对象。第 249 条规定抢劫罪的对象是动产。第 303 条规定损坏财物罪的对象是他人的财物,亦应作如是观。第 253 条规定的勒索罪对象是他人财产,目的是非法获利。第 263 条规定的诈骗罪对象是他

---

① 程某申请执行施某某其他所有权纠纷案,参见《比特币是否具有财产属性?怎样执行返还交付?丨案例参考册》,载微信公众号“上海高院”2022 年 5 月 5 日,https://mp.weixin.qq.com/s/4KH68E0MVhxjgyeWgJAHOA。该案被评为全国法院系统 2021 年度优秀案例。

② 参见陈兴良:《虚拟财产的刑法属性及其保护路径》,载《中国法学》2017 年第 2 期;张明楷:《论盗窃财产性利益》,载《中外法学》2016 年第 6 期;王肃之:《网络犯罪原理》,人民法院出版社 2019 年版,第 159 ~ 162 页。

③ 参见甘添贵总主编,林东茂主编:《德国刑法翻译与解析》,台北,五南图书出版股份有限公司 2018 年版,第 531 页。从 1900 年法律提出的窃取电力的罪行可以看出法无明文不为罪的原则仍然受到认真对待,因为帝国法院已经宣布,这一行为不能被归入盗窃罪。Thomas Vormbaum & Michael Bohlander, *A Modern History of German Criminal Law*, Springer Berlin Heidelberg, 2014, p. 133; Michael Bohlander, *Principles of German Criminal Law*, Hart Publishing, 2009, p. 218.

人财产,目的是获得不法财产利益。此二处的对象财产利益相对于动产而言有所扩大。作为关于人的一切有经济价值的利益的整体概念,此处的财产可包括有体的可移动之物,以及财产性利益。[①]《德国刑法典》第 263a 条单独规定了计算机诈骗罪,"本规定系填补以不正当方式操控电脑进而获利之行为,无法以第 263 条诈欺罪规范之漏洞。其保护法益则与第 263 条相同,均为个人财产法益"[②]。第 303b 条单独规定了破坏计算机罪,可打击严重干扰对他人具有重要意义的数据处理导致重大财产损失的行为。德国刑法通过这两个数据犯罪可以保护虚拟财产不受数字化的"诈骗"、盗窃、毁坏等行为的侵害。我国《刑事审判参考》中认定为财产犯罪的案例[③]如果发生在德国,只能考虑适用特别的数据罪名以保护财产不受盗窃、"诈骗"等方式的侵犯,而非适用普通的财产罪名盗窃罪(因为对象不符合)或者诈骗罪(因为手段不符合)。

《日本刑法典》第 235 条规定的盗窃罪、第 236 条第 1 款规定的强盗罪、第 246 条第 1 款规定的诈骗罪、第 249 条第 1 款规定的恐吓罪、第 252 条规定的侵占罪和第 261 条规定的毁坏罪,都要求

---

① 参见李强:《财产性利益犯罪的基本问题》,法律出版社 2020 年版,第 26～27 页。

② 林东茂主编:《德国刑法翻译与解析》,台北,五南图书出版股份有限公司 2018 年版,第 555 页;王钢:《德国判例刑法(分则)》,北京大学出版社 2016 年版,第 231 页。

③ 参见朱铁军、沈解平:《孟动、何立康盗窃案[第 420 号]》,熊选国主编:《刑事审判参考》第 6 集(总第 53 集),法律出版社 2007 年版;苏敏华、吴志梅:《王一辉、金珂、汤明职务侵占案——利用职务便利盗卖单位游戏"武器装备"的行为如何定罪处罚?[第 461 号]》,载最高人民法院刑事审判第一、二、三、四、五庭主办:《刑事审判参考》第 58 集,法律出版社 2008 年版;姜君伟:《詹伟东、詹伟京盗窃案——通过纺织品网上交易平台窃取并转让他人的纺织品出口配额牟利的行为如何定罪?[第 527 号]》,载中华人民共和国最高人民法院刑事审判第一、二、三、四、五庭主办:《刑事审判参考》2009 年第 1 集(总第 66 集),法律出版社 2009 年版;丁晓青、伍红梅:《邓玮铭盗窃案——以非法占有为目的,在网络上利用出现系统故障的第三方支付平台,故意输入错误信息,无偿获取游戏点数,如何定性?[第 766 号]》,载张军主编:《刑事审判参法》第 85 集,法律出版社 2012 年版。

对象是他人的财物或物。旧刑法时代的判决认为此处的物不限于有体物，只要有管理可能性即可，包括电力。[①] 然而，第 245 条、第 251 条将前四罪的对象例外扩大到电气，电气和财物是明文并列的。立法当时的提案理由提出，根据通说，电力非物，为了处罚窃取电力的情形，设定本案，故现行法的立法者采用的是有体物说。[②] 所以前四罪的对象并不能当然地扩大到虚拟财产。例外地，第 236 条第 2 款规定的强盗罪、第 246 条第 2 款规定的诈骗罪、第 246 条之二规定的计算机诈骗罪以及第 249 条第 2 款规定的恐吓罪的对象也包括财产上的利益。然而，这三处的财产性利益并不能包括虚拟财产。虚拟财产既非有体的财物，也非与债权取得、劳务提供等积极得利或债务免除、延期支付等消极得利挂钩的财产性利益。

德国、日本刑法对于有体物、无形物和财产性利益的区分带来一个启示：无形物和财产性利益也是被严格限定的，其范畴很难得到扩展以涵摄网络虚拟财产。正如受德国、日本直接影响的《大清新刑律》规定窃盗罪是他人所有物，禁止私有之物及电气在此以所有物论，而强盗罪、诈欺取财罪的对象还包括其他财产上不法之利益。[③] 此时的无形物限定为法律明文规定的电气。受德、日刑法影响的我国台湾地区“刑法”也是如此：“窃盗罪”规定的行为对象是动产，虽然并无明文限定动产为有体物。但实践中的观念是有体物。当时规定电气以动产论，即动产应当是有体物，而电气准用有体物的规定。而 1997 年以动产论的规定除将电气改为电能，

① 参见［日］牧野英一原：《日本刑法通义》，陈承泽译，中国政法大学出版社 2003 年版，第 214～215 页。

② 参见［日］松宫孝明：《刑法各论讲义》（第 4 版），王昭武、张小宁译，中国人民大学出版社 2018 年版，第 156 页。

③ 参见高汉成主编：《〈大清新刑律〉立法资料汇编》，社会科学文献出版社 2013 年版，第 764～766 页。

还增加热能及其他能量或电磁记录。这再次说明该"刑法"中的动产为有体物,而电磁记录只是在法律有特别明确的规定下,才准用有体物动产的规定。但2005年删除了电磁记录,因为提案机关狭隘地认为电磁记录的载体显然是动产,而电磁记录本身具有可复制性,不能符合盗窃罪行为方式中的破坏和建立持有支配关系的要求。[①] 然而,诸多网络虚拟财产是不可复制的电磁记录,在2005年后难以受到财产犯罪条款的保护。所以,我国若是试图借鉴德国、日本的无体物或财产性利益的概念以涵摄网络虚拟财产,[②]可能面临着理论来源本身具有先天障碍的问题。

我国学者认为财产性利益是有体财物以外的无形的财产上的利益,且能量和虚拟财产都不是财产性利益。[③] 那么,下将述及的我国刑事司法解释对电力、指导性案例对域名的财产性质的认可就提出一个问题:这些特定的能量、虚拟财产类型既不属于有体财物(一定量的电力的转移并不需要固态、液态或气态的有体性载体的转移),又不属于财产性利益,那它们属于何种财产,为何还是我国刑法保护的财产?当然,这个问题并非否定专门以财产性利益犯罪为研究课题并进而区分狭义的有体财物和财产性利益的必要,但学者也明确提出,因为我国刑法以广义的"财物"统一指称财产犯罪的对象,理论上应当探究可适用于所有财产犯罪的财物概念,司法上一般没有探讨如何区分狭义的有体财物和财产性利益的必要。[④]

---

① 参见林山田:《刑法各罪论:修订五版(上)》,北京大学出版社2012年版,第212页。

② 参见陈兴良:《虚拟财产的刑法属性及其保护路径》,载《中国法学》2017年第2期。

③ 参见李强:《财产性利益犯罪的基本问题》,法律出版社2020年版,第65~85页。

④ 参见李强:《财产性利益犯罪的基本问题》,法律出版社2020年版,第24~25页。

(二)中国刑法上财产的统一保护

我国刑法并未明文区分有体物、无体物和财产性利益,如要参照德国、日本刑法作出财产犯罪对象原则上限定为有体物的解释,是武断的,限制了对我国刑法进行本土化解释的努力和用我国刑法解决我国犯罪问题的机会。我国财产的范围从立法和司法的权威性努力来看,不区分有体物、无体物和财产性利益,而从统一的财产概念出发进行规定和解释。

在立法上,侵犯财产罪具体条文中的统一表述"财物"沿袭自1957年的《刑法草案》,此时不限于金钱和物品,不区分"财产"和"财物"。[①] 对于新型财产,盗窃罪的对象在1988年的三个稿本里有较大变化,先是在基本犯的罪状中列举了盗窃罪的对象为公私财物、电力、煤气、科技成果,但后三者纳入基本构成中不尽妥当,所以在第二个稿本中,基本犯的对象统一为公私财物,盗窃电力、煤气、智力成果的,依照规定处罚。而第三个稿本删去了上述规定。[②] 可见,立法者将电力、煤气、智力成果等当时能够想到的新型财产认定为公私财物,是存在共识的。最终删去了这种公私财物包括一切值得刑法保护的新型财产的提示性规定,并不影响司法中作出同样理解。1992年《关于办理盗窃案件具体应用法律若干问题的解释》(已失效)规定"盗窃的公私财物,既指有形财物,也包括、电力、煤气、天然气、重要技术成果等无形财物",另外规定"盗用他人长途电话账号、码号造成损失,数额较大的应当以盗窃罪定

---

① 参见周旋:《我国刑法侵犯财产罪之财产概念研究》,上海三联书店2013年版,第32~37页。

② 参见高铭暄:《中华人民共和国刑法的孕育诞生和发展完善》,北京大学出版社2012年版,第485~486页。1983年《全国供用电规则》第80条规定,窃电系盗窃国家财产。1995年《电力法》第71条明确规定盗窃电能的可构成刑法上的盗窃财物。

罪处罚”。1997年《关于审理盗窃刑事案件具体适用法律若干问题的解释》第1条就规定“盗窃的公私财物,包括电力、煤气、天然气等”。此时不再突出新型财产的无形特征,财产具备客观性即可,即财产是客观存在的,而非人们想象的。[①] 与电信线路和码号关联的盗窃罪的立法史表明,将该类盗用他人电信设施、电信码号等行为予以犯罪化的理由是其侵犯他人财产权利,造成被害人经济损失。[②] 可见,本处的被害事物(整体财产)属于财产,在当时是没有争议的,之所以单独规定,是因为盗用行为本身和盗窃罪的行为方式有所不同,即该条拟制的仅是盗窃行为方式,但提示的是盗窃行为对象。

在司法经验上,刑事审判参考的前述四个关于信息网络时代的新型财产类型或形式的案例都是从我国刑法保护财产的相关属性出发,判断该新事物是否符合相关属性,而非从域外的无形物或财产性利益的概念出发进行解释和认定。关于网络虚拟财产特别是最新的网络加密货币的财产性问题,也应当从一般意义上的刑法保护的财产和特殊的加密货币之间的关系展开讨论。事实上,刑法司法也对网络虚拟财产的保护开始了不论其是否为(有体)物,只论其为财产而予以保护的路径。2017年,最高人民检察院首次以权威性指导性案例(最高人民检察院指导性案例37号)的方式对网络虚拟财产认定为财产进行刑法保护提出了有约束力的规则:“网络域名具备法律意义上的财产属性,盗窃网络域名可以认定为盗窃行为。”其指导性意义在于提出了网络虚拟

---

① 参见《曾智峰、杨医男倒卖QQ号码侵犯通信自由案》,载最高人民法院中国应用法学研究所编:《人民法院案例选》第59辑,人民法院出版社2007年版,第51页。

② 参见高铭暄:《中华人民共和国刑法的孕育诞生和发展完善》,北京大学出版社2012年版,第488页。

财产这一新型事物认定为财产予以刑法保护的路径,涉及了认定为财产需要具备的规范性属性。

应当认可这种从法律规定的财产大前提出发,判断案情中的网络虚拟财产小前提是否符合财产大前提的三段论论证思路,以维护法治原则下的罪刑法定。具体路径是提出刑法上的财物应当具备的属性,然后论证某一网络虚拟财产是否符合这些属性,最终得出网络虚拟财产是否是刑法所保护的财产的结论。代表性的观点如"作为财产犯罪对象的财物,必须具有三个特征,否则,要么他人不可能侵犯,要么不值得刑法保护"①。这一论述思路对财产犯罪对象提出三个财物属性。然而,依据任何其他理论学说提出刑法所保护的财产的属性要求,都存在类似的问题,即其理论根据和得出的属性要求可能是随意的、武断的。

理论上提出的财产属性根据下的财产属性,必须结合司法经验有的放矢、进行思辨,否则可能是过分想象而自我设限,或想象不足而与实践脱节。可在获得鲜活的中国司法经验材料后,思考更符合中国司法经验实际的、更有洞见的理论概括或预期。结合最新的权威性司法经验立场,将为可保护性和可侵犯性的财产属性依据和相应的财产属性的理解增加共识。为了寻求法解释的实效,在借鉴司法立场时,如果是司法解释、指导性案例之类的权威性司法立场,本书力图避免与之直接冲突,力求解释为与其不发生直接冲突。如果是刑事审判参考之类的说理性司法立场,本书将根据理论逻辑予以取舍。

此外,对于理论根据和财产属性的解释,可以适当参照英美法系实证法上对于财产根据和财产属性的解释。因为英美法系的财

---

① 张明楷:《非法获取虚拟财产的行为性质》,载《法学》2015 年第 3 期;张明楷:《刑法学》(第 6 版),法律出版社 2021 年版,第 1218~1219 页。

产法注重财产根据和财产属性的解释，并且根据具体的法律领域和场景予以特定化。在某些情况下，重要的不仅仅是一件东西是否是财产，而是它是否是一种特定类型的财产，这取决于上下文和问这个问题的原因。某物在某一法律目的下可能是财产，但在另一法律目的下就不是；一些法规明确地扩大或缩小了他们视为财产的范围。所以，可行的路径是根据案例法中提出的财产属性要求，分析某加密货币是否具有这些属性，如果具有，加密财产是该法律所规定的财产，除非有其他特殊的法律原因使其不够格。[①] 一些重要法律对财产的定义都假定财产不限于占有中的事物，也不限于行动中的事物，即可以通过法庭诉讼或诸如债务或合同权利的行动来强制执行的财产权利。英国 1968 年的《盗窃法》、2002 年的《犯罪收益法》和 2006 年的《欺诈法》都将财产定义为包括占有中的事物、行动中的事物和其他无形财产。[②] 某一新事物如果既不属于有形的占有中的事物，也不属于无形的行动中的事物类型，可以根据财产的属性和特定法律领域的保护目的和需求而解释为其他无形财产，进而受到特定领域的法律保护。

（三）中国刑法上的财产属性与加密货币

1. 价值性

关于财产的基础属性，即价值性，最高人民检察院指导性案例 37 号指导意义部分提出："网络域名属稀缺资源……具有市场交换

① See UK Jurisdiction Taskforce, *Legal Statement on Cryptoassets and Smart Contracts*, Outer Temple (Nov. 25, 2019), https://www.outertemple.com/wp-content/uploads/2019/11/Crypto-Paper-ASQC-SB-and-CBE-FINAL-VERSION.pdf, p. 12.

② See UK Jurisdiction Taskforce, *Legal Statement on Cryptoassets and Smart Contracts*, Outer Temple (Nov. 25, 2019), https://www.outertemple.com/wp-content/uploads/2019/11/Crypto-Paper-ASQC-SB-and-CBE-FINAL-VERSION.pdf, p. 21.

价值,所有人可以以货币形式进行交易。”这似乎说明,价值性包括稀缺性、交换性,而交换性还得是金钱形式。

财产的价值性是指使用价值或交换价值,使用价值是指对支配之人具有客观作用或精神、情感意义,交换价值是指能够有偿转让给他人。[①] (1)关于使用价值,前述德国民法历史表明,对象可以通过感觉或纯粹的理解而被认识到,成为财产权利的标的。可见我们可以用人们对外界事物的支配关系所形成的各种状态来形成财产概念,此时财产是人类求生和追求更大满足感的自由意志的具体化表现——事物要如何被加以利用而发挥效用,取决于个人在其主观上的目的性,该人对该事物有一定的使用意思,认识到该事物能够满足自己一定的需求,该事物就具备使用价值,并不要求在客观上已有具体的利用行为,而随着使用意思的扩张,使用价值有无限变化的可能性。[②] 所以,使用价值可包括客观价值,也可包括主观价值。学者认为使用价值应当是客观的,而非主观的,因为我国司法解释关于财产犯罪的数额计算方法的规定显示主观的价值难有客观的计算过程和结果。[③] 然而,我国财产犯罪并非一律需要计算数额,数额之外的情节如数量、人次、特定场景等,用以入罪量刑的规定和实践正在增多。(2)关于交换价值,财产的价值性不以客观上的可交换性为必要,交换性也不以金钱形式为必要。第

① 参见张明楷:《非法获取虚拟财产的行为性质》,载《法学》2015 年第 3 期;陈兴良:《虚拟财产的刑法属性及其保护路径》,载《中国法学》2017 年第 2 期。民法上也确认了价值性的此种分析框架。参见林旭霞:《虚拟财产权研究(修订版)》,法律出版社 2018 年版,第 148 页;李双元、温世扬主编:《比较民法学》,武汉大学出版社 2016 年版,第 184 页。

② 参见张天一:《时代变动下的财产犯罪》,台北,元照出版有限公司 2015 年版,第 76、79、81、101 页;王钢:《德国判例刑法(分则)》,北京大学出版社 2016 年版,第 212 页。该理论起源于[德]黑格尔:《法哲学原理:或自然法和国家学纲要》,范扬、张企泰译,商务印书馆 1961 年版,第 50 页。

③ 参见李强:《财产性利益犯罪的基本问题》,法律出版社 2020 年版,第 70 页。

一,具有交换性的事物显然具有价值性,而不具有交换性的,也可具有使用价值。“只要对所有者、持有者具有效用,即便对他人并无效用而不能成为交换的对象,仍值得保护。”[①]第二,公民个人合法所有的文物可以相互交换或者依法转让,其交换性不以金钱有偿形式为必要,其他有偿形式完全不影响交换价值。有法院认为,基于虚拟货币的获得系使用者以真实货币购买这一基本事实,虚拟财产已经具备了实际财产的性质。这似乎表明交换性以金钱形式为必要。[②] 但是,其他法院指出,虚拟财产一旦与真实财产存在交易,其财产价值就具有社会真实性,即具有现实意义上的价值。[③]可见,以其他财产进行交易的,也完全可以认定交易价值是存在的。第三,交换价值应当扩大为流通价值,即只要可以通过赠与和继承等方式进行流通即可,不需要限定为通过有偿交易的经济价值形式。财物要满足财产权的目的,“而财产权非必须为对于得当为金钱之物者”,故财物是否有金钱价值、交换价格,在所不问。[④]

加密货币因其技术新颖性,如去中心化属性、匿名或假名性、智能合约性,对人们起码具有体验价值,是数字信息时代的奇珍异玩,对一些人也具有收藏价值,这都是对人们的使用价值,已经足以使其具备价值性。此外,其交换价值也仅仅是部分场景下为规

---

① [日]大谷实:《刑法讲义各论》,黎宏译,中国人民大学出版社 2008 年版,第 204 页。我国立法机关相关部门也认为物是有利用价值的物,该价值并非经济意义上的交换价值。参见全国人大常委会法工委民法室编:《〈中华人民共和国物权法〉条文、立法理由及相关规定》,北京大学出版社 2007 年版,第 3 页。

② 参见许某、余某等盗窃罪案,延边朝鲜族自治州中级人民法院(2019)吉 24 刑终 112 号刑事裁定书;徐某华盗窃案,浙江省桐庐县人民法院(2011)杭桐刑初字第 1 号刑事判决书。

③ 参见田某伟盗窃案,四川省成都市成华区人民法院(2009)成华刑初字第 659 号刑事判决书。

④ 参见[日]牧野英一原:《日本刑法通义》,陈承泽译,中国政法大学出版社 2003 年版,第 215 页。

范性文件所不承认,但用户私人之间的直接交易是得到承认的。法律并未禁止个人之间直接进行虚拟货币与法定货币(或其他财物)之间以及虚拟货币互相之间的交易。前述罗某药盗窃案指出,现行的规范性文件并未否认其作为一种虚拟商品的属性,我们对其的持有和直接交易是完全合法的。这也得到了前述民法、经济法学者的认可。

关于早期的网络虚拟财产的财产性,司法实践还提出了法律价值论(最高人民检察院指导性案例 37 号在指导意义部分明确提出:"通过合法途径获得的网络域名,其注册人利益受法律承认和保护。本案中,行为人利用技术手段,通过变更网络域名绑定邮箱及注册 ID,实现了对域名的非法占有,并使原所有人丧失了对网络域名的合法占有和控制……"),劳动价值论(该网络虚拟财产是用户投入时间、精力和金钱后获得的劳动成果),[①]价值普遍接受论(该虚拟财产的价值难以被普遍接受),自然期限论(其存在的期限由网络运营商决定而非自然消亡),独立存在论(其存在依赖网络环境,不能独立于网络环境而存在)。[②] 这些价值论说各自以不同频率、不同表述存在于前述 39 个样本案例中,但都不影响加密货币的财产属性。

首先,在刑法上适用财产犯罪条款时,认定相关事物的价值性不要求其占有、交易为法律所允许。最高人民检察院指导性案例 37 号在指导意义部分的表述似乎是明确了域名的价值性必须得到法律认可。然而,得到法律认可的域名财产的价值性当然受到法律的承认和保护,但没有得到法律认可的域名财产的价值性,例如

---

① 参见广东省首宗公诉虚拟财产被盗案:颜某凡盗窃案,广东省广州市中级人民法院(2006)穗中法刑二终字第 68 号刑事判决书。

② 参见姜金良、袁海鸿:《侵入他人游戏账号窃取虚拟财产构成非法获取计算机信息系统数据罪》,载《人民司法》2015 年第 6 期。

行为人非法获得的域名占有的价值性,尽管得不到法律的承认,但仍可以得到刑法的保护。指导意义部分的这个表述只是针对域名的个案进行的分析,并非直接要求网络虚拟财产的价值性必须得到法律的承认,才能得到刑法的保护。只有像人体本身那样因为伦理而根本不可能成为财产权的对象,其财产权本身是难以想象的,才能排除其作为财产犯罪的对象。因此,加密货币即使被中国法律完全禁止持有,也不能因此认为其不是刑法保护的财产,因为从全球范围来看,加密货币在很多地方是可以合法持有的财产。我国即使将加密货币等同于伪钞、儿童淫秽物品、海洛因等禁止人们持有和交易的违禁品,意图完全否认其交换价值,也难以排除其使用价值,因为这些违禁品仍然可以作为文博馆或研究室的利用对象。“在事实层面中,违禁品具有天然的财产属性。在现实生活中,为了医疗、教学、科研等目的,国家在各个层面或多或少地允许了绝对违禁品有合法存在空间,并不存在真正的绝对违禁品。”[①]原占有人和新占有人都对它们具有使用意思。

至于对于违禁品的占有是否应该用刑法来保护,则是基于法秩序的政策选择了。[②] 刑法保护的假币、毒品、儿童淫秽物品的占有,仅仅是禁止和打击他人侵犯这种占有,而不恢复这种占有。即使是认为海洛因、儿童淫秽物品的相关法益是需要通过法定程序而形成合法状态(销毁)的占有,[③]这种销毁状态也可以通过行为人

---

① 黄辰:《涉违禁品财产犯罪的刑法教义学研究》,载《华东政法大学学报》2021 年第 5 期。“根据人的财产说,不论占有是否合法取得,都增长了占有者的经济潜能,为其人格发展提供了更为广阔的可能性,因而属于财产”。王钢:《德国判例刑法(分则)》,北京大学出版社 2016 年版,第 213 页。

② 参见童伟华:《论盗窃罪的对象》,载《东南大学学报(哲学社会科学版)》2009 年第 4 期;周铭川:《盗窃比特币行为的定性分析》,载《南通大学学报(社会科学版)》2020 年第 3 期。

③ 参见张明楷:《刑法学》(第 6 版),法律出版社 2021 年版,第 1224 ~ 1225 页。

的毁坏而达成。这种行为客观上形成了合法状态，但因为不符合法定程序而不符合法秩序。非法侵害他人对违禁品的占有，使得违禁品的销毁变得更为困难，“没有财产秩序可言”①。可以认为刑法保护的不仅仅是法益，还包括相关社会规范。这比纯粹的财产权说增加了法律所承认的、意图塑造的社会秩序的限定。前置法明文禁止毒品、儿童淫秽物品等违禁品的持有，但刑法仍然保护其占有不被他人非法剥夺，此时刑法维护的不仅是具有价值的利益，还是不得非法侵害他人对事物的占有的社会规范。1992 年与 1997 年的盗窃罪司法解释都规定盗窃违禁品的，不计数额，根据情节轻重量刑。2005 年《关于审理抢劫、抢夺刑事案件适用法律若干问题的意见》对抢劫违禁品也有类似规定。司法经验认可的“经济价值既包括可公开的法律认可的价值，也包括非公开交易不为法律所认可甚至为法律所禁止的价值，如违禁品”②。此时出现了原则上作为保障法的刑法相对于民法的独立性。民法强调物权、债权等私人权利恢复之类的利益平衡，而刑法的目的是从社会共同体的角度出发进行法益安全保护与社会规范维护。③ 所以，我们应当从具体的法律适用场景出发判断特定的虚拟财产是否是该法律所要规范的财产。刑事司法应根据具体的法律条款和具体的加密货币类型，判断是否是该处法律要规范的财产。

---

① 参见张明楷：《刑法学》（第 6 版），法律出版社 2021 年版，第 1216 页。

② 程某瀚盗窃案，熊选国主编：《刑事审判参考》第 72 集，法律出版社 2010 年版，第 41 页。

③ 参见胡宗金：《法规范视角下虚拟财产的刑法保护》，载《法律适用》2017 年第 23 期。日本刑法学界和司法界也出现了一种倾向，即将刑法上的财产犯视为针对超越个人财产权的财产秩序的犯罪。参见［日］松宫孝明：《刑法各论讲义》（第 4 版），王兆武、张小宁译，中国人民大学出版社 2018 年版，第 154～155 页。关于取得性财产犯罪的平稳的占有说即兼顾了对本权的保护和对占有的财物的财产性秩序的保护。参见陈兴良主编：《刑法各论精释（上）》，人民法院出版社 2015 年版，第 225～227 页。

其次,稀缺性为价值性所必要,因它导致需要法律界定归属以定分止争,但它在财产范围认定时几乎无影响。北京法院参阅案例认为虚拟装备、游戏币等虚拟财产通常由网络企业发行,不具备法律意义上财产的稀缺性这一属性,网络游戏公司等被害人实际所受财产损失一般远小于游戏币价值,以购买价格计算犯罪数额失之偏颇。虚拟财产的特点是只要程序设置完毕就可以无限产出。软件本身的生产和研发是一次性的,而虚拟财产的产出在理论上可以无限制进行,因此网络服务上的虚拟财产的损失与现实财产的损失有明显不同。① 该裁判将稀缺性与财产的价值大小的计算问题联系起来,但二者并无必然联系:越是稀缺的事物,其价值大小的计算反而可能越难以进行,"无价之宝"的社会现象就表达了这一逻辑;而越是不稀缺的事物,如早期的网络虚拟财产可以无限产出,其价值计算反而可有广泛接受的市场交易价格,至于该价格是否可作为特定案件中的价值计算方式,则另当别论,本身并不影响该事物的稀缺性。稀缺性对于确定财产的恰当权利形式是相关的,②但对新事物的财产性本身的认定几乎不产生影响,因为新事物往往都具备稀缺性。稀缺性是该类事物在特定的时间和空间条件下人们付出一定努力而可得的数量是有限而非无限的。虚拟财产虽然可以以极低成本进行极大量产出和供应,但在特定的时间和空间条件下,哪怕人们愿意付出所有来买断,其可得的数量也是有限的,它仍然具备稀缺性,不影响其成为财产。更何况比特币等去

---

① 参见王某非法获取计算机信息系统数据案,北京市第一中级人民法院(2017)京01刑终364号刑事裁定书。本案为北京法院参阅案例第36号(2018年9月10日北京市高级人民法院审判委员会第15次会议讨论通过)。

② 稀缺资源的最佳利用(无论涉及保护还是开发)要通过实行恰当的产权制度(如共有还是私有)得以实现,在这种制度中权利明确界定并易于执行。See Alison Clarke & Paul Kohler, *Property Law: Commentary and Materials*, Cambridge University Press, 2005, p. 59 – 61.

中心化的加密货币通过技术设定在一开始就确定了数量有限。

再次,劳动价值论是论证价值性的前提,即没有劳动价值就无法产生价值。但这种论说也无法否定网络虚拟财产的价值性。网络虚拟财产要么是用户直接投入时间、精力的劳动成果;要么是投入金钱得到的成果,而投入金钱也就是间接投入了劳动,因为投入的金钱价值归根结底必然是由劳动创造的;要么是同时投入了直接劳动和金钱价值。在最高人民法院公报案例中,代理商向网络运营商付出金钱价值得到了网络虚拟财产,而用户付出金钱价值可以得到等额的网络服务,故网络虚拟财产体现了网络服务商提供网络服务的劳动价值。① 代理商和用户付出的金钱价值都归结为得到网络服务商的劳动价值。前述罗某药盗窃案指出,虚拟货币需要通过计算机经过特定的计算方式生成,需要付出劳动力及经济成本。此外,即使用户没有投入任何直接劳动和金钱价值,比如受赠或继承,网络虚拟财产依然符合劳动价值论,因为它起码是网络运营商通过劳动创造的成果。是故,加密货币作为新型的网络虚拟财产,在中心化发布时,具有中心化服务商的劳动价值;在去中心化生成时,例如比特币的原始获得,具有用户的劳动价值。

复次,价值普遍接受论是不必要的。财产的使用价值不需要得到普遍接受,其他人只要认识到该财产对于权利人具有使用价值即可,而使用价值包括主观的情感和精神价值。例如张三认为某(电子)图片(不管是书信、照片还是作品)对其有价值,他人不需要承认也无法否认,他人只需要认识到这一事实即可遵循没有正

---

① 参见上海市黄浦区人民检察院诉孟某、何某康网络盗窃案,载《最高人民法院公报》2006 年第 11 期。人们在拟制资源或财富的过程中投入了一定的财产价值,它们因而成为价格形态的财产。参见孟勤国:《物权二元结构论——中国物权制度的结构重构》(第 2 版),人民法院出版社 2004 年版,第 290 页。

当根据不得侵害占有的社会规范。财产的流通价值也不需要得到普遍接受,只要存在流通给他人的可能性即可。民法上对流通物与限制流通物、禁止流通物进行区分只是为了确定民事行为是否有效、是否要符合特定条件,但并不影响其本身的价值性承认。是故,加密货币对少数群体的使用价值,在小范围内流通,并不影响其价值的存在。前述潘某敲诈勒索案的裁判意见认为,犯罪期间,比特币仍为在网络上可自由交易的"虚拟货币",其交易价格在短期内较为稳定、一致。然而,既然流通价值不需要得到普遍接受,那流通时的价格更不需要稳定、一致地得到普遍接受。事实上,这已经在证券市场和毒品、伪钞、淫秽书刊等禁止流通的违禁物上面得到反复验证。上述关于网络域名的指导性案例也没有要求域名的流通价格是稳定的。

又次,自然期限论也不成立。它只适合前述自然属性之物,并不适合价值形态之物。有价证券等价值形态之物的存续期间也受限于证券交易商等第三方,法币、国债的存续期间也取决于发行方,但这都不影响对其价值的认可。在线多人游戏中的可交易物品受限于某个集中发行方,但被前述《刑事审判参考》案例普遍认可为财产。是故,中心化的加密货币的存续期间依赖中心化的第三方,但也不影响对其价值的认可。瑞波(Ripple)是市值第四大的加密货币,其背后的公司对它拥有实质性的控制权。高度集中的加密货币系统,这意味着整体控制权集中在少数实体手中,甚至只有一个实体。加密货币似乎与其他传统金融财产一样具有存在上的一定的稳定性,即只有在被取消、赎回、偿还或行使权利时才不存在。更何况,去中心化的加密货币如比特币的存续期间并不依赖第三方网络运营商,而可以根据一套总体稳定的规则永续存在。即使数百万用户的矿机一致停止运行,已经产出的比特币和比特币区块链也依然会存在(但是此时比特币变得无法流通,会影响其下述的可被侵犯性）。加密货币足够永久或稳定，可以被视为财产，至少对于一个拥有大量参与者、已建立的交易历史和一套总体稳定的规则的商业加密货币系统来说是这样的，要知道即使是传统资产也有恶化、腐败或损失的风险。[①] 这为某些新创建的加密货币不是适格的财产的争论留下了空间，即财产的最低稳定性的要求有可能在边缘案件中引起困难。[②] 但这种困难肯定是极为罕见的，因为存续上的稳定性的要求本身是极低的，例如无形的纺织品出口配额也有可能作为财产而被窃取，尽管它们的有效期是有限的。[③]

最后，独立存在论也不成立。哪怕是前述自然属性之物，其需要特定的物理性环境才能存在和流通的情形也比比皆是，更遑论价值形态之物更是需要人们提供一系列的保障条件才能存在和流通。网络空间是人们认识和控制能力扩展之后的实践空间，只能在网络空间中存在和流通完全不影响网络财产的价值性。更何况网络财产还能与物理空间发生交互。张三的网络加密货币仍然可以与李四在物理空间中的法定货币或其他私有物品进行直接交换。由此它如同早期虚拟货币一样由虚拟空间进入了现实生活。

2. 管理与处分的可能性

学者提出相关事物是财产犯罪对象的财物的根据之二是，它

---

① See UK Jurisdiction Taskforce, *Legal Statement on Cryptoassets and Smart Contracts*, Outer Temple (Nov. 25, 2019), https://www.outertemple.com/wp-content/uploads/2019/11/Crypto-Paper-ASQC-SB-and-CBE-FINAL-VERSION.pdf, p. 16.

② See A. Taylor & M. Ó Floinn, *Bitcoin Burglaries and the Theft Act* 1968, 3 Criminal Law Review 163 (2021).

③ See *Attorney General of Hong Kong v. Nai-Keung* [1987] 1 WLR 1339 (PC). 姜君伟：《詹伟东、詹伟京盗窃案——通过纺织品网上交易平台窃取并转让他人的纺织品出口配额牟利的行为如何定罪？[第527号]》，载中华人民共和国最高人民法院刑事审判第一、二、三、四、五庭主办：《刑事审判参考》2009年第1集（总第66集），法律出版社2009年版。

必须是他人可能侵犯的。所以它必须以同时代的科学技术水平与能力为标准具备管理可能性和转移可能性。[①] 这两个属性得到了指导性案例的支持和阐释。

关于管理可能性,最高人民检察院指导性案例37号提出:“网络域名注册人注册了某域名后,该域名将不能再被其他人申请注册并使用,因此网络域名具有专属性和唯一性。”唯一性是指在社会观念上可定义,具有同一性,确定地能够区别于其他事物,能够独立于其他事物而被管理。专属性是指该事物之上不存在两个内容下彼此矛盾的管理可能性。如果一种资源不能排除、阻止第三方使用或访问资源,它可能就不能成为财产。虚拟财产能被公民独占管理:玩家可以将游戏装备及虚拟货币存储于游戏账户内,形成对该虚拟财产的支配与控制,并排除其他游戏玩家的使用。[②] 玩家通过自身活动可以决定虚拟财产的种类和数量,通过电子方式排除任意第三人对其权利存在和流转的干预。专属性和唯一性确保具有明确的方法来适当地执行相关权利,该执行不会不当地干涉其他人的权利。(1)关于唯一性,根据相关系统的规则,加密货币的公共参数原则上足以定义资产并向任何能够访问系统网络的人识别它。罗某药盗窃案认为,虚拟货币可以通过建立电子钱包储存在公钥上,能被任何人查询到。公钥包含或引用关于资产的编码信息,例如其所有权、价值和交易历史。根据协议的规则和记录在分类账上的与特定公钥相关的值,可以确定加密货币的规格,以及相应私钥的持有者控制的数量。(2)关于专属性,加密身份验证过程满足了排他性管理的要求,它允许私有密钥的持有者(且只

① 参见张明楷:《非法获取虚拟财产的行为性质》,载《法学》2015年第3期。

② 参见徐某华盗窃案,浙江省桐庐县人民法院(2011)杭桐刑初字第1号刑事判决书;杨某锦等盗窃案,广东省佛山市南海区人民法院(2016)粤0605刑初字1号刑事判决书。

有该持有者)管理加密货币,因此可以控制它,而不受其他人的影响。罗某药盗窃案认为这排除了除所有者外其他人对于虚拟货币的占有。私钥的私有参数允许通过数字签名对加密货币中的传输或其他交易进行加密身份验证,对私钥的了解赋予了对资产的专属控制。

关于转移可能性,加密货币可由第三方进行取得,因为它们的设计目标就是在系统参与者之间可转移。但是,在整个财产犯罪的视野里,转移可能性应该改成处分可能性。域名的指导性案例指导意见提出,"其所有人可以对域名行使出售、变更、注销、抛弃等处分权利"。刑法上的财产犯罪并非都以转移的方式进行侵害。前述最高人民法院公报案例指出,游戏公司既允许玩家拾取、抛弃相应游戏装备,亦允许玩家使用实物货币兑换虚拟货币。因此,前述虚拟财产可以成为被财产犯罪侵害的对象。[①] 只要权利人对该事物能够进行转移、变更、销毁、抛弃等处分,那么犯罪人就可能通过种种方式获得相应的处分可能性。正是因为权利人具有排他性的管理可能性,其才具有排他性处分可能性,而犯罪人可非法获取这种排他性处分可能性。虚拟财产一般不具有可复制性,在技术上具备了管理和处分的排他性。加密货币技术协议的共识机制确保它只能被使用一次,且只能被与其相关联的私钥的持有者使用。因此,加密货币能够以商业秘密等纯信息无法做到的方式进行分配、疏离和处理。[②] 加密货币如同域名,其权利人能够通过公钥和私钥对其功能或价值进行出售、抛弃等处分,他人也能通过知晓私

---

① 参见上海市黄浦区人民检察院诉孟某、何某康网络盗窃案,载《最高人民法院公报》2006 年第 11 期。

② See A. Taylor & M. Ó Floinn, *Bitcoin Burglaries and the Theft Act* 1968, 3 Criminal Law Review 163 (2021).

钥的方式进行转移、抛弃等处分。例如比特币权利人会有一个存放地址(公钥)以及对应的私钥,如果忘记了私钥,那么地址上的比特币就会永远失去(丧失管理可能性);如果是他人故意毁坏私钥的载体,就意味着替权利人永远抛弃,这种排他性处分的行使是故意毁坏财物。这些情形下的比特币没有消失,但无法再被处分,不能再次成为财产犯罪中的财产。

四、结论

本书从民法和刑法上对财产的界定相协同的思路出发,分析了加密货币成为民法和刑法所保护的财产的可能性。在方法上,应当聚焦于现有民法、刑法财产保护理论的契合与交锋,考虑到民法典时代民法和刑法进行法域协同的系统思路;聚焦于理论与经验的合流与分流,在理论上对我国民法和刑法实践中的立法与司法经验进行更恰当的概括,以更好地解决中国的实际问题。在材料上,德国、日本同受罗马法的有体物和无体财产权利二分法的影响,导致对其理论的借鉴往往是围绕着网络虚拟财产如加密货币是民法上的无体财产权利(或刑法上的无体财产利益)还是需要法律明文特别规定的无体物的争论。而其他法域在动产或行动中的事物的概念基础上发展出了其他任何财产的兜底概念,只要符合特定领域的立法目的和规范方式即可认定为该领域要规范的财产。类似的发展过程在中国的民法、刑法的立法和司法经验中已然存在。根据本国民法和刑法的规范体系和司法经验,可推出财产的基本属性以对网络虚拟财产进行类型化判断。由此,对加密货币也需要进行类型化判断,对同一类加密货币也需要根据技术变化和规范场景进行具体判断。

第五章　数字经济秩序中的数据要素和刑法保护

本章概要：在数字经济中，数据不再仅仅是直接提供给人类的信息，来支撑起供应链协同和大规模定制，而主要是以大数据的形式，给云计算和人工智能提供生产要素性的原始数据。个人数据、企业数据和公共数据都进入了这个价值链，也都面临着危险源。我国刑法在十几年前就开始设立公共秩序犯罪来保护数据的机密性，但这主要是回应信息经济中社会成员对于数据内容的关切。在当下的数字经济中，数据的经济性质日益凸显，社会成员越发重视数据资源持有权、数据加工使用权、数据产品经营权等数据产权本身的保护。数字经济中对数据资源持有权、数据加工使用权的侵犯，应当根据具体情形认定为盗窃、毁坏或破坏生产经营的行为。其中，鉴于盗窃行为排除占有的固有形象，对盗取数据的行为最好有特别立法以示区别和公平。侵犯数据产品经营权更多是严重扰乱数字经济市场秩序的行为，而非侵犯知识产权的行为。

关键词:原始数据　衍生数据　公共秩序　数据权利　数据财产

数据已成为经济增长、创造就业和社会进步的重要资源。《民法典》第127条规定了对于数据和网络虚拟财产的保护,法律有规定的,依照其规定。民法和刑法学界对网络虚拟财产的研究都由来已久。对比之下,民法学界对数据财产的研究虽然较为新近,但也蔚然成风;[①]刑法学界对数据财产的研究却仍处于方兴未艾的状态。[②] 2022年,中共中央、国务院《关于构建数据基础制度更好发挥数据要素作用的意见》提出,公共数据、企业数据、个人数据分类分级确权授权使用,构建数据资源持有权、数据加工使用权、数据产品经营权等分置的产权运行机制以及维护前述权益的保护制度,更是提出了数据产权、流通交易、收益分配和安全治理四个方面共计20条具体发展的意见。[③] 根据数据财产权化的基本思路,截至2022年,北京、上海、广州、深圳四大城市均成立了数据交易

① 参见梅夏英:《数据的法律属性及其民法定位》,载《中国社会科学》2016年第9期;申卫星:《论数据用益权》,载《中国社会科学》2020年第11期;沈健州:《数据财产的权利架构与规则展开》,载《中国法学》2022年第4期。

② 参见刘双阳、李川:《衍生数据的财产属性及其刑法保护路径》,载《学术论坛》2020年第3期;高艳东、李诗涵:《数字时代财产犯罪中财物的扩张解释:以数据服务为例》,载《吉林大学社会科学学报》2020年第5期;姚万勤、赵小勇:《"权利束"视角下数据资产的刑法保护》,载《法治研究》2024年第1期;刘宪权、陈佩莉:《数据产权刑法保护模式的构建》,载《法治研究》2024年第1期。

③ 2021年年底通过的《上海市数据条例》第12条第2款规定:"本市依法保护自然人、法人和非法人组织在使用、加工等数据处理活动中形成的法定或者约定的财产权益,以及在数字经济发展中有关数据创新活动取得的合法财产权益。"第13~15条分别规定了合法、正当收集数据的权利,对合法取得的数据依法使用、加工的权利,依法开展数据交易活动的权利。第49条鼓励通过实质性加工和创新性劳动形成数据产品和服务。《深圳经济特区数据条例》第58条规定:"市场主体对合法处理数据形成的数据产品和服务,可以依法自主使用,取得收益,进行处分。"

所,数据产品总计破千。这就直接对刑法在产权运行机制的全流程保障数据权益提出了要求。刑法研究应当思考在数据产权运行的各个环节是否介入、如何保护。

一、数字经济中数据要素的价值链和危险源

只有先理清数据在数字经济中的作用,才能更好地理解数字经济中数据的来源及其面临的犯罪威胁。我们很容易直接将数字经济和延续数百年的工业经济进行对比,这就会导致数据在数字经济中的功能仍然被理解为一种信息和知识,即提供给我们人类经济体的内容。但一二十年前信息经济中的数据就已经具备这种功能。在信息经济中,代表性的通用技术是数字通信系统,经济要素中的信息开始体现价值,信息技术产业和被信息技术化的各行业的核心商业主体仍然是大企业,其依赖数据直接传递给人类的信息来支撑起供应链协同和大规模定制。[①] 此时的数据在传统的互联网化和信息化的经济活动中的应用主要体现为,在以企业家自我为中心的小生态圈中,人们期待数据直接向其提供内容以获得更好的智力或行动力。行为人主观上往往已经有了获取某种特定类型的信息的既定目的。

而在真正的数字经济中,虽然数据的作用是给数字经济提供数字化的知识和信息,但作为关键生产要素,其作用越来越不限于给人们直接提供内容性的信息和知识,更多的是以大数据的形式给云计算和人工智能提供生产要素性的原始数据。此时的数字经济,通过移动互联网生产和收集的海量消费者数据,以及物联网生产和收集的大数据,以平台的云计算和人工智能支撑面向

---

① 参见汤潇著:《数字经济:影响未来的新技术、新模式、新产业》,人民邮电出版社 2019 年版,第 9 页。

消费者的直接服务,或者支撑各种小前端面向消费者的服务。此时,原始数据以大数据的形式出现,为云计算和人工智能技术的计算运行提供原材料,来加速有意义的信息和知识的产出及其变革。由此我们可以理解,数据在数字经济中的主要作用,不是给人们直接提供信息内容,而是给机器智能(和数据分析师等新型从业人员)提供生产要素,这是一个专业的生产活动。更好的数据分析有助于作出更好的决策、创新产品和服务和预测未来事件。行为人主观上往往可能没有获取某种特定类型的信息的既定目的。由此,我们能更好地把握数字经济中的数据来源及其犯罪威胁。

(一)数字经济中的个人数据及其犯罪威胁

个人数据即体现和承载个人信息的数据,是能够单独识别特定自然人身份或者体现特定自然人活动情况的数据,或者能够结合其他数据合理地达到识别身份或体现活动情况的数据。前者主要是指手机号码、身份证号、电子邮箱、金融账号等,往往可以直接用于数字经济中的广告推送,后者是指消费记录、收入记录、用电记录、网络用户行为痕迹数据、地理位置信息、健康数据等,结合其他数据可以合理识别自然人,可以用于数字经济中的有针对性的推销活动。因此,随着计算机化数据和先进贸易的发展,我们的日常生活与互联网相连,基于电子消息和网络站点的交流,电子购物和数字交往是新的主流趋势,组织、建立在虚拟空间之上的一切都是数字化的,数据盗窃对个人来说仍然是一个巨大的危险。[①] 早期侵害个人数据主要是为了实施诈骗、网络暴力等违法犯罪活动。

---

① See Aarushi Chopra, *Criminal Threat of Cyber Data Theft: An Analysis under the Indian Criminal Law*, 18 Supremo Amicus 23 (2020).

例如,2009 年中国商业联合会相关部门收到诸多电视购物企业申诉,称其掌握的个人电话号码等数据被他人盗用,直接用于欺骗消费者购买产品甚至销售假冒伪劣产品。①

然而,随着数字经济的蓬勃发展,个人数据的价值及其面临的犯罪威胁发生了变化。就数字经济而言,个人数据是数字经济大数据的主要来源,因为个人是数字经济活动的主体,掌握相关的个人数据才能促进数字经济的发展。收集的种种个人信息是最粗糙、最原始的非结构化数据,只有逐步清洗、处理成结构化的数据,才能够运用到数字经济活动中。个人信息的个人自决模式,强调激励数据权利人自主决定“共享或转让”其合法持有的数据,这和承认数据财产性的赋权模式在理念上具有相通之处。个人日常操作留下的单次数据,可获得的信息量和价值都是非常有限的;但个体日常网络轨迹的数据量累积到一定数据量级时,可以推出该个体几乎所有的重要信息。② 此时单个人的数据也成为数字经济活动中非常重要的数据来源。现实中偶有数据主体将成年累月积攒的个人数据打包出售的案例。③ “个人应被国家赋予访问、获取、整合、利用和出售与个人直接相关或个人参与创造的数据的权利,即形成数据交易市场”④。此时,若全面的个人数据被非法获取,将对个体的经济生活和财产权益产生重大的威胁。群体的个人数据的收集与分析更是如此,更能推导出该社群乃至国族的整体特征和

① 参见郁棠:《电视购物企业数据被盗用情况严重》,载《中国商论》2009 年第 14 期。

② 参见田刚:《大数据安全视角下计算机数据刑法保护之反思》,载《重庆邮电大学学报(社会科学版)》2015 年第 3 期。

③ 参见屈一平:《揭秘大数据买卖在中国》,载《小康》2014 年第 14 期。

④ 参见谢楚鹏、温孚江:《大数据背景下个人数据权与数据的商品化》,载《电子商务》2015 年第 10 期。一次完整的个人数据交易同时包含表意人的承诺与个人的同意,参见林洹民:《个人数据交易的双重法律构造》,载《法学研究》2022 年第 5 期。

发展趋势等重要经济信息。

(二)数字经济中的企业数据及其犯罪威胁

企业数据,是指在企业生产、经营、服务等活动中产生、收集的数据。它既包括收集的个人数据,也包括脱敏后,无法以合理的技术手段或社会成本还原为个人信息的个人数据,还包括完全与个人信息无关的数据。第一类企业数据兼具个人数据的属性,因此企业的数据权利要受到个人的信息权利的制约。例如淘宝公司依其与网络用户的约定收集、使用网络用户信息,即浏览、搜索、收藏、加购、交易等网上行为痕迹信息,通过特定算法深度分析过滤、提炼整合出“生意参谋”数据产品。① 此时的企业对收集的具有个人信息属性的数据,只具有在合法控制数据资源基础上的有限的加工使用权,包括进行筛选、分类、排列、加密、标注、转换、汇聚、分析、统计、关联、挖掘或聚合等加工活动的权利,还包括进行(个性化)展示、用户画像、自动化决策、定向推送、信息合成和第三方应用管理等使用活动的权利。② 对此“可设置有限财产权,主要赋予数据控制者对抗他人不当获取与利用的行为”③。例如行为人恶意部署程序,采集并保存运营商服务器中的用户登录 Cookie 数据等信息,用于后续社交、购物用户的恶意添加好友。④ 但企业对投入创造性劳动之后获得的,与个人信息不直接对应的衍生数据享有

---

① 参见安徽美景信息科技有限公司、淘宝(中国)软件有限公司商业贿赂不正当竞争纠纷案,浙江省杭州市中级人民法院(2018)浙 01 民终 7312 号民事判决书。

② 参见邓辉:《数据“三权”分置的新路径》,载《中国社会科学报》2022 年 9 月 28 日,A04 版。

③ 姬蕾蕾:《企业数据保护的司法困境与破局之维:类型化确权之路》,载《法学论坛》2022 年第 3 期。

④ 参见北京瑞智华胜科技股份有限公司、周某林、黄某等违法运用资金罪案,绍兴市越城区人民法院(2019)浙 0602 刑初 636 号刑事判决书。

独立的财产权益或竞争性利益,[①]包括独立的数据资源持有权和进一步的加工使用权,以及相应的数据产品经营权。数据产品也可能面临侵害,例如犯罪人招揽、组织、帮助他人获取数据产品“生意参谋”中的数据内容。

第二类企业数据原则上不涉及个人信息权利的制约。用匿名化等脱敏技术处理后,数据的个人性在规范上被消除,企业作为数据控制者有持有、使用、进一步加工和处分的权利。

第三类企业数据主要是指生产设备维护、货物管理系统、物联网等方面与自然人个体并无直接联系的数据,这些数据与自然环境、物品、设备直接相关,在数字经济中可用于提高产品质量、服务效率。[②]

以上三类数据的价值往往不在于其直接呈现的信息,而在于累积之后可以成为数字经济再生产的重要因素。学者认为,数据是数字经济运行中比石油更为重要的资源,是从政府到本地公司的一切顺利运行的关键。没有数据,进步就会停止。绝大多数的企业使用数据为他们的商业机会提供动力,把数据作为形成一个商业战略不可或缺的组成部分。然而,电子结构中的任何信息/报告都比纸质文件更容易被盗,因为它们便于携带,易于复制。不仅如此,它可能被偷走的数量也令人恐惧。[③]

---

① 参见顾全:《数字经济案件分类体系及裁判规则研究》,载《中国应用法学》2022 年第 5 期。

② 工信部 2020 年《工业数据分类分级指南(试行)》第 2 条规定:“……工业数据是工业领域产品和服务全生命周期产生和应用的数据,包括但不限于工业企业在研发设计、生产制造、经营管理、运维服务等环节中生成和使用的数据,以及工业互联网平台企业(以下简称平台企业)在设备接入、平台运行、工业 APP 应用等过程中生成和使用的数据。”

③ See Aarushi Chopra, *Criminal Threat of Cyber Data Theft*: *An Analysis under the Indian Criminal Law*, 18 Supremo Amicus 23 (2020).

(三)数字经济中的公共数据及其犯罪威胁

公共数据,是指公共主体在提供公共服务时产生、收集的数据,或者水务、电力、燃气、通信、公共交通、民航、铁路等公用事业运营企业在提供公共服务时产生、收集的依法应当公开的数据。前者包括气象、地震、民政、公安、经济等党政、事业单位在提供公共服务时产生的数据,是对天气等事件、状态或群体活动的记录。这些高价值数据集涉及的主题领域可以有地理空间、地球观测和环境、气象、统计、公司所有权以及人群流动性。后者包括供电公司收集的用电量,移动通信公司收集的位置信息、通话信息,公交公司收集的公交车定位数据,医院收集的健康数据等脱敏数据。这样的数据可以被重新使用,并支持或改进不同的产品或服务。允许公共数据被轻松地重新用于其他目的,包括商业目的,可以刺激经济增长并帮助应对社会挑战。它们是中小企业和创业公司创造新产品、提供新服务的宝贵资源。

以上数据若涉及国家安全,依照《数据安全法》《保守国家秘密法》等规范不得公开,若涉及商业秘密,依照知识产权法律规范,由商业主体决定是否公开。公共数据与国家秘密、商业秘密以及财产的界限是个问题。[①] 学者认为,数据是否被视为财产在很大程度上取决于具体法规的措辞。例如,在试图指控维基解密创始人朱利安·阿桑奇公布被泄露的政府文件时,美国检察官显然在考虑以“贩运赃物”的罪名起诉,但此案到底是盗窃还是复制,存

---

① 企业数据依据其性质和功能可财产权化的程度最高,但是公共数据、个人数据受到相当的限制。严格说来,公共数据受到公共功能重大约束,出于公共管理的特性,具有极强的国家安全、公共安全、个人隐私安全、企业商业秘密安全等相关性,在融入经济化过程中需要特别克制和慎重,个人数据则与纳入人格权益的个人信息保护紧密相关,也应受到相应限制。参见龙卫球:《法治建设为构建数据基础制度保驾护航》,载《中国网信》2022 年第 9 期。

在争议。[①] 对于无法作为开放数据提供的某些公共部门数据,我们应当有促进其重新使用的机制。但是,“作为数据资产,公共数据资源汇聚后面临机密性保护的问题……作为数据要素,公共数据资源面临完整性和可用性等安全挑战,数据被恶意篡改、非法使用和过度开发等问题亟须关注”[②]。依法应当公开的数据,一般不存在他人非法获取的问题,但仍然存在他人非法删除或毁坏的问题;而企业在提供公共服务时产生、收集的数据,可能存在他人非法获取的问题。

综上所述,个人数据、企业数据和公共数据涉及数字经济中数据的整个价值链生成和危险源介入的环节。原始的个人数据、企业数据和公共数据在被收集后,进入数据清洗(匿名化)和降噪、检测异常值、消除异常等数据预处理阶段,再进入数据集成和形成学习模型的数据处理阶段,最后形成知识模型以进行预测或处理。从收集原始数据的阶段开始,就存在非法获取权利人合法持有的数据的风险;在数据预处理和数据处理阶段,还存在以干扰数据质量等手段破坏数据加工、使用的问题;学习模型是一种大数据处理工具,可能符合软件著作权的要求,受到相应的侵犯威胁,而最后形成的知识模型是一种数据产品,可能被非法使用,经营活动也可能受到干扰。这些新型犯罪威胁呼唤着相关刑法保护的转型。

二、数字经济中数据要素的双重性质

我国刑法在十几年前就开始以公共秩序犯罪来保护数据的机

---

① See Jonathan Clough, *Data Theft? Cybercrime and the Increasing Criminalization of Access to Data*, 22 Criminal Law Forum 145 (2011).

② 陈发强、陈月华、王佳实、陈杨:《公共数据资源开发利用网络安全保障模型研究》,载吕欣主编:《2022 年西湖论剑 · 网络安全大会——数字城市安全治理论坛论文集》,载《信息安全研究》杂志社 2021 年版,第 14 页。

密性,这主要回应的是信息经济中社会成员对于数据内容的关切。非法获取、传输一般数据的行为主要是非法侵害了一般数据中蕴含的具有实质内容的信息。[①] 但在当下的数字经济中,数据的财产性质日益凸显,社会成员越发重视数据资源持有权、数据加工使用权、数据产品经营权等数据产权本身的保护。

(一)数据的公共秩序性

我国《刑法》从 1997 年修订增设第 286 条破坏计算机信息系统罪第 2 款时,开始保护计算机信息系统内的数据不受非法增加、修改、删除,此时主要是为了维护计算机信息系统的正常运行和使用,侧重的是数据的技术性质能够服务于系统的正常运行。[②] 2009 年《刑法》修正时增加了非法获取计算机信息系统数据罪,开始保护所有计算机信息系统内的数据不被非法获取,此时保护的法益开始溢出计算机信息系统本身的正常运行。在犯罪人非法获取被害人苹果手机 ID 密码并将手机和 ID 解除绑定之后,被害人无法再使用该 ID 数据操作苹果手机,[③]此时可以认为苹果手机这个计算机信息系统的正常运行受到了侵害。然而,在更多仅仅是侵害数据的机密性的案例中,行为人并未妨碍权利人对数据的继续使用,也就没有妨碍计算机信息系统的正常运行,但非法获取数据仍然是一种扰乱公共秩序的犯罪。那么,公共秩序是如何在计算机

---

① 参见刘宪权:《数据犯罪刑法规制完善研究》,载《中国刑事法杂志》2022 年第 5 期。

② “张某杰等非法控制计算机信息系统案”(最高人民法院指导案例 145 号)指出,通过植入木马程序的方式,非法获取网站服务器的控制权限,进而将添加了赌博关键字并设置自动跳转功能的静态网页上传至目标服务器,提高赌博网站广告被搜索引擎命中的概率,但未造成系统功能实质性破坏或者不能正常运行,也未对该信息系统内有价值的数据进行增加、删改的,不应当认定为破坏计算机信息系统罪。

③ 参见肖某海非法获取计算机信息系统数据案,广东省中山市中级人民法院(2017)粤 20 刑终 258 号刑事裁定书。

信息系统的正常运行本身没有被直接损害的情况下被扰乱的呢？

这就涉及公共秩序应当如何理解的问题。公共秩序法益的理解历来是一个难点，我国学者一般将其解释为生活的稳定与安宁。[①] 然而，从这种抽象的定义中我们仍然难以理解非法获取计算机信息系统数据的行为如何扰乱了生活的稳定与安宁。公共秩序利益保护的关键要素可以恰当地归类为三种日常生活平稳的条件：生活安宁、生活便利、生活舒适。这些生活条件是指人们为顺利进行广义上的生活而使用生活场所和生活设施的一般条件，即能够参加有关的生活，活动方便、舒适，不受干扰。公共秩序利益的第一要素是生活便利，即生活条件有用，用起来容易、合适。另一个因素是舒适，即由令人愉快的生活条件产生的愉悦感，这是一个人们对获取/使用的生活条件的满意程度的问题。再一个要素是保持和享受外在和内在的平静。[②] 非法获取计算机信息系统罪的增设一开始主要是为了打击窃取他人账号、密码等信息的行为。[③] 此时的系统内数据是指对线下已有信息的电子化呈现，或者对线下已有事实、概念的电子化描述。[④] 这种非法获取侵犯了权利人不欲该数据为他人所知的机密状态的信息安全设定。权利人只

---

① 参见张明楷：《刑法学（下）》（第6版），法律出版社2021年版，第881页。

② See Zhilong Guo, *Public Order as a Protectable Interest*, 41 Legal Studies 410 (2021).

③ 参见高铭暄：《中华人民共和国刑法的孕育诞生和发展完善》，北京大学出版社2012年版，第513页。例如非法查看平台内招标项目的投标情况、报价单等。参见张某帅非法获取计算机信息系统数据、非法控制计算机信息系统案，江苏省南通市崇川区人民法院（2020）苏0602刑初306号刑事判决书。

④ 根据欧洲理事会2003年《关于网络犯罪的公约》第一章对有关术语的定义，“计算机数据”是指“任何有关事实、信息或概念以能在计算机性信息系统中进行处理的表现形式，包括能确保计算机执行某项功能的程序”。例如非法获取的软件源代码。魏某非法获取计算机信息系统数据、非法控制计算机信息系统、妨碍信用卡管理，任某珺、姜某等掩饰、隐瞒犯罪所得、犯罪所得收益案，浙江省杭州市中级人民法院（2017）浙01刑终512号刑事判决书。

想自己知悉和利用该数据,在选定的计算机信息系统上进行操作,开展日常活动。然而,他人非法获取该数据,意味着权利人必须在事先、事后进行预防和处理,其利用该数据进行计算机操作的日常活动也必然偏离既定轨道,此时可以认定为是生活的便利、舒适乃至安宁都受到了影响。考虑到计算机在社会中的特殊地位,对整个社会的重要性,以及满足人们对存储在计算机上的信息受到保护安全感的需要——那些使用和依赖计算机的人,如果担心其他人可能未经授权访问他们的信息,可能会被禁止充分利用计算机——这意味着对信息进行特殊保护,因为信息存储在计算机中。①

可见,虽然计算机信息系统在技术上可以按照原有的方式进行数据处理,但因为数据处理是人们有目的的活动,在系统内的数据的保密性被侵害的情况下,人们利用计算机处理数据、进行日常活动的行为也必然发生变化。在 2009 年前后,政府机关、科研院所、企业单位以及部分专业人士开始日常性地利用计算机工作和生活,计算机内的数据机密性凸显。在这些原始数据服务于工作、生产、营业和生活的场景中,所谓的数据利益以日常生活秩序为利益核心。例如,"统方是指医院对医生用药信息量的统计,卫生部严禁为商业目的进行统方"②。可见,医院的统方数据是出于非商业目的,即日常医疗活动的顺利开展而收集、存储和传输的。此时统方数据的机密性涉及的就是医院的正常活动秩序。

在越来越多的普通公民开始使用计算机后,数据的个人信息

---

① See The Law Commission, *Computer Misuse*, Working Paper No. 110 (1988), paras. 6.7 – 6.8.

② 林某伟等受贿、非法获取计算机信息系统数据案,浙江省青田县人民法院(2014)丽青刑初字第 415 号刑事判决书。

性质也逐渐凸显。2009年的《刑法》修正增加了保护公民个人信息的罪名，打击的是国家机关或者金融、电信、交通、教育、医疗等单位的工作人员，违反国家规定，将本单位在履行职责或者提供服务过程中获得的公民个人信息，出售或者非法提供给他人的行为。众多的单位匹配了社会的信息化，个人接受这些服务或管理的过程中产生和“交出”了诸多的个人信息。在计算机信息系统内，可被认定为个人信息的数据不仅为单位日常工作的开展所必要，也为公民个人身份的确认和个人活动的识别所必要，成为公民个人日常活动开展的要素。如果被非法获取，不仅影响单位日常工作的正常开展，也会威胁公民的财产、人身等合法权益。但不管是为单位生产、工作所需的系统内数据，还是个人利用个人信息开展活动所需的数据，侧重的都是信息安全。

（二）数据的财产性

与此同时，一个同样重要的趋势是，数据的财产属性日益凸显。随着公民个人接入互联网络的普及，公民网络活动轨迹（包括搜索记录和下载记录）的广泛收集，大数据时代来临。手机上网的移动互联网时代彻底引爆了大数据时代。连接到物联网（IoT）的物体如智能家电，和连接到互联网的工厂机器人，也意味着数据的主体来源、时空范围都得到了极大的拓展；而大数据分析技术的日益成熟，更是使得数据挖掘、清洗和衍生活动不断更新，此时侧重保护的是数据本身的安全。这些数据在类型上不同于早期的系统内数据，不是指对线下已有信息的电子化呈现，或者对线下已有事实、概念的电子化描述，供使用计算机的人们直接获取内容性的信息，而纯粹是新技术时代为适应新的经济形态而爆发的数据类型，主要供应云计算和人工智能的运行。“特别是在大数据时代，数据的独立价值和权利属性已经越来越得到广泛重视。"[①]网络服务提供商不再是收集服务本身必要的信息,而是开发和利用诸如Cookies的技术,尽量地收集用户在接受服务时所伴随的数据。此时,收集的数据不一定为日常生产、经营、服务等活动的顺利开展所必需,不再有明显的公共秩序关联。特意收集的数据(有明确的加工、衍生意图),以及为日常活动的顺利开展必须收集的数据,如果有加工和衍生的数据,都以财产性质为利益核心。可见,此时的收集者看重的是数据资源持有权,这种权利在合法处理数据的基础上产生。[②]

挖掘的过程就是使用的过程,衍生的数据就是劳动产品。从数据收集到数据清洗(匿名化)、数据预处理(降噪、检测异常值、消除异常),再到数据集成、形成知识模型等数据处理,整个数据挖掘的过程都是使用原始数据的过程。越来越多的数据处理者从事的是一种专业性的生产性活动,即汇集大量关联的原始数据,通过清洗、提炼、转换、标记和组织等方式将大数据转化为可被机器识别和分析的格式,即通过改进数据的可用性来为机器智能提供生产

① 李玉萍主编:《网络司法典型案例(刑事卷·2019)》,人民法院出版社2020年版,第38页。然而,司法者仍然依赖非法获取计算机信息系统数据罪这一扰乱公共秩序罪的罪名来保护数字经济时代数据的独立价值。参见上海晟品网络科技有限公司等非法获取计算机信息系统数据案,北京市海淀区人民法院(2017)京0108刑初2384号刑事判决书。这将在本章第三部分予以批判分析。

② 对于"个人性数据资源和企业性数据资源,持有者可以享有数据资源的排他性和竞争性……可以通过司法解释发布数据资源持有权的具体认定要素,以统一数据资源持有权的判定标准"。参见来小鹏:《用好数据要素,需理解数据资源持有权基本内涵》,载《科技日报》2022年9月5日,第8版。"其一,数据来源者有权持有自己所产生的数据。比如,个人持有本人的消费数据、健康数据,企业持有自己的生产数据、销售数据,政府部门持有政务或社会管理数据等。其二,数据处理者'依法持有'其他主体的数据。"参见邓辉:《数据"三权"分置的新路径》,载《中国社会科学报》2022年9月28日,A04版。

要素(初级的数据产品)。而为不同主体、不同目的所集成的数据,形成的知识模型,乃至进一步部署和应用知识模型所获得的数据,都是衍生的数据。例如某公司成立项目组,研发出手机 App"淘车大师",面向注册用户有偿提供车辆的维修和保养记录查询,且向其他公司接端口以直接查询类似数据和进行数据模型分析。① 可见,数据资源持有权权利人在将原始数据的可用性改进之后,可将初级数据产品进一步加工和使用,也可提供或许可给他人使用,此时处于流通阶段和交易阶段的他人不但获得数据资源的持有权,也开始获得数据加工使用权,且对加工出来的高级数据产品进一步享有数据产品经营权。

数据的上述使用过程使得数据成为财产。财产的本质在于使用价值,即对于法律主体的欲望和需求能够进行满足的效用。数据的使用过程就表征了数据对于其使用者的使用价值。对于财产的本质有很多种解释,其中一种解释是人将自己的意志或人格置入某事物,从而产生了财产主张,使之成为他的财产。② 我国也有学者接受这种主客体关系的财产本质解释视角,③这允许了技术社会变化背景下财产的扩容。这种视角面临的诘难可能是,计算机系统的数据也为系统操作所必要,为何不都认定为财产呢？人类信息体需要通过特定信息化环境中的社会实践、规范或习俗承认

① 该类数据却被行为人非法复制、保存,供他人有偿查询。深圳市帮看车科技有限公司、深圳市奥创科技有限公司等非法获取计算机信息系统数据、非法控制计算机信息系统案,江苏省盐城市中级人民法院(2020)苏 09 刑终 205 号刑事裁定书。

② 参见[德]黑格尔:《法哲学原理:或自然法和国家学纲要》,范扬、张企泰译,商务印书馆 1961 年版,第 50 页。See Margaret Jane Radin, *Property and Personhood*, 34 Stanford Law Review 957 (1982).

③ 参见张天一:《时代变动下的财产犯罪》,台北,元照出版有限公司 2015 年版,第 76、79、81、101 页;易继明:《财产权的三维价值——论财产之于人生的幸福》,载《法学研究》2011 年第 4 期。

的表达方式将使用意思传播出去,信息为他人所知时,他人才有必要考虑是否加以尊重,法律才有必要考虑是否加以保护和调整。[①]人们在使用非个人数据例如灾害情况,以及个人信息例如张三的收入情况,由此在计算机系统内确定张三要获取的救济时,这些个人数据和非个人数据的确为使用者所需要,这种使用的情况也传递出了使用者的使用意思。

然而,使用价值必须有转化为交换价值的可能性,使用之事物才能被视为法律上的财产。这种可能性意味着使用价值不仅为某个特定的计算机系统使用所需,也为其他人所需。恰恰在这一点上,原始数据并不能理所当然地被认为是为其他数据主体所需的,例如张三采集的某种野花开花的数据。原始数据只能必然地被认为是对特定的数据主体的计算机操作所必需,例如对于张三的野花数据处理所必需。与之相反,海量、来源广、分布散、价值不清晰的大数据的特意收集,就意味着它们要被加工分析、提炼挖掘出可以用于生产、经营等商业活动中的价值相对清晰的数据。这些被特意收集的数据集也完全可能被其他竞争者需要,此时就必然有产生交换价值的可能性。

显然,数据是可以具有财产性价值的。《美国纽约州刑法》第155条规定了非法持有被盗窃的财产罪,并规定财产是任何金钱、动产、不动产、计算机数据、计算机程序、商品、物质或事物,只要具有价值。如果法院认为窃取电话信用卡号码后,只有在持有该卡的情况下才构成犯罪,那么将卡号记录在自己所有的纸上或者自己的记忆中就不是犯罪。这种观点的非逻辑性在于,被持有的卡的卡号并没有比不被持有的卡的卡号更具有价值,号码本身才是

① 参见郭旨龙:《信息理论视角下的数字财产及其刑法保护》,载《法制与社会发展》2023年第4期。

关键的事物，具有内在的价值，因为仅仅持有号码就能使得持有者拨打电话。[①] 事实上，我国司法也承认了数据可以在赃物犯罪中作为财产。2011 年《关于办理危害计算机信息系统安全刑事案件应用法律若干问题的解释》第 7 条将计算机系统数据认定为掩饰、隐瞒犯罪所得罪的行为对象。这是因为，数据犯罪已然是一个犯罪产业链，核心在于获取数据后销赃获利，对于中间窝藏数据的人应当认定为掩饰、隐瞒了犯罪所得中的无形物。[②] 既然被非法获取的数据可以被认定为赃物，数据本身具有财产性质也就不言而喻了。然而，数据的财产性质是在非法获取数据的产业链中显示的。数据的财产性价值通常在于使用该数据于某个具体的情景之中的好处，而非将该数据作为一个抽象的事物的价值。[③] 前已述及，在数字经济的情景中，特意收集的数据就具有使用之后的好处。虽然现阶段仍然面临确权争议，但我们可以搁置确权争议，根据权利束理论承认数据要素上除了可能存在个人信息利益和社会公共秩序等利益外，还存在数据处理者和经营者的财产利益。[④] 由此，我们可以展开数字经济中数据要素的刑法保护研究。下文将表明，对于财产利益的保护可以考虑运用财产犯罪条款，但这并不能完全覆盖对于财产性数据要素的保护需求，我们需要同时注重市场秩序维度下的保护。

---

① See Orin S. Kerr, *Computer Criminal Law*, 5th edn., West Academic Publishing, 2022, p. 146 - 147.

② 参见喻海松：《网络犯罪二十讲》，法律出版社 2018 年版，第 59 ~ 61 页。

③ See Orin S. Kerr, *Computer Criminal Law* (5th edn., West Academic Publishing), 2022, p. 149 - 150.

④ 参见姚万勤、赵小勇：《"权利束"视角下数据资产的刑法保护》，载《法治研究》2024 年第 1 期。

三、数字经济中数据要素的刑法保护

以扰乱公共秩序的计算机犯罪来制裁侵害数据安全的行为，此种刑法思路早已有之，迄今仍有影响。[①] 然而，这种思路在当代需要被反思和限制，以应经济文明演进中人们的生活利益形态迭代的趋势。

（一）从公共秩序犯罪到财产犯罪

1997 年《刑法》修订时设置了非法侵入计算机信息系统罪和破坏计算机信息系统罪。此时非法侵入的计算机信息系统限于少量的国家事务、国防建设、尖端科技领域的系统，以预防其内的数据受到侵害。而破坏计算机信息系统罪的第 2 款保护的是普通计算机信息系统内存储、处理、传输的数据不受删除、修改、干扰的侵害。作为扰乱公共秩序罪一节中的具体罪名，它们的立法目的都在于维护特定系统或者普通系统所链接的工作、生产秩序，即相关的工作、生产得以稳定、有效地进行。2009 年《刑法修正案（七）》增设了非法获取计算机信息系统数据罪，进一步保护了普通计算机信息系统内数据的保密性和可用性，其目的仍然是更好地保护普通用户工作、生产和生活的稳定与顺利进行。这些刑法罪名保护的数据都要求是计算机信息系统内存储、处理或者传输的数据，即服务于计算机信息系统的正常运行，进而服务于人们工作、生产、生活的稳定与顺利进行，这才保护了经由计算机信息系统的操作而产生的公共秩序新内容。

然而，随着数据介入和承载了越来越多、越来越复杂的利益生

---

① 参见张浩然：《数据财产与数据安全法益保护的重叠及协调》，载《法律适用》2022 年第 9 期。

成和分配过程,侵犯数据行为的定性也产生了变化的需要。计算机系统安全司法解释将非法获取支付结算、证券交易、期货交易等网络金融服务领域的身份认证信息10组以上的,以及其他领域的身份认证信息500组数以上的行为认定为构成非法获取计算机信息系统数据罪。[①] 认定身份认证信息为系统数据在当时没有问题,而且有很大的必要性,因为身份认证信息,如用户名、密码、动态口令和证书等数据,是与系统安全相关的数据中最为重要的数据类型,是网络安全的第一道防线。[②] 但前提要求是,该身份认证信息是计算机信息系统所存储、处理、传输的数据,而不能是置放于某个数据存储设备,没有与某个计算机系统相连接的数据。换言之,不是所有与系统安全相关的数据都是系统数据,只有系统内存储、处理和传输的那一批数据才是系统数据。

在今天看来,这些身份认证信息无疑是典型的公民个人信息,相关行为可以,甚至应当认定为侵犯公民个人信息罪。然而,在2011年计算机系统安全司法解释出台时,公民个人信息的保护仍然限于2009年《刑法》修正增设条款所保护的国家机关或者金融、电信、交通、教育、医疗等单位在履行职责或者提供服务过程中获得的公民个人信息。此时,虽然网络金融服务领域的身份认证信息可以认定为金融单位在提供服务过程中获得的公民个人信息,非法获取的构成侵犯公民个人信息犯罪,但其他领域的身份认证信息能否认定为此处规定的"单位"在提供服务中获得的个人信息,存在疑问。是故,用非法获取计算机信息系统数据罪来保护所

① 参见最高人民法院、最高人民检察院《关于办理危害计算机信息系统安全刑事案件应用法律若干问题的解释》第1条。

② 参见喻海松:《〈关于办理危害计算机信息系统安全刑事案件应用法律若干问题的解释〉的理解与适用》,载《人民司法》2011年第19期。

有身份认证信息的安全,更具周延性。然而,2015 年《刑法》修正将“单位在履行职责或者提供服务过程中获得”的限制删去,包括了所有场景下产生的个人信息,此时将所有的身份认证信息都认定为公民个人信息犯罪的对象,不存在任何问题。并且认定为个人信息更具周延性,因为个人信息数据不要求存储在某个系统内。此时,非法获取身份认证信息的行为一般会同时构成两罪。

那到底是认定为扰乱秩序的非法获取计算机信息系统数据罪,还是侵犯公民人身权利的侵犯公民个人信息罪呢?常规思路是从一重罪论处,这似乎是一种以刑制罪的思路,其合理性在于满足了重罪重罚的罪刑相当原则。然而,罪刑相当原则的完整表述是对犯罪分子所判处的刑罚(可作广义解释,包括罪名标签带来的谴责和烙印),应当与其所犯的罪行和承担的刑事责任相适应。适用重罪之刑满足了与承担的刑事责任相适应的需求,却忽视了与所犯的罪行相适应的需求。行为人同时触犯扰乱秩序的非法获取计算机信息系统数据罪,与侵犯公民人身权利的侵犯公民个人信息罪,如果只考虑刑罚轻重,而没有考虑到罪行特质,可能忽视了与所犯的罪行相适应的需求。在两罪法定刑幅度相同的情况下,根据罪行特质予以裁判的需求更加凸显出来。是故,在刑法全面保护各种场景下产生的个人信息之后,身份认证信息等系统内的数据,只要具有个人信息的特殊属性,就更应作为个人信息来为刑法所保护。若行为人明知系统内的数据为个人数据,其目的主要是获取之后作为个人数据来使用,而非作为系统内的数据来使用,以扰乱信息系统相关的工作、生产、生活秩序,则此类情形应当认定为侵犯公民个人信息罪,以突出对公民个人信息的保护,而非非法获取计算机信息系统数据罪,避免使之成为信息时代的口袋罪。此时重要的是利用承载了个人信息的数据来获得进一步进行财产操作的权限,而非通过系统内的数据来获得其传达的一些信息。

同理,在系统内的数据具有财产性质时,也应当考虑用财产犯罪的相关罪名予以制裁,而非用计算机犯罪的罪名去保护财产相关的利益,否则就是放任计算机犯罪成为信息时代的口袋罪。网络用户行为痕迹数据包括浏览记录、下载记录和搜索记录等,这些类型繁多的大数据经过云计算、人工智能分析等信息技术的处理,可以产生极大的经济效用,其财产价值日益凸显。与之相比,这些大数据与系统安全、公共秩序的联系却并不明显。如果说利用 Cookies 技术记录的用户痕迹能够帮助用户快速地登录账号,不用再次输入账号、密码,那么删除了记录就妨碍了系统内数据的可用性,妨碍了用户的快速登录,这些记录数据与其生产、工作或生活的有效进行的秩序直接相关。然而,非法获取这些记录数据难以涉及此类秩序(除非是非法获取了上述的身份认证信息,影响其登录)。此时,认定为相关的财产犯罪更能实现公平的标签效应,准确地反映行为人相关行为的罪行特质。再者,前已述及,计算机犯罪只能保护系统内存储、处理、传输的数据安全,如果数据和系统没有直接联系,例如存放于独立的设备中,则不受计算机信息系统安全罪名的保护,此时更加需要反映数据特殊性质的个人信息犯罪、财产犯罪等相关罪名的保护。

(二)数据财产犯罪的类型化区分:盗窃、毁坏或破坏生产经营

以上论述承认了侵犯数据资源持有权和数据加工使用权的行为应当被考虑在财产犯罪的涵摄范围内,但数据的财产性何以具体得到财产犯罪保护?这主要涉及有关行为认定为盗窃、毁坏或破坏生产经营的问题,以及承认数据财产犯罪的法律政策与刑法技术问题。

1. 数据财产犯罪的行为类型区分

传统财物的物理性意味着不可复制和排他占有,因此传统财

物被盗取后,权利人难以再同时占有财物和行使使用、收益或处分的权能。而数据的非物理性意味着可复制性和非竞争性,因此数据被盗取之后,数据资源持有权的权利人仍然可以同时占有自己的一份数据并发掘和利用数据所蕴含的信息和价值。在此意义上,数据的盗取行为和传统财物的盗取行为具有的危害性和危害方式迥异,有必要进行单独的刑法评价。① 根据《数据安全法》第 3 条规定,数据是指任何以电子或者其他方式对信息的记录。因此,我们可以参考以非电子方式记录的信息被盗是如何处理的。

英国在 1979 年就有地方法院认定试卷中的信息不能被盗窃。② 美国也有法院认为,源代码数据可以被物理性地具象,例如写在纸上,但背后的知识财产是无形的,它不能构成被盗的财产。③ 最主要的理由仍然是数据及其承载的信息是非竞争性的,一个数据信息不可能故意地为权利人所不知,然后分割或转让给他人。此外还因为除了个体被授权控制某些信息使用的有限情形,例如知识产权或限制泄密,赋予对数据排他性的所有权会导致不利的社会、经济后果。④ 在社会后果方面,主要是可能限制信息流通和言论自由;而经济后果方面,主要是限制竞争和垄断。至此我们可以看到,主要的反对理由是教义性的,而次要的反对理由是政策性的。

反对将数据信息作为财产保护的核心理由是,数据信息难以被人们实际控制,人们难以有效地确定在特定时间点谁是特定数

---

① 参见于改之:《从控制到利用:刑法数据治理的模式转换》,载《中国社会科学》2022 年第 7 期。

② See *Oxford v. Moss* (1979) 68 Cr. Ap. R. 183.

③ See *US v. Aleynikov*, 676 F. 3d 71 (2d Cir. 2012).

④ See A. Taylor & M. Ó Floinn, *Bitcoin Burglaries and the Theft Act* 1968, 3 Criminal Law Review 163 (2021).

据信息的所有者。传统的物理性财产能被人们实际控制，所有者有权排除他人的获取或使用，未经同意拿走该财产是盗窃。财产被盗窃是一个零和游戏，即行为人获取财产的同时，权利人百分之百失去了财产。数据被盗除了在例外的情况下同时发生获取和排除，例如修改了获取数据的密码，其他时候往往意味着被复制，即行为人和权利人都各自占有一份相同的数据，权利人失去的仅仅是此前享有的对数据的独占，这不是一个零和游戏。在享有独占的情况下，可能通过特殊立法将相关行为设立为一种特别的盗窃。美国俄勒冈州规定，故意获取或使用计算机，意图盗窃财产性信息的，构成犯罪。[①] 例如行为人通过损害权利人对密码的排他性占有利益而有效地剥夺了密码的价值，这就构成该法规定的盗窃。[②] 问题是，考虑到盗窃行为在数千年以来都反映的是财产必然是有形物的世界现实，财产盗窃必然是零和游戏的形象，刑法是否应当将并非零和游戏的财产剥夺行为认定为盗窃？如果盗窃在现代人观念里的形象仍是如此，如何将此形象与盗窃财产性信息的罪行协调起来？要知道，所有的罪行，作为沟通和传播关于行为人行为的信息的标签，如果未能足够准确地用罪名和罪状传达行为人的罪行，会导致对行为人在刑事司法系统内未来处遇的不适当决定，也会剥夺系统以外多方获取必要信息以评估行为人特性的机会。[③] 如果盗窃罪直接涵盖盗窃财产性数据的行为，很可能与大众心目中盗窃零和游戏的观念形象大相径庭。

如果是立法特别规定盗窃财产性信息的罪行，那么通过特定的罪状和罪名，可以传达出此类盗窃与传统盗窃的相似性和不同

① See Or. Rev. Stat. Ann. § 164.377(2) (West 2012).

② See *Schwartz*, 21 P.3d at 1136 – 1337.

③ See J Chalmers & F Leverick, *Fair Labelling in Criminal Law*, 71 M. L. R 217 (2008).

之处。相似性在于，盗窃财产性信息在某种意义上也存在零和游戏，比如盗窃财产性数据使得密码等信息失去了价值，而这些信息唯一的价值目标就是保护权利人排他地控制相关的信息；同时使得权利人对于数据资源的支配与安全持有发生了有违其意思的变动。在数字经济中，持有大量数据资源的目标也主要在于控制该数据资源的获取和使用范围，以获得自身的竞争优势和发展潜能，或者获得提供或许可他人持有、使用该数据资源的经济利益。不同之处在于，财产性信息的盗窃中，权利人仍然可以使用被盗窃的密码等信息。在数字经济中，被盗的数据资源也仍然能为权利人所加工使用。我国台湾地区“刑法”单独增设最后一章“妨碍电脑使用罪”，在第 359 条规定了未经允许取得、删除、变更他人电磁记录罪，打击“致生损害于公众或他人者”的情形。虽然在立法时没有预想到数据作为财产的情形——预想的主要是妨碍计算机运行的损害情形，至多还包括损害由电磁记录组成的网络虚拟财产的情形——却在客观上可以涵盖盗取数据财产的损害情形，因为其中的电磁记录（数据）不要求是在计算机系统内，还可以是在相关设备中，这就包括了所有的数据。

所以，我们可以理解英国 1979 年的牛津诉莫斯案的判决并没有从根本上排除用刑法保护机密信息数据的可能性。英国学者认为，也许正是出于对机密信息时效性过于短暂的担忧，才作出了牛津诉莫斯案的判决。这并不意味着没有不法行为，而是也许最好把它留给民法而不是刑法来评价，或者将与使用机密信息而不是收集机密信息相关的行为认定为犯罪。[①] 这就涉及财产性数据信息是否应当获得刑法保护以及如何获得保护的政策性问题了。在

---

① See AA Gillespie, *Cybercrime Key Issues and Debates*, 2nd edn., Routledge, 2019, p. 142.

数字经济背景下，数据往往是机器智能运算的原材料，数据所蕴含的价值可能性是长久存在的，并不存在类似于牛津诉莫斯案中该信息对人们而言只在考试期内短暂有效的问题，所以在政策考虑上并非最好留给民法处理。

此外，删除企业数据库中的数据，可以认定为故意毁坏财物，因为数据可以被认定为财物，而删除行为导致数据不可逆转地失去，无法恢复，或恢复存在重大困难，此时是实质性地破坏了权利人的占有，符合故意毁坏财物的构成要件。[①] 然而，删除数据的行为不一定仅仅构成故意毁坏财物罪，因为具有财产属性的数据可能具有特殊性，例如在功能上主要是服务于特定的生产经营活动，故而删除生产经营必需的企业数据的行为可同时构成破坏生产经营罪[②]，即以毁坏财物的手段达到破坏数字经济中企业生产经营活动的目的。例如行为人删除某支付公司代码管理服务器数据，导致该公司无法正常从代码管理服务器下载产品源代码，影响了该公司正常的生产经营活动。[③] 破坏生产经营罪能够更为全面地反映整个行为方式和危害，实现较为全面的刑法评价。同时，删除行为不一定能够达到“毁坏”财物的程度，但只要造成数字经济中企业的生产、经营活动难以为继，损失数额较大的，就可认定为破坏生产经营罪。

最后，破坏生产经营罪还可以覆盖那些新形式的侵犯行为，如拒绝服务攻击，它压制数据，而不是修改或删除数据，再如掺入数

---

① 电子邮件、照片等数据具有使用价值，可以作为财产加以保护，此类数据的删除或篡改行为可以认定为故意毁坏财物。参见张明楷：《刑法学（下）》（第6版），法律出版社2021年版，第1218页。

② 参见于改之：《从控制到利用：刑法数据治理的模式转换》，载《中国社会科学》2022年第7期。

③ 参见范某破坏生产经营案，广东省深圳市南山区人民法院（2018）粤0305刑初1923号刑事判决书。

据以破坏数据要素质量的行为。这种妨害数据正常使用的破坏行为不仅在公司、企业需要应用该数据进行固有的生产、经营活动时构成破坏生产经营,而且在特定的大数据公司对数据进行清洗、比对等数字经济时代的新型生产、经营活动时构成破坏生产经营。此时,犯罪行为侵犯的是数据的加工使用权,即持有数据的权利人无法按照预期对数据要素进行加工使用,而这种加工使用的活动是数字经济时代的一种重要的数据生产经营活动。

2. 数据财产犯罪的政策与技术问题

在解决了类型区分的问题后,我们仍然面临政策性问题,第一个政策性问题是我们是否应该将数据非法获取的行为予以犯罪化。计算机犯罪的立法给出是答案是肯定的。这涉及数据非法获取行为的泛化,需要法律的治理。10 年前,澳大利亚学者就认为,个人计算机的普及和互联网的出现使人们拥有了前所未有的储存和传输信息的能力。这种通信基础设施现在在商业经营和社会发展中都极为重要,其重要程度在 20 世纪 70 年代中期是无法想象的。它也为未经授权的信息访问提供了明显的目标,无论是作为犯罪活动的先导,作为获取竞争对手的商业机密的手段,还是仅仅出于好奇。信息从来没有像现在这样便携、可获取、易受攻击。[①]在信息革命和数字经济的浪潮中,数据受到刑法保护的必要性也凸显出来。最近 10 年一个特别的方向日益彰显,那就是针对数据的财产性质,或者说数据在经济活动中的重要价值,予以特别保护。美国学者认为,我们生活在一个财产越来越无形的世界,这种状况很可能会越发明显。随着财产变得无形,它有一种越来越脱离个人物理性控制的趋势。他人获取我们储存在云端的数据密码

---

① See Jonathan Clough, *Data Theft? Cybercrime and the Increasing Criminalization of Access to Data*, 22 Criminal Law Forum 145 (2011).

使得我们失去了密码的排他性占有所提供的隐私与安全感。[①] 根据《模范刑法典》的立法理由,刑法应当打击那些特别打扰社群安全感的有害行为,一是危害特别严重的行为,二是危害更小但更可能被那些明显不尊重他人财产所有权的人施加在我们身上的行为。[②] 英国枢密院在无形配额的盗窃案中也提出,如果一件自由流通物,而且显然是不诚实交易的对象,在权利人被剥夺了它所赋予的利益时,认为它不可能被偷走,的确就是很奇怪的。[③] 相对而言,在牛津诉莫斯案中,没有迹象表明被意图用于特定批次考试中作弊的试卷信息具有任何商业价值。这涉及它是否不仅具有商业价值,而且可以公开交易的问题。如果货币在流通,有些东西就必然在被交易,法律试图通过将这种商品视为财产来打击不诚实获得这种商品的行为,这并非不合理。[④] 数据要素的大规模交易使得将数据视为财产的合理性显现。2023 年财政部发布的《企业数据资源相关会计处理暂行规定》正式将数据资源确认为经济主体的无形资产或存货等资产类别。

第二个政策性问题是,用刑法保护数据的财产性,是否真的会阻碍言论和信息自由,促进垄断的发生?我们必须明确,言论和信息自由不是绝对的,著作信息的传播也是如此,必须受到知识产权的限制。面对个人、企业乃至政府合法掌握的数据,就得依照合意的规则进行保护,而非可以任意地去获取和使用,否则将给合法生产、收集和挖掘数据的主体带来巨大的不确定性,打击其积极性,反而有损信息和言论自由的根基。当然,在刑事政策上,应当以

---

① See Susan W. Brenner, *Bits, Bytes, and Bicycles Theft and Cyber Theft*, 47 New England Law Review 817(2013).

② See Model Penal Code § 250. 7 cmt. , at 44 (Tentative Draft No. 13, 1961).

③ See Attorney-General of Hong Kong v. Chan Nai-Keung [1987] 1 WLR 1339, 1342.

④ See AA Gillespie, *Cybercrime Key Issues and Debates*, 2nd edn, Routledge, 2019, p. 143.

“情节严重”限定打击范围，而且基于数字经济时代数据流通和共享的政策理念，应当严格认定未经同意侵犯数据财产权利，对于权利人授权态度不明、授权后又撤回授权、处理已公开数据的情形，基于合理使用原则肯定其他数据处理行为的正当性。①

同理，我国反垄断法律在本质上反的是滥用垄断地位的行为，而非垄断本身。而且，赋予企业一定的数据财产权并不排斥赋予个体一定的数据财产权。例如个体对其全面的个人数据具有数据可携带权之后，可以参与到数字经济中的数据流通当中，这能在较大程度上消减赋予企业数据财产权带来的垄断性问题。“新兴产业和商业创新将通过个人数据的交换更容易地获得重要的生产资料，从而能更平等地与超大型的企业竞争。”②同时，其他数据收集者从数据的原始来源如个人数据主体处直接采集的行为，并未侵犯他人已经从同一原始数据出处收集、转化和存储的数据。

最后是刑法技术性问题，即我们是否应该适用其他的刑法条款，例如财产犯罪条款或市场秩序犯罪条款，而非继续依赖计算机犯罪条款？首先，如果我们只依赖计算机犯罪来解决数据的非法获取等不法行为的定罪量刑问题，会面临一些数据的不法获取并不符合计算机犯罪的构成要件的情况。现有的计算机犯罪要求的数据都是计算机信息系统内存储、处理、传输的数据。然而，我们在数字经济活动中的数据并不都是如此。一个 U 盘、闪盘、硬盘、软盘、圆盘等外接存储设备中的数据，在该设备连接某个计算机信

① 参见刘宪权、陈佩莉：《数据产权刑法保护模式的构建》，载《法治研究》2024 年第 1 期。

② 参见谢楚鹏、温孚江：《大数据背景下个人数据权与数据的商品化》，载《电子商务》2015 年第 10 期。

息系统时,可以认为是该系统正在或将要存储、处理或传输的数据,但在未连接时,就难以作如此的技术性解释。云端存储、传感器存储和传输中的数据也可能面临类似的技术性解释障碍。所以,一个并未对任何计算机信息系统的存储设备中数据实施非法获取等侵害的行为,并不能构成我国现有的计算机犯罪。其次,如果不承认该设备中的数据是财产,就只能依照将该设备本身认定为财产的思路来处理财产犯罪。正如美国法院认为的,将雇主的源代码数据通过电子的方式下载然后上传到德国的服务器上,再下载到他自己的计算机上,是通过电子的方式转移代码数据,并没有获得对任何事物的物理性占有。相反,用雇主的纸张产生代码数据的副本,虽然代码数据是无形的,但雇主的纸张是有形财产,是可以被盗窃的财产。[①] 问题是,只认定盗窃数据的载体,通过保护载体的价值来保护数据能够实现罪刑相适应吗?至少在我国注重财产价值数额的现阶段,答案显然是“不能”。

(三)侵犯数据产品经营权:从知识产权犯罪到市场秩序犯罪

以上探讨主要解决了侵犯数据资源持有权和加工使用权的犯罪定性问题,接下来主要探讨侵犯数据产品经营权、数据加工使用权的定性问题。学者认为,企业数据的相关收集和分析行为主要目的在于增强其在数字经济市场竞争中的优势,所以相关数据的窃取行为应当被评价为非法获取商业秘密罪而非盗窃罪。[②] 这涉及收集数据的加工使用权和分析后得到的衍生数据产品经营权的保护。更有观点认为,对于收集的数据进行脱敏、清洗、加工和整合等处理环节之后得到的衍生数据一概属于刑法上的商业秘密。

---

① See *US v. Agrawal*,726 F. 3d 235 (2d Cir. 2013),251 – 252.

② 参见于改之:《从控制到利用:刑法数据治理的模式转换》,载《中国社会科学》2022年第7期。

因为数据权利人在数据收集后的分析和衍生过程中会采取适当的保密措施来维护衍生数据的秘密性,且衍生数据具有实用性,因为它们是一种具体的方案或形式,可以直接用于商业实践。[①] 这涉及衍生数据的产品经营权保护。然而,保密性和实用性的论断不符合衍生数据的商业实际。

1. 数据产品的商业秘密问题

对于保密性,已经有研究指出,只有权利人对从收集的数据中挖掘得出的数据作了保密化处理,该衍生数据才属于商业秘密。如果权利人未作保密处理,则只是普通型的衍生数据。[②] 可见,并非所有的衍生数据都当然地满足保密性。例如,医院用药量数据和统方数据,可以经过分析和处理产生新的衍生数据,大众停车位置数据也可以经过分析和挖掘得到新的衍生数据,但这些衍生数据不一定会被采取保密措施,所以它们不一定符合商业秘密的要求。哪怕是用计算机信息系统进行存储,也不一定会设置登录的账号、密码,更何况在用其他不与计算机信息系统连接的设备进行存储时,经常不设置获取其中数据的密码。商业秘密中的保密性具有特定的意义,并非只要采取了保密手段就满足商业秘密中的秘密性。商业秘密的秘密性是指不为社会上其他公众和竞争者所知,以维持其竞争优势。其秘密性是一种特殊的结果状态,而不仅仅是一种手段。例如,淘宝公司根据用户上网痕迹海量数据开发的“生意参谋”数据产品能够为店铺商家提供大数据分析参考,这

① 参见刘双阳、李川:《衍生数据的财产属性及其刑法保护路径》,载《学术论坛》2020年第3期。

② 参见张弛:《互联网背景下财产概念的流变及对刑法适用的影响》,上海交通大学2019年博士学位论文,第238~240页。

种数据产品需要用户订购，在计算机上获得服务。[①] 可见，淘宝公司对这一衍生数据采取了保密措施，但我们不会认为这是一种商业秘密，因为这是公众只要付费订购就能获取的信息，只具有有限的保密性，即具有有限的公开性。所以，美景公司以提供远程登录已订购涉案数据产品用户电脑技术服务的方式，招揽、组织、帮助他人获取涉案数据产品中的数据内容，从中牟利。但这并未侵犯淘宝的商业秘密，只是一种未经授权亦未付出新的劳动的不正当竞争行为，有碍数据经济产业的发展。[②]

对于实用性，衍生数据并不都是作者提到的预测性、统计型或指数型衍生数据，能够直接用于商业经营活动。医院用药量数据和统方数据所产生的衍生数据，或者市民停车位置数据所产生的衍生数据，固然可以作为一种数据产品而直接具有商业应用价值，但是，围绕整理、分析、发掘等整个衍生过程所产生的数据模型不一定直接具有商业实用性。在衍生过程中发挥关键作用的学习模型，以及学习模型经过反复的机器学习所形成的智能化知识模型，是专属于特定衍生数据挖掘者，包含了其智慧的数据处理工具和程序架构。[③] 此时，数据模型是一种特殊的数据呈现，更多的是一种一般性的知识、经验或智慧，即可能挖掘出实用性衍生数据的数据工具，而非商业活动中实用性的衍生数据本身。作为实用性衍生数据的挖掘工具的学习模型及其生成的智能化知识模型，可以是一种计算机程序，受到侵犯著作权罪的保护，即禁止未经许可而

① 参见淘宝（中国）软件有限公司诉安徽美景信息科技有限公司不正当竞争纠纷案，浙江省杭州市中级人民法院（2018）浙01民终7312号民事判决书。

② 参见淘宝（中国）软件有限公司诉安徽美景信息科技有限公司不正当竞争纠纷案，浙江省杭州市中级人民法院（2018）浙01民终7312号民事判决书。

③ 参见张弛：《互联网背景下财产概念的流变及对刑法适用的影响》，上海交通大学2019年博士学位论文，第212页。

复制该模型。[①]

既然衍生数据都不一定符合商业秘密的保密性和实用性,那么,收集的初始数据更不一定符合商业秘密的保密性和实用性。此时,数据收集者对数据还未开始进一步处理,不管是海量的结构化数据,还是海量的非结构化数据,又或者是海量的动态数据流,往往都比处理后得到的衍生数据价值要低,数据收集者很可能不会费力去做好保密措施。此外,这些收集的初始数据仅仅是人类、机器或自然活动的原始反映和记录,大概率不能直接应用于商业经营活动的实践当中,否则就没有必要进一步处理它们以获取真正具有实用性的衍生数据了。所以,衍生数据不一定能得到侵犯商业秘密罪的保障,收集的初始数据更不可能得到该罪的保障,我们必须寻求其他的刑法保障。

2. 数据产品的市场秩序关联

我国早已经将特殊数据通过各类秘密相关犯罪予以保护,还通过计算机犯罪保护计算机信息系统中存储、处理、传输的数据,以及通过公民个人信息犯罪保护具有个人性的数据,但对不涉密、不涉及个人,也不在计算机信息系统内的数据(如存于U盘、硬盘等计算机相关设备中的数据)保护不足。而且,用既有罪名进行保护也忽视了数据的财产性质。我国学者也认为应当在商业秘密条文之后新增规定,规制数据盗用行为。[②] 但是,数据不一定涉及知识产权。在数字经济的视野下,非法获取和使用数据的行为规定在扰乱市场秩序罪中更合适。2022年11月,国家市场监管总局公

① 参见张弛:《互联网背景下财产概念的流变及对刑法适用的影响》,上海交通大学2019年博士学位论文,第241页。

② 参见杨翱宇:《美国法信息盗用制度的演进及其对我国数据财产权益保护的启示》,载《政治与法律》2019年第11期。

布了《反不正当竞争法(修订草案征求意见稿)》,重点回应了数字经济公平竞争的实践需要,正如修订说明中所言,“随着新经济、新业态、新模式的层出不穷,利用数据、算法、平台规则等实施的新型不正当竞争行为亟待规制”,该意见稿明文列举了典型的商业数据不正当竞争行为包括:以盗窃、胁迫、欺诈、电子侵入等方式不正当获取其他经营者的商业数据;披露、转让或者使用以不正当手段获取的其他经营者的商业数据。这些行为显然是对新型市场秩序的新型扰乱方式。这就是鉴于僵化、滞后的法定知识产权制度,构建企业事实上合法控制数据的支撑保护制度。[①]

概言之,若数据违法行为涉及特定类别的机密信息,可以用诸如计算机数据和系统、商业秘密、内幕交易、知识产权、隐私、国家安全等有关领域的罪名去保护。但数字经济背景下的数据并非都能用这些关注数据机密性的罪名加以保护。这其中主要的区别就在于,强调信息机密性的诸多罪名,是根据信息的既定特定类型加以保护的,而数字经济中数据的刑法保护强调要对数据本身加以保护,无论其承载了何种信息内容。这是一种预防性、综合性的保护。其预防性在于,在没有挖掘出具体的信息种类之前,就加以保护;其综合性在于,可以挖掘出的信息种类不是单一的,而是多种多样的。既然是一种预防性的、综合性的保护,那么兜底式的市场秩序保护显然比专业领域的知识产权保护更契合数字经济视野下的数据保护。对于他人合法控制的原始数据的肆意加工使用,以及对于衍生数据的非法披露、使用或者允许他人使用等行为,是可能严重扰乱数字经济中数据要素市场和产业秩序的犯罪,需要扰乱市场秩序罪的持续、密切关注。

---

① 参见张浩然:《从创设型机制到支撑型机制:数字时代信息财产法律保护的范式转型》,载《武汉大学学报(哲学社会科学版)》2024 年第 1 期。

四、结语

随着互联网和数字技术的普及,数字经济很容易受到包括数据犯罪在内的网络犯罪的影响,我们正坐在一个定时炸弹上,这对任何个人、任何公司和整个数字经济都是有害的。[①] 探求数字经济中数据的财产类型及其面临的侵害行为类型,历史性地反思和体系化地应对,是确保数字经济持续发展的关键一环。经济文明演进中人们的生活利益形态迭代,刑法对人们生活利益的识别、保障和实现也应有新的因应理路,以回应和牵引现代经济文明与刑事法治的重要价值。[②]

从解释论的立场看,侵犯数据资源持有权和数据加工使用权的行为,可能符合盗窃、毁坏、破坏生产经营的犯罪构造。但鉴于盗窃行为排除占有的固有形象,对盗窃数据行为的单独立法是体现数字经济基础要素公平保护的标签。在解释论上,数据产品经营权的保护难以依赖固有的侵犯商业秘密罪等知识产权犯罪来进行,而更需要立法论上扰乱市场秩序罪的更新。数据加工使用权的一些保护情形亦是如此。至于认定财产犯罪或经济犯罪后,对其危害性程度的认定问题,数据交易所等专业机构可以全方位、多维度评估数据产品质量,出具专用质量评估报告,并高效化、智能化评估数据产品价值,出具专有资产评估报告。

---

① See Aarushi Chopra, *Criminal Threat of Cyber Data Theft: An Analysis under the Indian Criminal Law*, 18 Supremo Amicus 23 (2020).

② 这在数字技术发展促进的经济文明演进中亦是如此。参见焦艳鹏:《元宇宙生活场景中的利益识别与法律发展》,载《东方法学》2022 年第 5 期。

第六章　数字经济秩序中的脆弱性利用行为与刑法规制

本章概要：广义的数字操纵包括狭义的数字操纵和欺骗，前者一开始就利用了他人既有的脆弱性，后者制造他人的临时脆弱性继而加以利用。数字操纵的危害在于其破坏了真实选择的核心经济假设。数字经济行为主体可以更容易地妨碍消费者的决策，而人们缺乏有力的措施来确保它们不会采取对其不利的行动。数字经济之所以如此脆弱，是因为预防操纵的市场性保障和市场性罪名不再奏效，针对欺骗的规范性保障也难以有效发挥作用。数字操纵的社会危害性和预防必要性要求刑法对其进行规制。短期来看，可以采取利用拒不履行信息网络安全管理义务罪间接打击这一行为的司法方案。远期来看，则可以勾勒直接规制该行为的立法图景，或通过规制该行为运用的技术间接规制该行为。

关键词：数字操纵　数字欺骗　数字经济脆弱性　拒不履行信息网络安全管理义务罪

自主是文明社会理想的一部分,反对强迫选择的生活而破坏决策的行为让一个人的意志服从另一个人的意志,这违反了他们的独立性,与他们的自主权不一致。[①] 破坏消费者选择决策的策略包括欺诈、胁迫、虚假陈述、不当影响等。这涉及关于市场营销何时从公平说服转向不公平或滥用操纵的棘手问题。[②] 数字界面利用在线环境的特征来操纵和欺骗,这种现象如此普遍,以至于有人为此创造了"黑暗模式"一词。[③] "黑暗模式"一词包括欺骗性和不公平的数字实践,是哈里・布里格努尔(Harry Brignull)在十多年前创造的。[④] 诸多法律学者揭示了数字操纵和欺骗的存在,并解释了它是如何工作的:有的解释了市场营销人员如何利用消费者的行为偏见,利用在线个性化来操纵消费者;[⑤]有的解释了骗子如何利用数据在网上锁定受害者,并避免执法机构的发现;[⑥]还有的认识到,如果人工智能(特别是机器学习)的最新进展不受控制,那么即使人类还没有进行设计,机器学习系统也可以自学,自主欺骗人们,这是因为,当欺骗消费者有利可图时,由仅为盈利而优化的算法设计的商业通信和行为将不可避免地进行欺骗。[⑦] 我国学者近

---

① See Joseph Raz, *The morality of Freedom*, Oxford University Press, 1988, p. 378.

② See Lauren E. Willis, *Deception by Design*, 34 Harvard Journal of Law & Technology 115 (2020).

③ See Lauren E. Willis, *Deception by Design*, 34 Harvard Journal of Law & Technology 115 (2020).

④ See Harry Brignull, *Dark Patterns: Dirty Tricks Designers Use to Make People Do Stuff*, 90 PERCENT OF EVERYTHING (July 8, 2010), https://www.90percentofeverything.com/2010/07/08/dark-patterns-dirty-tricks-designers-use-to-make-people-do-stuff/.

⑤ See Ryan Calo, *Digital Market Manipulation*, 82 George Washington Law Review 995 (2014).

⑥ See Roger Allan Ford, *Data Scams*, 57 Houston Law Review 111 (2019).

⑦ See Lauren E. Willis, *Deception by Design*, 34 Harvard Journal of Law & Technology 115 (2020).

年来也关注到此类问题：数字平台可以利用流量劫持、算法俘获和界面设计陷阱诱导和操纵消费者行为，以强化其自身市场势力，带来侵害消费者利益的风险。[①]

一、破坏消费者选择的策略分析

表6－1是学者归纳的破坏消费者选择的策略比较，[②]该表具有借鉴意义，但还需要批判地予以取舍。一般认为，欺骗性的模式和操纵但非欺骗性的模式意味着，欺骗肯定属于操纵，而操纵不一定涉及欺骗，例如，有的数字设计会惹恼人们，让他们采取有利于企业的行动，而如果没有此类设计，消费者就不会采取这些行动。[③]但狭义的操纵在大多数情况下可以和欺骗区别开来，区别在于是否利用了消费者的脆弱性；在少数情况下，利用消费者脆弱性的操作行为也可以通过欺骗来达成。所以更为准确的界分是，操纵行为一定利用了消费者的脆弱性，但欺骗行为不一定利用了消费者的脆弱性，而一定是传递了错误的信息或隐瞒了正确的信息。传递或隐瞒这种信息不一定利用了消费者既有的脆弱性，但一定是制造了消费者临时的脆弱性，继而加以利用，使得消费者方做出或不做出相应的行为。

---

① 参见张海汝、李勇坚：《数字平台的诱导、操纵风险与暗模式监管——流量劫持、算法俘获与界面设计陷阱》，载《财经问题研究》2022年第12期；孙瑜晨：《数字平台成瘾性技术的滥用与反垄断监管》，载《东方法学》2022年第6期；孙瑜晨：《老年人数字成瘾的体系化治理》，载《中国特色社会主义研究》2023年第1期。

② See Kristen Martin, *Manipulation, Privacy, and Choice*, 23 North Carolina Journal of Law & Technology 452 (2022).

③ See *Types of Dark Patterns*, DARK PATTERNS, https://www.darkpatterns.org/types-of-dark-pattern.

表 6－1　破坏消费者选择的策略比较

操纵因素	针对消费者选择的策略			
	操纵	胁迫	欺诈	说服
颠覆目标利益	是	是	是	否
隐藏	是	否	是	否
破坏目标决策	是	是	是	否
利用脆弱性	是	是	否	否

可见,操纵可能基于公司的相对权力地位和对目标的独特了解。虽然任何人都可以欺骗或实施欺诈,但操纵需要一种权力或知识的不平衡,使目标容易被利用。① 一种是权力的不平衡,这种操纵是通过不完全、不相关、有歧义或呈现方式特殊的真实信息,利用他人的认知偏见或有限理性,或利用其他有限意志、有限自利的"心理杠杆",如人们的个人情绪或欲望。② 这是狭义的操纵,利用了对方既有的弱点。新进研究总结了狭义操纵的原因和类型:数字经济主体利用数字技术高效地、大规模地收集并保留消费者的信息,选择接触时机,布局和掌控交互的各个方面;数字经济主体获悉个体消费者的保留价格后实施价格歧视,收集、分析和分享消费者数据后系统地利用人类普遍的偏见,大规模地利用个体的偏见,塑造个体的信息茧房,削弱其发展偏好的能力。③

另一种是知识的不平衡,操纵者通过某种不为决策者所知的隐藏影响,颠覆了这种自治能力。这可以简单到说谎或欺骗决策

① See Kristen Martin, *Manipulation*, *Privacy*, *and Choice*, 23 North Carolina Journal of Law & Technology 452 (2022).

② See Daniel Susser et al., *Online Manipulation*: *Hidden Influences in a Digital World*, 4 Georgetown Law Technology Review 1 (2019).

③ 参见彭岳:《在线市场操纵行为的法律规制》,载《法律适用》2023 年第 11 期。

者,让其在不完整或错误的信息基础上根据自己的理性判断能力采取行动,[①]这是通过欺骗达成的广义的操纵。对方本无脆弱性,但被欺骗之后产生了临时的知识上的脆弱性,这种脆弱性继而被利用。下面将分别分析这种广义的操纵和上述狭义的操纵。

(一)数字经济中的操纵

学者认为,有针对性的操纵有三个重要因素:(1)利用个人的弱点;(2)战术的隐蔽性;(3)操纵者与目标之间的利益分歧。典型是利用儿童知识和经验的缺乏。[②] 但这些因素需要被批判性分析和完善。

第一,有针对性的在线操纵(暗中利用漏洞来破坏脆弱性目标的决策)可以被定位为破坏消费者选择的欺诈和胁迫的近亲。弱势消费者是指那些在市场上真正同意交易的能力有限的行为者。脆弱性不一定是一段关系或个人的永久属性,消费者可以进出那些使他们脆弱的环境:例如在青春期、同伴排斥、低社会经济地位和家庭不和谐等生命的关键阶段,在应对健康挑战时,或在处于飓风或其他自然灾害之后暂时脆弱的位置时。[③] 目标可以处于长期脆弱状态(如有成年人伴随的孩子),也可以处于暂时的脆弱状态(例如客户向律师或治疗师提供详细信息,或公司向第三方提供担忧、偏好和预测)。[④] 许多操纵是利用了受害者的弱点。操纵通常针对老年人或穷人、新移民、国际游客,甚至儿童。这主要有两个

---

① See Roger Allan Ford, *Data Scams*, 57 Houston Law Review 111 (2019).

② See Roger Allan Ford, *Data Scams*, 57 Houston Law Review 111 (2019).

③ See Kristen Martin, *Manipulation, Privacy, and Choice*, 23 North Carolina Journal of Law & Technology 452 (2022).

④ See Kristen Martin, *Manipulation, Privacy, and Choice*, 23 North Carolina Journal of Law & Technology 452 (2022).

原因:在许多情况下,弱势群体成员比其他人更容易陷入操纵;与此同时,他们也不太可能报告操纵或在操纵发生后以其他方式作出反应,从而降低了骗子的风险。

第二,当对目标偏好的直接开放的呼吁失败时,操纵就变得必要了:说服通过开放和反对争论来参与思想市场,说服之所以有效,是因为其目标知道策略;相反,有针对性地操纵通过被隐藏来绕过思想的市场,操纵只有在策略被隐藏起来时才有效。[①] “操纵”指的是用扭曲选择决策的方法有意并成功地影响某人,[②]操纵使得他人而非个体自己成为决策的作出者,他人而非自己决定了如何生活。此时关注的是该决策是由谁作出的,而非该决策是否是理性决策。行为经济学家卡斯·桑斯坦认为,“如果一个决定不能充分地唤起人们的反思和深思熟虑的选择能力”,那么这个决定就被操纵了。[③] 然而,决策的理性问题并非一个非黑即白的二元判断问题,而是一个程度问题。几乎所有人的决策都不是完全理性的,而且有相当一部分不可忽视的人群的决策的理性程度较低。所以理性决策的标准将会使得操纵的定义过于宽泛且难以认定。

第三,并非所有的操纵都有害于对象的利益。有学者认为,操纵本身并不是一种绝对的邪恶。相反,它取决于主体和操纵者之间的利益在个人和集体层面上是否保持一致。[④] 操纵导致一个人

---

① See Anne Barnhill, *I'd like to Teach the World to Think: Commercial Advertising and Manipulation*, 1 Journal of Marketing Behavior 307 (2016).

② See T. M. Wilkinson, *Nudging and Manipulation*, 61 Policy Studies 345 (2013).

③ See Cass R. Sunstein, *Fifty Shades of Manipulation*, 1 Journal of Marketing Behavior 213 (2016).

④ See Ido Kilovaty, *Legally Cognizable Manipulation*, 34 Berkeley Technology Law Journal 449 (2019).

违背自己的利益，为了别人的利益而行动，在这种情况下，受害者不能轻易依靠常识或普通的意志力来保护自己。[①] 根据这种经济驱动的思路，面对操纵的个体最终不按照自己的偏好行事，从而导致次优结果。[②] 破坏作为自己决定的作者的目标，并试图将这些决定导向操纵者的利益，这才是操纵的危害性结果。操纵的危害性结果不在于操纵者的最终目标是不可取的。例如，有的学者使用了社会不可接受的标准，即操纵是"企业努力激励和影响个人以社会不可接受的方式采取特定步骤和作出特定决定的过程"[③]。根据诺格尔的说法，如果操纵者（或影响者）"是真诚的，也就是说，影响者认为是真实的、相关的和适当的，那么一个行为就不是操纵的"[④]。如果采取这种标准，那么在企业自以为是地为了消费者的利益而操作时，认定这种操作不可接受就会有争议。甚至企业会总是宣称它真的是为了消费者的利益而操作，人们却难以去确证它是否真的如此考虑。但我们应当区分操纵和助推，如果行为具有隐蔽性，目的导向是利用、维持、扩大乃至创造人的认知偏差，使之作出不理性决策，那就是操纵；如果形式上不是隐而不彰显，或者目的是改善他人认知偏差，促进理性决策，那就是助推。[⑤]

---

① See Eric A. Posner, *The Law, Economics, and Psychology of Manipulation*, 1 Journal of Marketing Behavior 267 (2016).

② See Tal Z. Zarsky, *Privacy and Manipulation in the Digital Age*, 20 Theoretical Inquiries in Law 157 (2019).

③ Tal Z. Zarsky, *The Problem of Theorizing Privacy: Privacy and Manipulation in the Digital Age*, 20 Theoretical Inquiries in Law 157 (2019).

④ Robert Noggle, *Manipulative Actions: A Conceptual and Moral Analysis*, 33 American Philosophical Quarterly 43 (1996).

⑤ 参见彭岳：《在线市场操纵行为的法律规制》，载《法律适用》2023年第11期。

(二)数字经济中的欺骗

视觉设计含蓄地向用户传达信息。① 即使精明的消费者阅读了小字,发现该网站是由一个无党派的政治行动委员会运营的,但该网站的设计显然是为了从那些自愿为特朗普竞选活动捐款的人那里征求捐款。它利用了那些看到政治行动委员会广告的人的有限的注意力和认知偏见,利用了他们作出的自然和可预测的假设,误导那些不想向政治行动委员会捐款的人违背了他们的自然偏好继续捐款。② 可见定位对骗子有用的另一个原因是,他们可以使用定位来寻找具有特定信念而不是特定弱点的受害者。这是针对具有特定特征的群体的另一种变体,但它为骗子提供了新的说服途径。③ 联邦调查局警告说,投资计划经常寻求使有共同宗教或种族的群体受害,以利用共同利益建立信任,有效地对他们进行投资欺诈。④

在我国,更为常见的数字欺骗是流量造假。行为人通过刷粉丝量、点击量等网指数,来获得更多的关注和报酬。⑤ 具体来说,一是吸引普通网民基于从众效应,基于对其他网民选择的信赖,而关注相关账号或点击相关图文声像信息;二是欺骗相关合作方基于虚假的关注和点击而支付相应的合作费用或报酬。此时我们看到,相关的网民和合作方,都只是基于信任流量表现出的网络关注

① See Woodrow Hartzog, *Privacy's Blueprint: The Battle to Control the Design of New Technologies*, Harvard University Press, 2018, p. 21 – 55.

② See Roger Allan Ford, *Data Scams*, 57 Houston Law Review 111 (2019).

③ See Roger Allan Ford, *Data Scams*, 57 Houston Law Review 111 (2019).

④ See *Common Fraud Schemes: Investment Fraud*, FBI, https://www.fbi.gov/scams-and-safety/common-fraud-schemes/investment-fraud.

⑤ 参见贾斯瑶、郭旨龙:《数据犯罪刑事治理的新思路——以流量造假行为为切入点》,载《中国检察官》2022 年第 7 期。

量而进行相关的行为,他们本身并不具有特定的弱点。但在行为人进行流量造假之后,一种关于流量的知识不平衡就产生了,行为对象就有了临时性的弱点,结果被操纵作出了违背自主决策过程的决策。这种决策不一定是有害其利益的,例如网民可能反而因为流量造假看到了高质量的、符合喜好的信息类型,合作方可能反而因为流量造假在后续确实获得了更多的网民真实关注。这和普通欺诈行为的结果是真的损害了相对方的利益不同。

二、数字操纵的危害与数字市场的脆弱

(一)对于市场文明秩序的危害性

数字经济文明秩序要求整个经济活动的运行是公平有效、安全有序的。之所以将有针对性的操纵定位为市场的经济异常,是因为这破坏了真实选择的核心经济假设,而这对于市场文明秩序是不可或缺的。真实的同意对市场和经济学至关重要。社会通常寻求保护消费者的选择,其中选择是有意义的,是同意交易的表示。在整个市场中,选择即同意是很重要的,不仅要保护个人作为他们自己决策的作出者,而且要确保个人的偏好在他们的决策中得到尽可能的贯彻,以及这些交易和市场是有效的和合法的。

第一,自主选择权。个人自主的理想是人们在某种程度上控制自己命运的愿景,通过一生中不断的决策来塑造命运。[①] 这种控制的过程和能力本身是值得追求的,让个体拥有公平的、足够的机会成为自身决策的作出者。作出选择的过程应当是自愿的。市场行为者的交易应当是自由的、自愿的私人谈判。只有个人实际上可以自由进入或不进入任何特定的交易所,以至于每一笔交易都

---

① See Joseph Raz, *The morality of Freedom*, Oxford University Press, 1988, p. 369.

是严格自愿的，这种经济交换才是市场交换。[①]

第二，交易效率性。自愿选择的前提和目的都是该选择符合选择者的竞争性的利益需求和偏好。个体知晓其利益偏好，因为其对其福利最为感兴趣，个体也比其他人有机会知晓更多的信息。[②] 个体知晓更多、更好的信息是因为，即使他人也知道相同的信息，但该信息在特定的时间、空间条件下，也只有在个体获得相关的决策权或者积极配合的情况下，才会得到最好的利用。[③] 如果我们同意社会的经济问题主要是一个在特定的时间和地点环境中迅速适应变化的问题，那么，可以得出结论，最终的交易决定必须留给熟悉这些环境的人，他们搜索、收集和了解有关条款的信息变化和立即可用的讨价还价资源来应付这些变化，然后根据他们对自己的品位、价值观、兴趣和偏好、需求等信息了解来作出决定。[④] 通过选择，个人表明他们同意作出选择的条件。[⑤] 一个精神上有能力、充分知情的个人，可以根据在他们的生活经验中形成的自己的偏好，通过一个理性的自我思考的过程进行选择，比任何人都更能识别、权衡、清楚什么对他们的利益最好。[⑥]

---

① See Milton Friedman, *Capitalism and Freedom*, University of Chicago Press, 1962, p. 14.《电子商务法》第 17 条第 1 款规定："电子商务经营者应当全面、真实、准确、及时地披露商品或者服务信息，保障消费者的知情权和选择权。"

② See John Stuart Mill, *On Liberty*, John W. Parker and Son, 1859, p. 70.

③ See Friedrich August Hayek, *The Use of Knowledge in Society*, 35 The American Economic Review 519 (1945).

④ See Friedrich August Hayek, *The Use of Knowledge in Society*, 35 The American Economic Review 519 (1945); R. H. Coase, *The Problem of Social Cost*, 3 The Journal of Law & Economics 1 (1960).

⑤ See Alain Marciano, *Freedom, Choice and Consent. A Note on a Libertarian Paternalist Dilemma*, 32 Homo oeconomicus 287 (2015).

⑥ See Michal S. Gal, *Algorithmic Challenges to Autonomous Choice*, 25 Michigan Technology Law Review 59 (2018).

第三,市场的合法性。正因为市场上每天发生的成千上万亿次的交易活动都是自愿的,而非不自愿的,所以市场才天然地具有合法性。[①] 这包括两个层面的含义:首先在道义上,该市场确保了个体的自主决策,尊重了参与该市场的个体的主体性。其次在功利上,通过个体在自主基础上的理性决策,该市场确保了资源有效率的分配。这是从促进个体自主和个人尊严,促进经济效率和社会福利,到统合考虑市场本身的合法性。

(二)数字市场文明秩序的脆弱性

在线上,人们并无有力的措施来确保数字经济行为主体不会利用人们的信息来采取对人们不利的行动。[②] 这些数字经济行为主体甚至比传统线下的相对方拥有人们的更多信息,但在当下被赋予了更少的行为责任。

预测分析技术获取表面数据并从中推断潜在信息——预测一个人是否有抑郁症、厌食症、药物或酒精成瘾,或者有疾病,然后这些公司将这些信息与他的位置联系起来,这个人可能会作什么决定(赌博、治疗、康复和发薪日贷款),以及这个人接下来会去哪里。[③] 算法可以通过比消费者自己更好地理解其偏好来获得"高级

① See Fabienne Peter, *Choice, Consent, and the Legitimacy of Market Transactions*, 20 Economics & Philosophy 1 (2004); Lauren E. Willis, *Deception by Design*, 34 Harvard Journal of Law & Technology 115 (2020).

② 《反不正当竞争法》第12条第2款第2项规定,经营者不得利用技术手段,通过影响用户选择或者其他方式,误导、欺骗、强迫用户修改、关闭、卸载其他经营者合法提供的网络产品或者服务。学者指出其中的重点不是"误导、欺骗和强迫"的效果,而是经营者"利用技术手段"作出这些行为的特性。参见陈兵、云薇笑:《平台"二选一"行为的竞争法规制再探》,载《学习与实践》2022年第4期。

③ See Yonat Zwebner & Rom Y. Schrift, *On My Own: The Aversion to Being Observed during the Preference-Construction Stage*, 47 Journal of Consumer Research 475 (2020).

知识”。[1] 这使得当人们同意披露他们的表面数据时，除非不可能，否则人们很难知道他们真正在分享什么。[2]

人们甚至不知道哪些数字经济行为主体拥有其信息，如何利用其信息。互联网行为者、政治实体和外国对手仔细研究互联网用户的个性特征和脆弱性，并越来越多地针对每一个用户提供单独定制的信息流或错误信息，目的是利用这些人的弱点。[3] 隐藏性使操纵性的操作更难对抗、识别和调节。目标定位平台通过两种方式帮助骗子开发更好的骗局：使它能够运行个性化的骗局为个别受害者量身定制的版本，让骗子能够快速测试和改进他们的骗局。[4]

超目标定位，结合收集到的个人数据，可以让公司预测情绪、个性、压力水平、健康问题等，并有可能利用这些信息破坏消费者的决策。[5] 正如数据使销售商品和服务变得更容易、更便宜、更高效一样，它也使欺骗消费者、销售毫无价值的产品以及实施各种低级和高级骗局变得更容易、更便宜、更高效。[6] 事实上，脸书为广告商提供了针对那些“心理脆弱”的青少年的能力。[7] 利用有关个人弱点的知识，根据公司的利益来引导他们的决定。所有的骗局都

---

① See Zibin Xu & Anthony Dukes, *Product Line Design Under Preference Uncertainty Using Aggregate Consumer Data*, 38 Marketing Science 669 (2019).

② See Dennis D. Hirsch, *From Individual Control to Social Protection: New Paradigms for Privacy Law in the Age of Predictive Analytics*, 79 Maryland Law Review 439 (2020).

③ See Ido Kilovaty, *Legally Cognizable Manipulation*, 34 Berkeley Technology Law Journal 449 (2019).

④ See Roger Allan Ford, *Data Scams*, 57 Houston Law Review 111 (2019).

⑤ See Ryan Calo, *Digital Market Manipulation*, 82 George Washington Law Review 995 (2014).

⑥ See Roger Allan Ford, *Data Scams*, 57 Houston Law Review 111 (2019).

⑦ See Nitasha Tiku, *Get Ready for the Next Big Privacy Backlash Against Facebook*, WIRED (May, 2017), https://www.wired.com/2017/05/welcome-next-phase-facebook-backlash/.

针对这样或那样的弱点下手；有时候很简单，就是制造一种紧迫感，让受害者现在就采取行动，而不是仔细考虑提议并与他人讨论。[①] 标准的欺诈策略是制造一种紧迫感，从而高涨情绪，降低理性。[②] 学者认为，操纵的做法通常是通过针对和利用我们的决策弱点——隐藏它们的影响，让我们不知道这对我们的决策过程的影响——它们也挑战了我们反思和认可我们真正依靠自己行动的理由的能力。因此，网络操纵伤害了我们，诱导我们按照不是我们选择的目的行事，以及我们没有认可的原因而行事。[③]

商家甚至被允许、被期待去获取、挖掘和分享人们的信息。然而，个人信息的获取、挖掘和分享是基于信息主体的信任，这种信任不局限于和人们直接打交道的数字经济主体，而是及于所有处理个人信息的主体。

三、传统市场的多重保障及其不足

自从人类文明诞生以来，就一直有人试图不公平地占别人的便宜。虽然有些破坏消费者选择的策略明显违反了刑法或构成了民事违法，但其他的策略可能是合法的，或者可能没有得到法院和政策制定者的明确处理。

（一）针对操纵的双重保障难以奏效

通过专业职责、合同、协商联盟、保密协议等，确保掌握目标漏

---

① See Roger Allan Ford, *Data Scams*, 57 Houston Law Review 111 (2019).

② See Kit Yarrow, *The Science of Why We Fall for Scams That Are So Obviously Scams*, MONEY (Nov. 11, 2016), http://money.com/money/4568127/scams-psychology-why-victims-fall-tech-support-irs-facebook/.

③ See Daniel Susser et al., *Technology, Autonomy, and Manipulation*, 8 Internet Policy Review 10 (2019).

洞详细信息的市场行为者不会利用这些信息来对付目标,通常可以在线下防止操纵行为。[①] 在和律师、医生、教师或心理治疗师打交道的过程中,人们知道自己提供了哪些信息,并有正式的或非正式的机制要确保相对方不会利用这些信息来采取对自己不利的举措。如果这些专业人员真的采取了针对相对方的不利措施,会受到严格的职业处分乃至背信罪的处罚。而在不存在专业人士提供专业服务给对其信任的相对方的场合,会有更加普适的市场性机制乃至市场性罪名的保障。

但是第一个问题在于,预防操纵的市场保障不再奏效。例如,大数据杀熟是一种特殊的个性化定价行为,而个性化定价行为在传统的场景中是可以通过市场机制来确保其不被大规模地恶意利用的。在个性化定价的初步测试中,阿克斯蒂和瓦里安分析了消费者购买历史的调节价格。传统的消费者权利和消费模式下的消费者知情模式带来了一系列的假定。[②] 传统的个性化定价分析假设消费者:(1)知道实施价格歧视的公司。(2)如果不需要价格歧视,他们会大胆地将业务转移到其他地方。尽管卖家现在可以很容易地使用价格调节策略,但消费者并非毫无防备。没有人会被迫加入一个忠诚计划。将浏览器设置为拒绝 Cookie 或在会话结束后删除它们是相对容易的。消费者可以使用各种信用卡或更奇特的匿名支付技术,使购买匿名进行或难以追踪。此外,消费者还可以表达他们对被视为歧视性或侵入性的定价政策的不满。(3)人们还假定价格歧视将使定价更加准确和有效,因此有利于消费者

① See Kristen Martin, *Manipulation, Privacy, and Choice*, 23 North Carolina Journal of Law & Technology 452 (2022).

② See Alessandro Acquisti & Hal R. Varian, *Conditioning Prices on Purchase History*, 24 Marketing Science 367 (2005).

（否则他们将离开交易）。假设“即使卖家可以发布价格，观察选择，并根据观察到的行为来调整随后的报价，买家也能够隐藏他们之前购买的事实”。因此，卖家很可能不得不向买家提供一些好处，以诱导他们透露自己的身份。

然而，以上三个假定都很难再成立了。这导致了相关经济犯罪活动的多发。常规活动理论认为，犯罪发生必须具备三个条件：有动机的罪犯、合适的目标，以及缺乏“有能力的监护人”来防止犯罪。[①] 三个假定的不成立，导致三个条件的具备。

第一，消费者对实施价格歧视的公司一无所知。大多数消费者仍然看不见他们的在线行为创建了一个很长的数据跟踪，由个人特征，如位置数据、浏览和购买历史、社交媒体帖子和“赞”等组成。[②] 消费者对利用亲密的知识，通过广告、植入式广告或定价来暗中操纵消费者，寻求价格歧视的公司一无所知，这使得消费者无法采取任何市场行动来阻止收集必要的信息，进而参与有问题的价格歧视。这和早期市场是不同的。“在传统市场上，卖家不知道个人客户的‘弱点’，因此无法把它们变成自己的‘甜点’。”[③] 目标定位平台通过向广告商和卖家提供个人消费者的信息来影响市场，通过减少消费者和生产者之间的信息不对称，甚至创造有利于生产者的新的不对称，改变了消费者和生产者的谈判地位。[④]

---

① See Lawrence E. Cohen & Marcus Felson, *Social Change and Crime Rate Trends: A Routine Activities Approach*, 44 American Sociological Review 588 (1979).

② See Peter Seele et al., *Mapping the Ethicality of Algorithmic Pricing: A Review of Dynamic and Personalized Pricing*, 170 Journal of Business Ethics 697 (2021).

③ Gerhard Wagner & Horst Eidenmller, *Down by Algorithms? Siphoning Rents, Exploiting Biases, and Shaping Preferences: Regulating the Dark Side of Personalized Transactions*, 86 University of Chicago Law Review 581 (2019).

④ See Roger Allan Ford, *Data Scams*, 57 Houston Law Review 111 (2019).

第二,不能认为消费者可以大胆退出。互联网早期的消费者之所以能够拒绝收集信息和删除信息,是因为消费者基本上还是和对面具体的网络商家处于一对一的简单关系。然而,目前的在线营销关系更为复杂,营销能力更为高级。有学者认为,个人数据在公司之间不断买卖和交易(从信用报告公司到广告公司,再到所谓的"信息日记",买卖和交易个人数据),但消费者不能进入这些市场:他们还不能有效地回购他们的数据,或出售他们的数据。[①] 持续性的大数据流转使得消费者不再有按下停止键的能力。

第三,当代的价格歧视"针对误解时,特别是导致需求膨胀的误解",并不会使定价更加准确和有效;它们反而可能不利于消费者。[②] 企业一直试图识别和利用认知偏见,但如果它们通过使用目标定位平台来识别不同人群的个体认知偏见,识别每个人的个人偏见,而锁定目标,就会强大得多,从而进一步改变消费者和生产者的相对议价能力,使卖家更容易参与交易,但这些交易可能并不代表理性参与者之间自愿的、保持合理距离的交流。[③] 我们应当重视对制造偏好和人为改变消费模式的担忧。也有学者认为,"当卖方'制造'了买方的偏好时,就不再清楚自愿签订的销售合同是否能使双方的福利最大化。议价合同确保双方的最佳偏好得到满足的功能,变得没有意义。因此,被理解为个人福祉的集合的社会福利概念变得虚幻"[④]。

---

① See Alessandro Acquisti, Curtis Taylor & Liad Wagman, *The Economics of Privacy*, 54 Journal of Economic Literature 442 (2016).

② See Oren Bar-Gill, *Algorithmic Price Discrimination When Demand Is a Function of Both Preferences and (Mis)perceptions*, 86 The University of Chicago Law Review 217 (2019).

③ See Roger Allan Ford, *Data Scams*, 57 Houston Law Review 111 (2019).

④ See Gerhard Wagner & Horst Eidenmller, *Down by Algorithms? Siphoning Rents, Exploiting Biases, and Shaping Preferences: Regulating the Dark Side of Personalized Transactions*, 86 University of Chicago Law Review 581 (2019).

当目标定位是为操纵、诈骗和降低消费者议价能力提供便利时，就会伤害消费者。虽然对消费者来说也有相应的好处，比如资助免费内容或为他们提供有关产品和服务的相关信息，但这些好处是否足以抵消成本，目前还远远不清楚。[①]

第二个问题在于，预防操纵的市场性罪名不再奏效。如果有某个市场主体通过自己的行为主要或专门地利用相对方的脆弱性，进而侵害经济活动相对方的利益，就可能会受到市场性罪名如暴利罪的规制。《德国刑法》第 291 条规定了暴利罪：(1)任何人利用他人的困境、缺乏经验、缺乏判断力或意志严重薄弱，让他人就以下事项之一向自己或第三人承诺或授予物质利益——居住空间或与之有关的额外服务的租金，授信，其他事务，或上述给付之一的中介——与该服务或其采购的价值极不相称的，处 3 年以下有期徒刑或罚款。如果不止一人作为利益提供者、买受人或以其他方式提供利益，从而导致物质利益总额与服务价值之间的显著不相称，则上述第一句适用于每一个利用他人的困境或其他弱点为自己或第三人获取过多的物质利益的人。(2)情节特别严重的，处 6 个月以上 10 年以下有期徒刑。一个特别严重的案件通常发生在：该罪行使另一方陷入经济困难；在商业性基础上犯该罪行；接受代表暴利的本票。

德国刑法中的暴利罪的保护法益为财产，但本罪不要求发生财产损害或是对财产产生危险，本罪是一种抽象危险犯。[②] 但是，本罪并非位于第十九章盗窃和侵占犯罪之中，也不在第二十章抢劫和敲诈勒索罪之中，而是位于第二十四章破产犯罪和第二十六

---

① See Roger Allan Ford, *Data Scams*, 57 Houston Law Review 111 (2019).

② 参见甘添贵总主编，林东茂主编：《德国刑法翻译与解析》，台北，五南图书出版股份有限公司 2018 年版，第 607 页。

章妨碍营业竞争的犯罪中间,即第二十五章应处罚的利己行为犯罪当中。所以本罪不是一种侵害财产的犯罪,而应当是一种扰乱经济秩序的犯罪。本罪应当被认定为是在通过保护契约自由来保护经济主体对于经济活动的信赖——经济活动中具有脆弱性的主体免受经济上的剥削。从法益的角度出发,看起来暴利罪也是直接规制数字经济中的操纵行为的罪名。不管是利用他人处于困境、缺乏经验、缺乏判断力,还是利用他人严重的意志薄弱,都可能是一种操纵他人的行为。

将暴利罪适用到大数据杀熟的场景时,可以作如下分析。其一,相对方的脆弱性不限于处境急迫。我国台湾地区"刑法"第344条规定的"重利罪"要求相对人处境急迫,但德国刑法并不要求如此。在大数据杀熟的情景下,相对方可能急需购买商品或服务,但在大多数情形下并非如此。其二,相对方的脆弱性可能在于对数字经济主体的依赖性。《澳门刑法典》第219条规定的暴利罪包括了利用债务人之依赖关系。学者认为,这包括了甲经营的企业所生成的产品都依赖乙所设立的贸易公司来推销,此时乙可以利用此种依赖关系而对甲放贷获取暴利。[①] 同理,在大数据杀熟的情况下,这种脆弱性的利用比较常见。各种商品或服务的提供平台在数字经济时代往往集中体现为头部的几家,而大多数人往往只是下载了其中一两家的应用程序,在移动手机上进行操作。此时消费者对于这一两家头部企业就有事实上的依赖性。若要换成其他平台,需要一定的安装时间和重新操作时间,消费者一般会权衡杀熟的程度和时间的成本。其三,脆弱性还包括不知情、轻率、无经验、无技能等情况。我国台湾地区"刑法"明文规定了轻率和无经验的情况。这包括大数据杀熟场景下新用户的无经验,或者虽有

① 参见赵国强:《澳门刑法各论(上)》,社会科学文献出版社2013年版,第500页。

所怀疑,但仍不去查证的情况。我国澳门地区刑法明文规定了无技能的情况。学者认为这一定是包含了相应的科技含量,而非一般性的行业技能,但科技含量的程度是一个极其复杂甚至是专业的问题。[①] 这里的技能的确不应当是一般性的行业技能,否则应当认定为无经验。这里的科技含量也的确是一个复杂的专业性问题。基于数字鸿沟的概念,在大数据杀熟的场景下,这里的无技能可以解释为对相关算法的不了解和不理解,这突出体现在年长公民使用相关产品和服务的场景中。

如此说来,暴利罪可以适用于大数据杀熟的多种情况。其一,暴利罪不一定要求德国刑法中的债务人向行为人或第三人作出承诺或负有义务,因而给予金钱利益,而是可以像其他国家和地区的刑法那样适用于不公平的买卖交易关系。其二,这种给予只要是显著不相称的即可。在大数据杀熟的情况下,有些行为主体的确会杀熟太狠,特别是在针对显著异于常人的消费者时。算法可以筛选出这样的暴利行为对象。

但是,暴利罪只是部分地直接规制了数字经济中的操纵行为。此时的暴利罪符合破坏目标决策、利用目标脆弱性的操纵行为的两个特点,甚至在破坏目标决策时还符合颠覆目标利益的典型操纵行为特点。但如果要符合操纵的定义,还需符合隐藏性的特点。可以看到,当利用他人缺乏经验、缺乏判断力时,具有隐藏性,符合操纵的定义;当利用他人的困境时,可能具有也可能不具有隐藏性;当利用他人的意志严重薄弱时,一般不具有隐藏性。不具有隐藏性时,属于其他的破坏目标决策的不公平行为。此外,暴利罪要求允诺或给予的财产利益与给付的中介显失公平,强调是利益平衡之后的显失公平,而非这种操纵行为本身的不正义。所以,仍然会有很

---

① 参见赵国强:《澳门刑法各论(上)》,社会科学文献出版社 2013 年版,第 501 页。

多在客观对价上看起来公平的操纵行为,虽然违反了数字经济行为人的经济自主,扰乱了数字经济秩序,却难以认定为本罪。

更为重要的是,暴利罪并不能直接和间接规制数字经济中的欺骗行为。当数字经济主体直接通过自己的行为制造骗局,导致相对方对他们所从事的交易中的重要事实有错误的信念时,可能并不符合诈骗罪中要求的对财产利益的允诺或给予具有认识错误,但又不是暴力罪中的相对方本身存在脆弱性而加以操纵和利用的行为,而是数字经济主体自身通过特定的表示、遗漏或实践在特定的微观时刻欺骗了企业的客户。这是和诈骗罪在实体上的差别。此外,在实践中,例如大数据杀熟,可能难以区分哪部分顾客是被欺骗了,哪部分顾客是存在脆弱性而被操纵了,即使可以区分,对被欺骗的这部分顾客进行取证以累计数额也是耗时费力的。对于这种微操性的欺骗行为,传统法律往往是通过非刑法手段加以处置的。此时通过经济法上的罚款等经济处罚,或者通过民事法上的合同制度,就能够消除影响、恢复原状,也能够在很大程度上预防未来再犯。

(二)针对欺骗的法律保障难以奏效

关注欺骗也是有必要的,因为这是在消费者保护案件中最常见的辩护主张之一。这些骗局有无数种形式,从赤裸裸的欺诈到可能违反或可能不违反法律的微妙计划。虽然它们并不是什么新鲜事,但由于目标工具的存在,现代数据基础上的目标化改变了骗子和那些试图检测和预防骗局的人,其中许多骗局变得更容易持续,更难发现和预防。[1] 监管在解决市场失灵时最容易被证明是合理的。随着越来越多的社会行为转移到网上,结果可能是弱势个

① See Roger Allan Ford, *Data Scams*, 57 Houston Law Review 111 (2019).

人和群体越来越多地成为恶意行为者的受害者。数据聚合会以更广泛的方式伤害消费者市场和民主制度。如果是这样，那么可能需要进一步考虑更积极的解决方案，比如监管，甚至是禁令。[①]

消费者保护和公平竞争法从根本上依赖对欺骗行为的可强制执行的禁令。[②] 如果数字操纵行为可以通过反欺诈的行为禁令得到某种程度的治理，那也是可取的。例如，针对流量造假，我国的财产性犯罪诈骗罪可以适用于一些场景。学者认为，行为表现为广告委托方因虚增的流量陷入了错误认识，以为行为人已完成有效推广，便履行了支付推广费用的合同义务；虚假交易牟利类行为则表现为利用第三方平台消费、购物返利等优惠活动机会，采取技术手段制造虚假订单和交易数额，相关平台基于虚假订单陷入错误认识，以为优惠措施取得了相应成效，便兑现了优惠承诺。[③]

但是，第一个问题在于，针对数字经济中的操纵行为，法律漏洞可能来自未能预料的某种骗局。以竞选骗局为例，它客观上误导了浏览者，使浏览者以为该网址和特朗普存在直接联系，而向该网址捐款。根据《联邦贸易委员会法案》的标准，募捐活动可能具有欺骗性或不公平，但根据联邦选举法，只要筹款人提交了所有必要的联邦选举委员会文件，并进行了适当的披露，就没有问题。所以，骗子已经从经营慈善机构骗局转向经营政治委员会骗局，因为他们的监管不那么严格。[④] 此时的法律漏洞来自规制机制的结构性问题。

在我国，法律也未充分预料到流量造假的骗局。虽然行政部

---

① See D Roger Allan Ford, *Data Scams*, 57 Houston Law Review 111 (2019).

② See Lauren E. Willis, *Deception by Design*, 34 Harvard Journal of Law & Technology 115 (2020).

③ 参见邓矜婷：《流量造假行为的刑法规制》，载《人民检察》2022 年第 15 期。

④ See Roger Allan Ford, *Data Scams*, 57 Houston Law Review 111 (2019).

门可以根据《反不正当竞争法》第 20 条对虚假宣传或虚假交易的刷量行为给予罚款或吊销营业执照的行政处罚，但这种处罚的前提是存在竞争关系，且是为自己而刷或双方达成合意进行刷量，并不适用于一方刷量而另一合作方并不知情的场景。在刑法上，另一方并不知情的行为也不一定能够适用诈骗罪处理，一是因为不知情的合作方的财产利益不一定受到损害，反而可能因为造假的流量而真的吸引了更多的关注和交易机会；二是流量造假不一定要获取财产利益，而可能获取数字经济中其他多种合作机会。

第二个问题在于难以证明欺骗的意图，这种困难可以从两个层面进行分析。虽然误导意图不是联邦或大多数州的欺骗行为索赔的组成部分，但显示误导意图的证词或商业记录经常被引入，作为此类行为的有力证据。即使存在这种意图，也很难证明——法律长期以来一直承认这一点，这也是大多数禁止欺骗性商业行为的法规遗漏意图要求的动机之一。[①] 大多数证明欺骗消费者的方法集中在特定标识的市场营销和销售材料上。这些方法包括依赖：事实发现者或对特定材料的“合理消费者”标准的专家应用；对消费者测试对象对于这些材料的反应进行专家分析；今天的证据黄金标准，即随机对照实验显示了被这些材料欺骗的消费者受试者的比例。[②] 随着数字材料的设计过程变得更加自动化，设计在线商业材料的机器缺乏欺骗意图。如今的企业可以设计欺骗性的数字互动，而并非有意误导。这些材料不仅会不可避免地欺骗消费者，而且不可避免地会以其他不公平的方式操纵消费者，以获取商

① See Lauren E. Willis, *Deception by Design*, 34 Harvard Journal of Law & Technology 115 (2020).

② See Lauren E. Willis, *Deception by Design*, 34 Harvard Journal of Law & Technology 115 (2020).

业和政治利益。认识到从事数字欺骗行为的企业确实没有任何人类欺骗意图是一个新的发现和挑战。[①]

人工智能技术破坏了证明欺骗的主要方法。数字商业材料的独特设计的数量对证明企业的数字实践具有欺骗性构成了一个实际障碍。并不是所有的企业广告、网站或应用程序的数千个微目标版本都可以为诉讼目的进行分析。即使是统计上有一定的代表性的样本也会超过可行的限制。[②] 世界上没有两片相同的树叶,人不能同时踏进同一条河流。展示数字欺骗的另一组障碍来自数字商业材料的设计和交付的微目标特性。消费者测试和实验之所以挣扎,是因为无法确定受试者在相关方面与特定数字材料所指向的消费者是否相匹配。成功的微定位需要在特定的环境中和在他们最有可能以企业所期望的方式作出反应的时刻接触到消费者。当事实发现者、专家或消费者测试对象检查这些材料时,这些背景和时刻的相关方面无法被重新创建。[③]

四、数字市场需要的刑法保障

数据分析、消费者数据集和目标定位平台允许更有效的广告投放。由于合法公司的广告已经根深蒂固,而且可以提高福利,解决数据诈骗的方法不太可能是简单地消除这些形式的广告。[④] 但此类数字实践需要法律乃至刑法的规制。

---

① See Lauren E. Willis, *Deception by Design*, 34 Harvard Journal of Law & Technology 115 (2020).

② See Lauren E. Willis, *Deception by Design*, 34 Harvard Journal of Law & Technology 115 (2020).

③ See Lauren E. Willis, *Deception by Design*, 34 Harvard Journal of Law & Technology 115 (2020).

④ See Roger Allan Ford, *Data Scams*, 57 Houston Law Review 111 (2019).

在数字经济时代,刑法有了出场的必要性。其一,传统时代的微操性欺骗以线下零星的一对一甚至是面对面的形式进行,其规模、频率是有限的,即其产生的社会危害是有限的,所以用刑法的前置法去处理具有实体法上的争议性,不符合比例性原则中的均衡性要求。但是在数字经济时代,微操性的欺骗行为是以线上规模性的一对多的形式出现的,甚至是以人工智能的形式自动进行的,面对的是不需要面对面的天南海北的相对人,其行为的规模性和高频性都发生了质的改变,所以其社会危害性也发生了质的提升,有必要通过刑法予以打击和预防,符合比例性原则中的均衡性要求。其二,刑法预防的必要性发生了质的提升,因为行为的成功率提升了,而被制裁的可能性降低了。传统的微操性欺骗面对的是临时来到面前的相对方,其能施展的骗术相对固定,较难针对特定的相对方量身定做,所以其成功率也是有限的,而数字经济中的微操性欺骗是基于大数据,甚至是通过算法自动调整和设计的针对特定人在特定时刻的微操,其成功率有了质的提升。传统的微操性欺骗容易被发现,行为人也容易被找到,这也是老一辈愿意去实体店消费的重要原因,而数字经济中的微操性欺骗很难被发现和证明,即使被发现和证明了,在实际操纵中也难以找到行为人并顺利索赔。既然行为的成功率有了质的提升,而行为被制裁的可能性有了质的下降,那么惩罚性和威慑性更强的刑法就不能将任务依然推诿给前置法了。以个人信息保护的路径为例,利用相关前置法去强化个人信息保护,减少消费者个体数据被滥用的风险看似可行,但其根本缺陷在于隐私悖论,即个体的隐私偏好在立场和主张上可能很先进,但其在实际的数字经济活动中的行为中往往过于轻易地同意数字经济主体处理其个人信息,加之其他数字经济主体并未与个体直接互动,个体不知情,也就无法通过同意机制来控制信息滥用。[①]

(一)司法重构网络秩序犯罪要件

欺骗不仅在网上许多独特的在线广告、网站和软件应用程序的排列中不可避免,而且越来越多的算法设计、微目标和不断变化的数字通信和行为导致欺骗行为逃避了旨在禁止、惩罚和阻止欺骗的法律手段。所以,我们应当探索在现有法律下,保护消费者市场的完整性的方法,即对不公平和欺骗性商业行为索赔的司法处理如何能够,而且应该适应解决数字时代执行欺骗禁令的证据障碍。[②]

因为技术的变革,数字经济中的欺骗和操纵行为难以被一一证明发生的具体节点。所以,学者建议把责任放在那些能够操纵的人身上,而不是试图识别每个针对性操纵的实例。不需要精确地指出哪些特定的表示、遗漏或实践在特定的微观时刻欺骗了企业的客户。执法机构、相互竞争的企业和私人原告将被要求证明,企业的客户根据对交易的重要事实的虚假信念与企业进行交易,[③]但此种推定方式有待商榷。

虽然在刑法的前置法,即民商经济法律中,可以采取此种推定方式,只要原告方证明了客户根据对交易的重要事实的虚假信念与企业进行交易这一重要事实,被告方就有责任证明自己并没有导致客户的此类虚假信念。这符合民事诉讼中的优势证据原则,但很难符合刑事诉讼中的排除合理怀疑的证明标准。此外,在刑事实体

---

① 参见彭岳:《在线市场操纵行为的法律规制》,载《法律适用》2023 年第 11 期。

② See Lauren E. Willis, *Deception by Design*, 34 Harvard Journal of Law & Technology 115 (2020).

③ See Lauren E. Willis, *Deception by Design*, 34 Harvard Journal of Law & Technology 115 (2020).

法上,机器自主造成的客户的虚假信念,很可能超出了数字经济主体的具体认知,此时难以认定数字经济主体具有故意。而刑法也基本上不会基于过失去惩罚经济犯罪,要知道财产犯罪中的主观方面都是要求行为人具有故意的,市场经济中的犯罪也是如此。

话虽如此,民商经济法律中推定数字经济主体责任的法律逻辑可以在适用刑法相关罪名时得到借鉴。既然在前置法上可以推定数字经济主体具有管理数字技术的责任,那么在刑事法上就可以衔接相应的行政法,比如拒不履行信息网络安全管理义务罪。在前置法上,第一个途径是司法采用的假设,一种认为受益的企业造成了错误信念的假设。当消费者对他们所从事的交易中的重要事实有错误的信念时——包括一个他们没有参与交易的错误的信念——这些错误信念的可能来源是将受益的公司。该公司可以用证据证明一个独立的消息来源要对其客户的错误信念负责,来反驳这一假设。[①] 但是,错误信念的来源很重要吗?只要认识到基于虚假消费者信念的交易是不公平的即可,这些信念的来源如何其实并不重要。基于虚假的消费者信念的销售,即使卖家没有造成消费者的困惑,也会破坏法律保护的消费者和公平竞争目标。因此,防止数字消费者欺骗的第二条途径是,法律认识到,无论消费者如何被欺骗,利用消费者的困惑获取利益本质上是一种不公平的(操纵性)做法。[②] 这样,法律将迫使企业有动力编程他们的算法,公正设计他们的数字材料以生产准确的消费者信念。[③]

① See Lauren E. Willis, *Deception by Design*, 34 Harvard Journal of Law & Technology 115 (2020).

② See Lauren E. Willis, *Deception by Design*, 34 Harvard Journal of Law & Technology 115 (2020).

③ See Lauren E. Willis, *Deception by Design*, 34 Harvard Journal of Law & Technology 115 (2020).

可见，在前置法上，法律可以推定用户错误信念的来源是受益的公司，规定公司具有排除错误信念的责任，前置法律甚至可以不关注错误信念的来源，而直接规定受益的公司具有排除这种操纵行为的责任。如果公司不履行任何一种责任，就有可能被认定为拒不履行信息网络安全管理义务。

《刑法》第286条之一规定了拒不履行信息网络安全管理义务罪，网络服务提供者不履行法律、行政法规规定的信息网络安全管理义务，经监管部门责令采取改正措施而拒不改正，有下列情形之一的，处3年以下有期徒刑、拘役或者管制，并处或者单处罚金：(1)致使违法信息大量传播的；(2)致使用户信息泄露，造成严重后果的；(3)致使刑事案件证据灭失，情节严重的；(4)有其他严重情节的。单位犯前款罪的，对单位判处罚金，并对其直接负责的主管人员和其他直接责任人员，依照前款的规定处罚。有前两款行为，同时构成其他犯罪的，依照处罚较重的规定定罪处罚。对此罪行可以进行如下解释：

第一，前置法上必须有法律或者行政法规规定了公司具有排除错误信念的责任，甚至具有排除这种操纵具有错误信念用户的行为的责任。这有待于最高立法机关或最高行政机关出台相关的规定，此类规定在理论上是没有问题的。

第二，必须经过监管部门责令改正而拒不改正，才有可能入刑。这是为了限制数字经济行为入罪的范围，避免过度干预经济活动创新，扼杀数字经济活力。但是，对此条限制不宜作严格解释。因为本条罪行已经要求了前置法上的依据，行政法上的具体监管前置，以及后续的严重后果或严重情节，可谓通过三道门槛控制了本罪的入罪范围，所以每一道门槛作常规解释即可，否则会过分缩小本罪的打击范围。具体到本要素，责令改正只要实质上明确通知了数字经济主体具有纠正怠于履行排除错误信念行为的责任,甚至具有排除这种操纵具有错误信念用户的行为的责任,就可以认定为已经责令改正,而不要求在形式上出具责令改正的正式文书;只要是数字经济主体在被通知后仍被发现有怠于履行的行为,就是拒不改正,而非一定要数字经济主体明确表示自己拒不改正。

第三,数字经济中的欺骗与操纵行为适用本罪的兜底条款,认定为具有其他严重情节。这不仅是因为罪刑法定,难以认定为前述规定中的具体后果或具体情节,而且是因为适用情节严重的规定比起适用后果严重的规定,更能反映本行为的秩序扰乱特质。本罪规定于《刑法》分则第六章“妨害社会管理秩序罪”的第一节“扰乱公共秩序罪”中,这显著地表明本罪是一个扰乱社会秩序的犯罪。而数字经济中的欺骗和操纵行为更多的是扰乱社会经济秩序的行为,而非直接侵害特定个体财产的行为。它几乎不针对某个个体零散地、零星地侵害其较大数额的财产,而是经常针对不特定多数人大量地、成规模地侵害其数字经济活动自主权。这种显著侵害社会经济秩序的行为,显然认定为情节严重的妨碍社会秩序的犯罪是更为合适的。至于本罪名是否能够容纳数字经济秩序的保护,可以从本罪名的体系位置和列举的内容中得到明确。本罪名所处的章节名称本身就是一个抽象性的、不断发展的概念,公共秩序可以解释为除后续具体多个小节之外的所有社会管理秩序,本身具有包容性。本罪的前三项规定既包括信息管理秩序,显然被包括在社会管理秩序中,还包括《刑法》前列章节“侵犯公民人身权利、民主权利罪”中的用户信息自主权,亦包括后续小节中的司法秩序,这既说明了公共秩序可以解释为除后续具体多个小节之外的所有社会管理秩序,本身具有包容性,也说明了本罪名的包容性,可以包括《刑法》前列章节中的“市场经济秩序”。

(二)立法完善数字经济秩序罪名

拒不履行信息网络安全管理义务罪中规定的"同时构成其他犯罪的,依照处罚较重的规定定罪处罚",为未来市场经济秩序犯罪中,专门打击数字经济欺骗和操纵行为的罪名增设和适用开辟了道路。短期内,可以借助其他法律和行政法规的出台,利用本罪来较为间接地打击数字经济中的欺骗和操纵行为。

长期看来,应当在"破坏社会主义市场经济秩序罪"一章最后一节"扰乱市场秩序罪"中增设专门的罪名,更加直接地反映数字经济中欺骗和操纵行为的危害特质在于侵害了数字经济中相关参与主体的经济自主,是对数字经济特质的危害。当然,在刑罚设置上应当确保不轻于拒不履行信息网络安全管理义务罪,否则新罪名反而可能被旧罪名架空。在刑罚设置相同的情况下,也应当优先适用专门的罪名,以更加准确地反映罪行的特质,即以更加公平的罪名标签来向行为人、被害人、社会公众乃至整个刑事司法系统传达预防和打击数字经济中欺骗和操纵行为的信息和信念。

数字经济中欺骗和操纵罪行的具体设计问题应当被审慎对待。具体罪行的设计应当准确反映该行为的手段技术性和经济危害性,具体情节的设计应当综合考虑技术的隐蔽性、自动性,涉及经济活动的规模性和高频性。利用数字技术在数字经济活动中欺骗数字经济参与者,使其对自己从事的交易中的重要事实产生错误的信念,作出有利于行为人的操作,或者不利于参与者一方的操作,又或者明知参与者对他们所从事的交易中的重要事实有错误的信念,仍然通过数字技术与其开展经济活动的,是数字经济中的欺骗或操作行为。这种行为如果利用了算法等人工智能技术自动进行,或者涉及的经济活动具有大规模性或高频性,应当认定为情节严重。具体的规模性或高频性认定,可以参考数字经济平台规模的前置法认定(《互联网平台分类分级指南(征求意见稿)》)。

数字经济中的操纵行为,哪怕只是违反了数字经济行为人的经济自主,扰乱了数字经济秩序,而没有在结果上导致要求允诺或给予的财产利益与给付的中介显失公平,也是值得刑罚处罚的,特别是在该行为人以实施本行为为职业时。德国刑法在暴利罪中规定了以实施本行为为职业的加重处罚情节。将此情节作为没有在结果上导致要求允诺或给予的财产利益与给付的中介显失公平时的基本入罪情节,并不会过分扩大刑法处罚范围。事实上,在该行为虽然不是以职业的样态而出现,却是有预谋地大规模地出现,例如在购物节出现时,也是值得刑罚处罚的,这不仅在主观上有了更高的恶性,而且在客观上严重侵害了经济自主和经济秩序。

(三)立法完善数字操纵技术规制

另外一种对数字经济中的操纵和欺骗行为进行间接规制的思路是,通过对它们所运用的数字技术的规制,实现对此类行为的规制。既然此类行为运用了数据技术和算法技术,那么就规制此类技术的滥用。这种思路注重的是信息技术使用的安全,或者说是数据被利用的安全。个人数据保护侧重于对非开放个人数据的传输、公开、处理和骗取行为的规制,但数字经济中个人数据的保护侧重于制裁履职和服务过程中的数据(包括匿名化数据)犯罪。从合法采集阶段到后续环节,例如擅自公开、提供、分析、滥用等。

滥用行为很难通过对传统犯罪的解释予以规制。已有学者提出了数据犯罪的完善建议,但并未明确增加的数据罪名的体系性位置。例如刘宪权教授提出增设非法分析数据罪,打击以违法犯罪活动为目的,行为人非法分析数据,情节严重的行为,情节严重以算法内容的目标危害性和推导衍生的特殊数据数量为核心判断标准。[1] 该罪名主要打击的是非法分析数据以获得国家秘密、商业秘密、个人信息等特殊数据的行为,是否能包括用于操纵或欺骗他人的数据还存在疑问。用于操纵或欺骗他人的数据不一定属于个人信息,因其可能并不具有可识别性,而只具有类型性。于改之教授认为,数据的滥用(非法利用)会导致不利经济后果或财产损失,针对大数据杀熟和侵扰安宁的个性化强制推荐行为,应当增加滥用算法罪、非法提供算法服务罪。[2] 前已述及,大数据杀熟是一种兼具欺骗和操纵的行为,而个性化强制推荐主要是一种操纵的行为。针对这两种数字经济中的欺骗、操纵行为,增设滥用算法罪、非法提供算法服务罪能够在很大程度上解决此类数字经济社会问题,因为此类问题的确主要通过算法的滥用来实施,或其显著的社会危害性主要通过算法才得以达成。增设滥用算法罪、非法提供算法服务罪可以维护用户的经济自主,维护数字经济秩序。但这种维护可能主要是间接的,而非本罪当然结果。

主要原因在于,本罪的体系性位置未得到明确,如果放在《刑法》分则第三章"破坏社会主义市场经济秩序罪"的最后一节"扰乱市场秩序罪"中,本罪可以说主要是为了维护用户的经济自主和数字经济秩序,这种维护的目的和效果是直接的。但如果放在《刑法》分则第六章"妨害社会管理秩序罪"的第一节"扰乱公共秩序罪"中,和其他计算机网络犯罪放在一起,则其保护的范围不限于数字经济秩序,而是包括几乎所有的社会管理秩序,也就是打击几乎所有通过算法滥用实施的违法犯罪。此时是将对其他违法犯罪的打击置于数字经济中的欺骗和操纵行为的打击同等重要的位

① 参见刘宪权:《数据犯罪刑法规制完善研究》,载《中国刑事法杂志》2022年第5期。

② 参见于改之:《从控制到利用:刑法数据治理的模式转换》,载《中国社会科学》2022年第7期。

置,后者的重要性已经在前文论述,而其他违法犯罪的打击的重要性还有待论证。

增设滥用算法罪、非法提供算法服务罪符合政策的趋向。中共中央、国务院《关于构建数据基础制度更好发挥数据要素作用的意见》(2022 年 12 月 2 日)提出,要建立数据要素生产流通使用全过程的合规公证、安全审查、算法审查、监测预警等制度,指导各方履行数据要素流通安全责任和义务。这表明,法律体系要从数据的静态单一到动态多元性质,重视数据的流动性和可用性。此时打击的是一种拒不履行数据安全监管义务的行为,强调的是全过程安全责任,专门提供算法服务的主体和滥用算法的主体都受到一体规制。然而,这毕竟还只是一个方向,是否确有必要增设滥用算法罪、非法提供算法服务罪以打击和预防所有的违法犯罪,就像《刑法修正案(九)》在 2015 年增设的非法利用信息网络罪和帮助信息网络犯罪活动罪那样,还需要观察几年罪情的发展和司法实践的需求。

事实上,学者提出滥用算法罪、非法提供算法服务罪,也对其适用范围作出了限定,主要限于保护数字经济秩序和狭义的公共秩序。学者认为,具体到构成要件的设计,应当考虑以下几点:(1)将“违反国家规定”作为构成滥用算法罪的前置条件;法定犯可以强化刑法与前置法评价能力和惩治效果的对应与衔接。(2)滥用算法的行为必须产生严重影响交易公平、公民生活安宁或者公民自主选择权的后果。(3)可以仿效逃税罪、拒不履行信息网络安全管理义务罪的规定,通过设置相关客观处罚条件,避免刑事处罚过度,以平衡创新探索需求。[①] 交易公平和自主选择是经济秩序的

① 参见于改之:《从控制到利用:刑法数据治理的模式转换》,载《中国社会科学》2022 年第 7 期。

内容,而生活安宁是狭义的公共秩序的内容。可见,即使将滥用算法罪、非法提供算法服务罪放置在《刑法》分则第六章“妨害社会管理秩序罪”的第一节“扰乱公共秩序罪”中,和其他计算机网络犯罪放置在一起,学者此时也并没有将其扩大到滥用算法实施的所有违法犯罪。

五、结论

数字经济中的操纵行为严重侵扰数字经济文明秩序,其他干预手段并不足以应对。刑事司法处理是一种近期内的方案,这有赖于立法上已经有相关的制度对应解决数字经济中的欺骗与操纵行为。短期来看,可以采取利用拒不履行信息网络安全管理义务罪间接打击这一行为的司法方案。远期来看,则可以勾勒直接规制该行为的,或通过规制该行为运用的技术间接规制该行为的立法图景。对于中国刑法来说,不管是直接针对数字经济中的欺骗和操纵行为进行规制,还是通过规制数字经济中的欺骗和操纵行为所使用的信息技术来间接规制欺骗和操纵,都是一种远期的立法图景。

第七章　数字经济秩序中的技术信任与刑法保护

本章概要：在数字化和市场化的进一步发展中，传统社会的普遍信任与特殊信任演进形成了数字信任。数字信任逐渐需要从中心化的互联网信任转变为去中心化的算法技术信任，尤其以区块链为代表。这种新型的信任系统有助于减少第三方的介入，提高效率，降低社会成本，缓解第三方执行可能带来的腐败问题。此外，互联网经济和传统农业及工业经济之间的差异推动了人格化特质向非人格化信任机制的转变，即通过新技术（如加密算法和智能合约）构建信任。在数字经济的进程中，数字信任对于交易实体的信任、数字经济的发展以及智慧城市的建设都发挥了重大作用。但数字信任也面临着威胁，例如数字身份的信任被破坏以及部分群体对数字经济的信任度较低等问题。通过分析数字信任的现有威胁，可以提出相应的保障措施，这包括增强安全开发和测评环节的刑法保障、推进可信任的数字审计以及引入安全港条款和沙盒免责机制。

关键词：数字信任　刑法保障　数字技术开发、审计、测评重大失误罪　安全港条款

刑法要有效保护参与主体对嵌入数字经济系统的标准化操作（如数据标准、技术标准）的信任。刑法对于传统市场一直在进行嵌入信任和行为标准的操纵。对此，法默教授列举了伪造通货、使用错误的度量衡、销售冒充货物等行为的犯罪化条款，认为这些刑法条款的设立目的在于对通货、度量衡和货物质量进行标准化，使得市场交易参与者不用再对每次交易进行检查或对交易对象的可信赖性进行评估。[①] 这就使市场交易中的个人信任发展到了市场化的标准化操作的制度信任。[②]

《数字经济规划》要求加快研究制定符合我国国情的数字经济相关标准，开展数字经济标准国际协调，研究推进数据安全标准体系建设，推动数据资源标准体系建设，推进平台企业行业服务标准建设。数字经济的刑法保障也意味着刑法需要将那些试图破坏参与数字经济的人们对于数字经济系统可靠性的信任的行为予以犯罪化，以保障数字经济要素和活动的共享、交换、协作与开放。但是，数字经济系统中的信任不仅有制度信任，还有数据信任、技术信任和机器信任等新的信任形式，这些新型信任形式同样需要刑法的保护。

一、数字信任的场景概念

随着社会运行到一定复杂程度，社会群体内部也呈现出种种复

---

① See Lindsay Farmer, *The "Market" in Criminal Law Theory*, 85 The Modern Law Review 435 (2022).

② See J. Vernon, *Distant Strangers. How Britain Became Modern*, University of California Press, 2014, p. 111.

杂的信任状态。总体的趋势是从特殊信任发展到普遍信任,而普遍信任产生了数字化的趋势,这种趋势在数字经济场景中不断发展。

(一)特殊信任与普遍信任

行为人基于既有的权威性规范,例如法理和契约等普遍标准,而作出是否信任的判断,这是一种普遍信任;若行为人基于行为客体和其有关的特殊联系,如共同的亲缘和宗族,而作出是否信任的判断,则是一种特殊信任。[①] 在市场经济中,我们很容易发现早期的活动是一种特殊信任,成熟的市场活动则依赖一种普遍信任。早期的活动依赖亲缘和宗族等熟人属性,交易双方依据“不杀熟”的社会规范进行了信任的决策,交易得以快速、有效地进行。但当交易的范围、规模和频率随着市场的发展而急速扩张后,这种对传统特殊信任的依赖就难以支撑起更迭的市场活动所需的效率了。市场化的标准化操作的制度信任则是在此需求背景下发展的。交易的一方只需按照一定规程向对方出具经过认证的度量衡和经过认证、检验检疫的货物,另一方只需向对方出具经过认证的通货,交易就得以快速完成,交易中的双方都不需要对交易中的对方进行基于个人属性的判断。此种基于标准化操作的制度信任在于必须有一个双方共同信任的第三方制定相关的标准并持续不断地监督这种标准的贯彻落实,且这种监督以必要的各种处罚,甚至包括刑罚为保障。这种监督和惩罚只需要面向类型化的度量衡、货物和通货,而不需要面向每一次都不同的交易双方进行具体的情景式判断,减少了监督和惩罚的成本。这种制度信任不仅成为了一个成熟的市场经济体的重要竞争力,也成为了交易双方社会资本

① 参见[德]马克斯·韦伯:《儒教与道教》,王容芬译,南京江苏人民出版社2004年版,第142页。

的一种形式，简化了双方进行合作的关系，使得复杂社会中的生存和发展得以简化：在交易之前，他们不再需要费劲地寻找对方个人属性的判断材料然后进行综合判断。

可以看到，特殊信任以人为标，基于特定身份、特定个人属性而附加信任；而普遍信任去除了个人的因素，在个人因素之外寻找第三方的保障以附加对方信任。普遍信任随着社会的发展不再仅限于制度信任。普遍信任在早期依赖的权威性规范，例如法理和契约，需要借助一个强有力的第三方来对其进行制定和贯彻执行，这是因为普通人不管是作为交易活动的哪一方都没有强有力的方式去贯彻和执行。

（二）普遍信任的技术场景

在数字空间中，也存在这种强有力的第三方去贯彻执行一个标准化的规范或契约。例如网络游戏服务商制定了身份标准、游戏币标准、虚拟物品标准，并且有一系列的技术、规则等措施去贯彻执行；数据交易所制定了数据安全标准，推动了数据资源标准体系建设，去除了包含个人信息和个人因素的数据进入流通领域。

但是，数字空间中也出现了一些不需要一定强有力的第三方去制定和贯彻标准或作为一个中心化的节点去确保普遍的信任的情形。传统的普遍信任是一种制度信任，意思是必须有人去制定和执行这套制度。而新的普遍信任不再需要一个第三方去制定和执行一套制度，或者说，这种需要的程度变得越来越低了。以去中心化的区块链为代表的数字技术再造了一个活动空间，也创造了新的普遍信任形式，即数字技术信任。虽然在一开始，需要有一个人或者第三方去设定这个区块链的运行方式，但一旦设定和启动，就不需要这个人或者第三方持续参与了，甚至都不可能在技术上允许第三方操作运行。只需要去中心化的各方按照既有的技术协议,例如公钥和私钥的配合或智能合约的条款去执行和运转即可。这种数字技术信任比起制度信任,不需要一个第三方去执行一套制度,也就从根本上避免了第三方执行一套制度所带来的社会成本和效率问题,也杜绝了第三方执行一套制度所蕴含的腐败问题。

综上所述,我们可以总结出不同类型信任关系主要因素的演变(见表7－1)。

表7－1　不同类型信任关系主要因素的演变

信任状态	特殊信任	普遍信任	
主要信任类型	人际信任:以特殊的人际关系为基础,情感性较强,传递性较弱	制度信任:以政府监管、市场契约为基础,稳定性较强,传递性有限	数字信任:以数字技术及其应用为基础,传递性的数字技术和数字空间依赖性较强
行为主体要素	社会个体	企业等社会组织	连接、映射到数字空间的组织、个体、物
信息机制要素	熟人关系网络、书信	印刷术、电报、电话	(移动)互联网、区块链、人工智能、虚拟现实
社会关系要素	自给自足为主,对社会分工的商业化依存度较低	社会化大规模工业生产为主,对社会分工的市场经济依存度较高	以平台企业和跨国网络公司为特征,对精细分工的数字经济依存度较高

资料来源:参见崔久强、郑宁、石英村:《数字经济时代新型数字信任体系构建》,载《信息安全与通信保密》2020年第10期;欧阳日辉:《数字经济时代新型信任体系的构建》,载《人民论坛》2021年第19期。

数字信任需要从初级的互联网信任发展为基于算法的技术信任。[①] 互联网经济和传统的农业经济和工业经济相比,其差别首先

① 参见杨继:《区块链、互联网信任与制度设计》,载《上海经济研究》2021年第6期;凯文·沃巴赫、林少伟:《信任,但需要验证:论区块链为何需要法律》,载《东方法学》2018年第4期。

体现为陌生的交易双方在不同的时间和空间进行互动和无边界拓展，这种互动的种类和数量是如此庞大。这一方面带来了更低的搜寻、询价、议价和支付方面的成本，另一方面网络的匿名性、虚拟性和不确定性带来了新的信息不对称的信息成本问题，甚至带来了与互联网经济相关的诈骗、网络暴力、病毒传染、信息隐私侵害等恶行。为了消除这种信息成本和附带恶行带来的信任脆弱，互联网巨头以平台的形式出现，代替了工业经济中负责制定规则、决策和执行的组织和机构，以中心化的方式建立和维系用户信任。中心化的巨头的优势在于能以比互联网经济的个体更低的成本获取信息和进行信用评价，从而给互联网经济中的双方提供交易之外的信息中介和信任中介服务。例如，一起案件认可了商业数据应当受到相应保护，即快手诉天之易公司不正当竞争纠纷案中，法院援引《反不正当竞争法》第 8 条，认为原告运营的快手平台上的访问数据具有较大的商业价值，原告依托平台数据获取的商业利益依法受到保护，被告利用技术手段进行刷量服务，导致快手应用程序中存在大量虚假访问、点击等数据，破坏了原告平台数据的真实性，对相关公众产生误导，严重影响原告作出正常的经营决策，损害了原告享有的合法商业利益，被告的行为构成不正当竞争。[①] 如今，这种数字社会中的中心化评分机制越来越走向算法化。[②]

然而，中心化的平台本身继受了中心化信任制度的垄断、滥用、寻租、腐败等问题，不仅侵犯个体信息和隐私、商业言论，甚至按照层级进行造谣、传谣、网络暴力或经济剥削。此外，该平台对

① 参见北京快手科技有限公司诉上海天之易网络科技有限公司知识产权与竞争纠纷案，北京市海淀区人民法院(2020)京 0108 民初 32739 号民事判决书。

② 参见胡凌：《数字社会权力的来源：评分、算法与规范的再生产》，载《交大法学》2019 年第 1 期。

外的关系也存在弱点，既可能因为其中心化程度的提升而遭受更高的攻击风险，又可能因为平台之间的竞争而造成互联网经济的割裂和孤岛。总之，互联网经济的出现有了新的信任机制和信任问题，种种疑虑和成本会降低交易频率，影响经济效率，需要新的技术信任加以解决。

为此，应当从互联网经济中仍具有人格化特质的中心化平台所提供的信任，转向数字经济中面向人与人、人与机器、机器与机器的非人格化的信任，即适用加密算法、程序共识和智能合约等新技术所建立和维系的信任。这种信任是基于去中心化的、去人格化的点对点传播、非对称加密、分布式共识（参与者确信其分类账是准确一致的）和智能合约（自治软件媒介）等技术而构建起来的新型机制，能有效应对诈骗、虚假等信息成本问题，以透明度提升信任度。它不产生中心化信任中的验证机构和审计机构的信息获取和验证成本，而使用了全节点同一个同步程序实现瞬间零成本验证，避免了交易的复杂带来的迟延或错误；它不产生中心化信任中为了应对存储问题和他方攻击问题的维护成本，而能以较低成本的分布式存储应对攻击；它不会面临中心化信任中参与人数越多越面临着信息不对称程度加大带来的系统安全性下降问题，而是随着参与节点的增加，存储节点也增加，安全性和信任度反而得以提升。通过区块链的共识机制可以推动智能合约自动强制执行。区块链信任可运用于可编程货币、可编程金融、可编程社会等不同场景。[①]

有学者在各学科信任理论共识的基础上，基于网络安全学科

---

① 基于严格加密算法的区块链技术，具有数据真实性、共享性、安全性、可追溯性等特点，能够解决传统金融行业交易成本高、系统性风险大、监管难、数据接口技术不完善等痛点。从中国证券市场的发展现状和特点来看，区块链技术应该在区域股权交易、机构市场和股权交易方面发挥带头作用。王劲松、韩彩珍、韩克勇：《区块链技术在我国股权交易中的应用》，载《中国流通经济》2018 年第 2 期。

视域将数字信任定义为:“链入/映射到数字空间的两个网络实体,基于可信数字身份和对对方网络安全能力、数据活动的稳定预期,形成持续数字交互的过程和关系。”[①]这一网络安全的视角具有启发意义,我们可以结合数字经济的场景,给出一个数字经济场景下的数字信任定义:数字信任是指数字经济实体之间通过链入、映射到基于(移动)互联网、区块链、人工智能等数字技术的网络中,基于数字技术所保障的数字身份可信度和网络安全度、数据安全度的稳定预期,而形成的进行持续性数字经济交往的过程和关系。[②]

二、数字信任的多重功能

数字信任对数字经济发展和智慧城市建设具有重大意义。数字信任是数字经济企业和数字经济消费者之间的润滑剂,使得彼此的关系能够融洽,基本不用去考虑双方的失信问题。在传统的制度信任中,虽然有一个中心化的第三方去制定和执行一套制度,保证质量和数量等交易的核心要素,但总有一些交易方会铤而走险、明知故犯,或者有些第三方因为疏忽大意或过于自信而把关不严,导致质量、数量、对价等交易的核心要素没有达到标准。这是一个概率问题,每个交易方都可能遇见。而数字技术信任的出现,以去中心化的区块链技术为代表,能够通过技术确保传输的货币、金钱、资金是保质保量的,通过智能合约等技术确保达到规定的条

---

① 崔久强、郑宁、石英村:《数字经济时代新型数字信任体系构建》,载《信息安全与通信保密》2020 年第 10 期。

② “技术契约是指信息技术本身包含的治理特征,或信息技术形成的一种隐性行为规范,是一种中立客观的第三方契约;新一代信息技术与实体经济深度融合形成的技术信任,构成了数据驱动技术契约自适应创新的基础。”吴瑶、肖静华、谢康:《数据驱动的技术契约适应性创新—数字经济的创新逻辑(四)》,载《北京交通大学学报(社会科学版)》2020 年第 4 期。

件就能促发合同的履行。此时的双方在很多方面是一种没有疑虑的信任关系。在共识机制的设计中提前设计出每个节点“作恶”成本高于其潜在收益的规则,将会成为一套通过加密算法而非人为干预提升“作恶”成本的自组织运行制度,有效制止“作恶”行为。① 基于此种信任关系,数字经济企业可以为用户基于用户数据打造独特的用户体验,更好地满足用户独特的个性化需求,同时增强了特定企业的核心竞争力。

数字技术信任由此能促进数字经济的规模和影响力。传统的互联网络经济虽然名义上是跨国的,但受限于主权货币、关税等正式制度,实际上主要在一个主权国家内部运转。而数字技术信任通过区块链技术和智能合约等技术,可以使不同国家和地区的人们通过一种彼此信任的媒介和方式展开经济活动,且不用担心违约的问题,这显然可以急剧地扩张数字经济活动的规模,也能增强率先者的经济竞争力。由此,数字技术信任与更为广阔的经济影响力乃至经济全球化的意义结合起来,对促进全球发展和提升一国的竞争力而言都至关重要。

数字经济中的个体具有一种对于数字技术的信任心理时,这种情绪和反应会在持续性构建的过程中向外溢出,对于整个智慧城市、数字治理都有边际递增的效应和价值。② 数字经济中的各方参与主体通过对区块链、智能合约等数字技术的预期、行为和反馈等多个环节,持续性地参与和践行数字信任状态,他们开始确立对于相关数字经济活动的信任心理。在这种心理状态下,他们开始在其他需要普遍依存的社会场景中预设数字信任的状态,起码是

① 参见杨继:《区块链、互联网信任与制度设计》,载《上海经济研究》2021 年第 6 期。

② 参见崔久强、郑宁、石英村:《数字经济时代新型数字信任体系构建》,载《信息安全与通信保密》2020 年第 10 期。

预设愿意相信和尝试的信任状态。由此,在智慧城市、数字社会治理的方方面面发展和普及区块链、智能合约等数字技术时都能够受益于数字经济中培育的数字信任所带来的愿意通过数字技术控制和承担风险的心理,从而减少怀疑和抵制,提高理解和执行的效率。例如,日本政府注重可信任条件,来保障数字流动的安全和完整,而数据流动的信任能够关联数据流动的自由和流畅,这就是基于信任的数据自由流动。[①]

当然,数字信任并非一定要或者一定会完全取代传统的信任方式,而是可以嵌入各种信任方式,和各种信任方式交叉融合、互补,这取决于各个法域自己的政策、法律、技术和社会需求等多方面情况的交互。例如,区块链技术信任可以补充法律信任,在所有权有瑕疵的地方通过分布式分类账提高效率、降低风险、降低产权保险费用,但很难促进产业结构转型或者激发突破性创新;区块链信任可以与法律信任互补,智能合约可用于确保无主作品的用户(通过仲裁机制审查)向合法权利人支付版税;区块链信任可以取代法律信任,例如对无法开立账户的难民的援助情况进行追踪。[②]

三、数字信任的犯罪威胁

学者总结了不同经济形态中不同信任类型面临的主要社会风险。[③]

---

① 参见陈友骏:《日本参与全球数字经济治理的构想与实践》,载《日本学刊》2020 年第 4 期。

② 参见凯文・沃巴赫、林少伟:《信任,但需要验证:论区块链为何需要法律》,载《东方法学》2018 年第 4 期。

③ 参见崔久强、郑宁、石英村:《数字经济时代新型数字信任体系构建》,载《信息安全与通信保密》2020 年第 10 期;欧阳日辉:《数字经济时代新型信任体系的构建》,载《人民论坛》2021 年第 19 期。

具体而言,在传统的农业经济形态中,对于特殊信任之一的人际信任而言,主要的社会风险在于重大自然灾害、战争、瘟疫、社会动乱,具有非常典型的不可抗力色彩,法律也基本无能为力;对于工业经济中的制度信任而言,主要的社会风险在于环境污染、生态破坏、工程灾害、犯罪等。环境和生态方面的恶化会导致生产条件、运输条件乃至交易条件的恶化,也就无法保证产品的质量甚至数量。工程灾害也是同理,即工程失效、失稳导致经济产品达不到标准化的要求。据此,近现代的法律已经出台了一系列的规范予以应对,包括防灾减灾的一系列规范。而对于犯罪,则在法律乃至刑法上增设了一系列针对度量衡妨碍、通货妨碍、产品质量妨害的禁止性和惩罚性规范;对于数字经济中的数字技术信任而言,主要的社会风险在于高频网络攻击、网络诈骗、数据泄露、数据滥用、隐私侵害等网络安全风险,即数字经济中的网络运行是否安全,数据运行是否安全的问题深刻影响了数字信任的程度和状态。对此,法律乃至刑法已经出台了侵入系统、控制系统、破坏系统、拒不履行信息网络安全管理义务、非法利用信息网络、侵害公民个人信息的相关禁止性规范和惩罚性规范。但是刑法仍然缺失了对于数据滥用和隐私侵害进行一般性禁止和惩罚的规范,而只是针对特定场景下的数据滥用行为(如挖掘国家秘密)和隐私侵害行为(如侵犯数字通信隐私)进行了特定的禁止和惩罚。

首先,数字身份的信任面临着威胁。在技术设定上,所有的组织、个人乃至物品、机器要加入数字经济的运行,需要通过数字身份这一代理方式来链入数字经济。早期的网络经济仅仅是通过电子签名和电子印章的方式将物理空间中的身份直接映射到网络空间中。后来,数字身份在数字空间中有了新的发展和表现形式。数字身份可能同时具有线下的身份信息和数字经济主体在数字空间中的行为信息,例如以账号和密码为代表的前台匿名后台实名的身份,也可能只具有数字经济主体在数字空间中的行为信息,例如以公钥和私钥为代表的完全匿名式身份。甚至后一种情况越来越普遍。"可以说,未来的数字身份将是为任何链入/映射到数字空间的网络实体的可识别、可验证、具备系统唯一性的标识体系,不仅包括人类网络实体,也将扩展到各种机器网络实体,它是在数字空间辨识不同网络实体身份和行为的基础,也是构建数字信任体系的核心基石。"[①]有账号和密码,公钥和私钥在手,就可以证明其特定身份,就可以被系统认证为具有相应的权限从而允许进行相关的操作。然而,账号和密码的失窃,公钥和私钥的泄露在数字空间中屡见不鲜。已有研究分析了欧盟数字单一市场战略中关于数据保护的章节,以及由此带来的公民对网络安全领域信任的增加。[②]

其次,数字技术虽然不断更新换代,但总是存在风险的。区块链技术虽然具有很强的技术优势,但在一定层面仍然存在风险。以核心的信任分类账为例,该系统以加密技术为基础,但计算机能力的不断进步,例如量子计算机的发展,能够破解一些加密算法;利用随机数生成器生成数字作为密码,但生成数字的方式并非随机的。[③] 以扩展层为例,智能合约或可编程合约的安全性基础在于业务逻辑或既定规则的条件设定是合理的,如果合约代码的正确性或完备性不能得到保证,那么这个层面的区块链安全是得不到保障的。当开发者、实施者因为主观层面的能力问题、安全编码水

---

① 参见崔久强、郑宁、石英村:《数字经济时代新型数字信任体系构建》,载《信息安全与通信保密》2020 年第 10 期。

② See Anna Tikhomirova, *Reinforcing Trust and Security in Digital Services and in the Handling of Personal Data*, 3 Intereulaweast 145 (2016).

③ 参见凯文·沃巴赫、林少伟:《信任,但需要验证:论区块链为何需要法律》,载《东方法学》2018 年第 4 期。

平问题,甚至自私、攻击和操纵等个人道德风险问题而意图谋求非法利益时,智能合约就很可能出现一些不可忽视的安全漏洞或者误差。此时的智能合约的代码设计,例如执行顺序和时间依赖,可能出现问题,那么整个区块链系统并不能依照原定的逻辑安全地运转,基于这个系统的交易并无安全的环境,而是面临被攻击的重大损失风险。[①] 简言之,这种风险可以来自开发者的客观能力、主观过失甚至主观故意。例如由于密码恒定的区块链系统无法辨识犯罪人和客户,不满的客户复制了被盗资金,而犯罪人也保留了资金,去中心化自治组织(DAO)平台上的资金被盗取1/3。用户只相信系统的结果是不确定的和脆弱的。

除了最基础的信任分类账的去中心化共识可能面临密码学方面的攻击,引导交易的软件代码(智能合约)可能出现错误或漏洞,用户信任的边缘服务和代币发行人也可能出现安全信任问题。[②] 普通用户受限于区块链系统的技术和硬件要求,几乎都要使用边缘服务提供商提供的钱包服务,而这种中心化的外围公司提供的私钥存储服务可能受到黑客攻击;大多数用户也需要通过交易所来交易,但具有全球性而处于无监管状态的大多数交易所也会面临黑客攻击和窃取。边缘服务提供商面临着对用户的身份保密义务和对用户从事违法犯罪的监管义务的冲突。区块链服务项目如代币发行,若为中心化系统,则存在与边缘服务类似的安全信任问题,例如严重的信息不对称性下投资者并不了解相关的技术复杂性和项目收益性,服务商的中心化权力滥用导致项目沦为骗局;区

---

① 参见张绍成等:《区块链风险与安全问题研究——从技术架构的角度》,载《辽宁大学学报(自然科学版)》2020年第2期。

② 参见凯文·沃巴赫、林少伟:《信任,但需要验证:论区块链为何需要法律》,载《东方法学》2018年第4期。

块链服务项目若为去中心系统,则可能以具有漏洞的智能合约为运行的基础。

再次,除了上述用于合法用途的数字技术可能出现技术安全问题导致的信任问题,还可能存在另外一种情况下的信任问题。当数字技术本身不存在安全问题时,该数字技术被用于非法用途。例如,区块链技术可以被用于非法金融活动。虽然中国相较于美国等其他国家而言,对于区块链金融的管制是更为严格的,但是在几乎所有的国家和地区,区块链金融都是有底线的,不是完全自由的。对区块链金融法律规制的限度把握不准的公众会对基于区块链技术的金融活动心生疑虑,这影响了公众对数字经济活动的信任度。明知相关区块链金融活动违法而仍然基于区块链技术本身安全性予以参与的数字经济行为主体,例如利用比特币交易而实施骗购外汇、逃汇、非法经营外汇业务或者隐瞒境外存款等外汇犯罪行为,①或者从事了其他收益无保障、监管未实施的区块链服务项目例如代币购买,虽然对于区块链金融的技术安全是信任的,但其内心对于区块链金融的法律安全仍然是存有风险认知的,只是基于一种区块链技术安全基础上的侥幸心态而暂时忽略,这已足以影响其对于相关数字经济活动的信任度。区块链金融项目的失败会损害市场的整体信心。②

---

① 参见谢杰:《区块链技术背景下金融刑法的风险与应对——以比特币交易对外汇犯罪刑法规制的冲击为视角》,载《人民检察》2017 年第 8 期。

② 参见凯文 · 沃巴赫、林少伟:《信任,但需要验证:论区块链为何需要法律》,载《东方法学》2018 年第 4 期。基于区块链技术的 ICO 行为,是指首次向众多未指明的互联网用户发行代币,募集比特币、以太坊等数字货币。在实际层面上,“拉人头”“收取入场费”式 ICO 骗取财产的行为可以构成组织、领导传销罪,在区分投资者错误认识的类型和程度的基础上,ICO 行为也可以构成诈骗罪。在适当的层面上,可以通过司法解释将 ICO 行为规范为非法经营罪的规定。参见王冠:《基于区块链技术 ICO 行为之刑法规制》,载《东方法学》2019 年第 3 期。

最后,特殊群体在参与数字经济时面临着数字信任不足的问题。老年人群体本身就对数字技术更不熟悉,产生了代际数字鸿沟。而专门针对老年人群体在使用数字技术参与数字经济活动过程设计一系列攻击的现象已然出现,例如账号和密码的盗窃、个人信息的泄露、电信网络诈骗的脚本。除此之外,专门针对未成年人特别是儿童进行的数字信任攻击也不断发生。非法收集和获取儿童个人信息,诱导儿童从事数字经济活动特别是数字游戏的行为屡见不鲜,甚至纵容儿童利用成人账户上网游戏、直播打赏等。

四、数字信任的刑法保护

监管环境和法律制度的可靠性和稳定性对于建立数字信任无比重要。如果毫无监管,或者监管不善,就像某些只想创收的小国家那样,其可信度是很难吸引大规模用户的;如果一个数字平台想要拥有庞大用户,其理想的监管是越完善越好,而非越少越好。[①]所以,除了法律行为主体,新技术平台的开发运营人员也应当积极推动和尽力落实可靠稳定的监管法律,以促进数字信任。学者提出,面对存储层、协议层、拓展层 3 个层面的安全问题,区块链技术的安全信任问题的解决应当从安全开发、代码审计和安全评测三个环节实施有效的应对措施。[②]

(一)安全开发的刑法保障

传统上,用户的账号和密码作为计算机系统数据加以保护,这种保护是不全面的,具有被盗风险。用户个人的确可能将新型的

---

① 参见凯文·沃巴赫、林少伟:《信任,但需要验证:论区块链为何需要法律》,载《东方法学》2018 年第 4 期。

② 参见张绍成等:《区块链风险与安全问题研究——从技术架构的角度》,载《辽宁大学学报(自然科学版)》2020 年第 2 期。

公钥和私钥信息存储在本地的系统上或者云端上，从而在非法获取数据的情形下可以适用非法获取计算机信息系统数据罪，在数据被删除、修改、增加的情形下，可以适用破坏计算机信息系统罪。但是，并非所有的公钥和私钥信息都是存储在系统中的，也并非所有存储在系统中的公钥和私钥信息都是通过技术的方式非法获取的。英国学者发现，以牛津郡案为例，一种不那么复杂的攻击形式正在出现。当用户采用更严格的技术措施来保护他们的加密资产免受远程威胁时，他们自己就成为了最脆弱的目标。当一个罪犯可以简单地用一根橡皮软管殴打受害者，直到他（她）提供密码时，他何必要费那么大的力气去策划一场昂贵、耗时且越来越不可能奏效的网络攻击呢？牛津郡的攻击是第一次被广泛报道的针对英国加密资产的“橡皮软管攻击”，但至少自 2015 年 2 月以来，全球范围内报道的类似事件越来越频繁。[①] 事实上，这个攻击的术语表达就体现了这种攻击方式的普遍性：“橡皮软管密码分析”这个术语通常用于密码学领域，作为一种委婉的说法，指的是通过强制手段，比如用橡皮软管殴打一个人，从他身上提取密码秘密。可见，密码本来就并非要通过相关的技术性方式进行提取。在犯罪学上，所有先进的技术几乎都可以通过针对相关的人士展开传统的攻击进行破解和应对。在刑法上，对此种行为如何进行评价就成为了问题。我们可以评价其手段行为为非法侵入住宅，为故意伤害身体，却无法评价获取公钥、私钥的目的行为。

数字技术是数字信任的双刃剑。密码学更新迭代不断进行，量子计算技术也在不断突破，这导致数字加密和区块链安全也不断地受到安全威胁。安全开发的要求主要是安全的开发环境、规

---

① See A. Taylor & M. Ó Floinn, *Bitcoin Burglaries and the Theft Act* 1968, 3 Criminal Law Review 163 (2021).

范的开发流程和严谨的程序代码。为了避免对于技术研发的干预和寒蝉效应,也为了避免刑法的过度扩张,我国刑法迄今未有对不负责任的研发行为进行规制的规定。的确,研发行为本身应当尽可能地受到保护,不要受到法律的制裁。但是,如果一个研发行为就是面向社会应用推广而开展的,且在推广应用后真的出现了大规模的安全问题,那么研发过程中的行为就有法律制裁的正当性和必要性,这已经不是纯粹的科学研究问题了,其影响已经直接触及了法律的规制领域了。《刑法修正案(十一)》增设了非法植入基因编辑、克隆胚胎罪,此时,即使在科研伦理上可以允许此类非人实验,但面向社会成员开始实践时,就应当认定为情节严重,落入了刑法规制领域。同样,一些类数字技术的研发,科研伦理上即使都认为是合适的,例如人工智能武器的应用,但对社会产生实际影响时,法律也应当规制。《网络安全法》第 15 条规定,国家建立和完善网络安全标准体系。国务院标准化行政主管部门和国务院其他有关部门根据各自的职责,组织制定并适时修订有关网络安全管理以及网络产品、服务和运行安全的国家标准、行业标准。这里就已经涉及网络产品、服务的研发行为的安全规范要求了。违反相关要求的,当然会有一系列的行政处罚,其中的情节严重的部分可以考虑用刑法予以处理。国外学者认为,在许多情况下,具有有效执行机制的强制性计划可能比纯粹的自愿计划能得到更全面的遵守。我们敦促政府对自由市场的干预应保持在低水平,但由于网络安全问题可能对国家安全产生影响,我们认为某种程度的强制性监管仍是有益的。[①] 事实上,传统的法律已然通过产品质量安全、度量衡规范、通货规范等前置法

---

① See JP Kesan & CM Hayes, *Creating a "Circle of Trust" to Further Digital Privacy and Cybersecurity Goals*, 2014 Michigan State Law Review 1475 (2014).

上的规定对市场经济中的制度信任进行要求以保障市场信任度，违反这种要求的，刑法上已经有一系列的产品犯罪、货币犯罪等规范去治理。

对数字技术的规制适用生产、销售伪劣产品罪有以下局限。一是要求销售金额，而数字技术的提供者可能完全是无偿的。例如比特币技术基础的提供者中本聪完全不是为了销售金额，迄今仍不知其真实身份为何。二是要求已有相关标准进行对照。“没有产品缺陷，就无所谓产品责任。”①不合格产品包括具有不合理危险，不符合注明的标注、表明的状况。前者的判断由行业共识和社会共识决定，例如可能包括特斯拉之前将纯视觉技术取代雷达技术的情形。后者的产生由公司自己决定。但若技术提供者完全注明了此种情形，则难以认定为不合格产品。不管是区块链分布账技术本身，还是后续的智能合约技术、钱包等边缘服务技术、发行代币等区块链服务技术，都需要技术提供者自身形成了行业标准或者标注，表明了相关状况。但其标注、表明的状况反而可能成为其免责的途径。

所以，数字技术的鲁莽甚至肆意开发，在产生不利社会后果时，便具有法律制裁的正当性。这种行为大规模地侵害社会上可保护的利益，且其表现出不管不顾的主观无责任意识，值得法律强制干预。但是，我们在具体的司法实践中，会面临开发者主观认识或应当认识可能产生社会风险的证明问题，因为它们内部并不会留下记录，而其技术又是前沿的，难以通过行业标注来推定其应当认知。此时，必须通过前置法设定相关的记录、审计、测评义务而推定其已知或应知相关的社会风险。

---

① 参见全国人大常委会法制工作委员会民法室编著：《中华人民共和国侵权责任法解读》，中国法制出版社 2010 年版，第 211 页。

(二)可信任的数字审计、测评的刑法保障

设立数字技术开发、审计、测评重大失误罪,意味着刑法保障的信任节点从公务(政府机关)发展到专业人员(市场经济),再发展到数字专家(数字经济)。我国刑法传统上要求的职业信任是针对重点领域的国家工作人员的,例如执行判决、裁定失职,失职致使在押人员脱逃,国家机关工作人员签订、履行合同失职被骗,环境监管失职,食品、药品监管渎职,传染病防治失职,动植物检疫失职,失职造成珍贵文物损毁、流失。可以看到,这些领域的失职行为严重损害了社会公众对于相关重要领域职务人员勤勉履职的期待和信任。国家工作人员的职业信任要求随着市场经济的发展而提高。刑法为此规定了特别的签订、履行合同失职被骗罪和一般性的签订、履行合同失职被骗罪。这些国家工作人员失职的罪名的构成要件之一是严重不负责任导致重大损失。

随着市场经济的活跃和细分,国家工作人员之外的专业人员的职业信任也日益重要,对于维持相关市场经济获得的正常运行不可或缺。为此,刑法也日益关注对于专业人员职业信任的保障。刑法规定了主体是承担资产评估、验资、验证、会计、审计、法律服务、保荐、安全评价、环境影响评价、环境监测等职责的中介组织的人员的出具证明文件重大失实罪。我们可以看到,这些人员的业务具有非常高的市场经济属性,为专门的市场经济活动提供专门的服务,与面向公众日常活动的邮政工作人员的故意延误投递邮件罪、医务人员的医疗事故罪并不一样。这些中介组织的专业人士的专业活动保障的是市场经济主体对于相关市场经济活动完整性、诚实性、专业性和安全性的信任,以确保相关市场经济活动的顺利、高效进行。

但是,目前刑法既有条款列举的基本还是传统市场经济中的

中介服务,并不满足营造数字信任的规制需求。在数字经济时代,中介服务不断数字化,甚至出现了全新的数字中介服务。2017年,智能合约平台以太坊的开发者公开声明:以太坊是并不安全的不成熟的实验性科技,如非必要,不要在上面运行关键性任务应用!① 软件开发公司已经在广泛的意义上使用安全审计。专门审查智能合约代码漏洞的技术审计公司已然出现,②传统的审计公司也在致力于开拓这一个新的业务领域。律师也可以在定制模板中发挥作用,专注于可编程的智能合约系统中的操作模板,通过预标准化和审查智能合约的元素来减少黑客攻击的技术错误。③ 可见,经过刑法解释,固然可以将传统的审计人员、安全评价人员、法律服务人员纳入出具证明文件重大失实罪的打击范围,但对于全新的数字技术开发人员,这一针对中介服务的罪名就无能为力了。此外,这一罪名只限于出具证明文件重大失实的行为,而数字信任的整个营造过程显然不限于这一个行为节点。

以区块链技术信任的营造过程为例,基础层是分类账,需要开发者确保稳健的去中心化共识;核心应用层是智能合约,要求引导该数字交易的软件代码开发者是勤勉的;第三个层面是边缘服务,例如交易所和钱包服务,这类系统需要确保技术安全;第四个层面是区块链服务项目例如代币发行,这类服务不仅需要系统的技术安全,还有确保没有利用信息不对称进行欺诈。这四个层面的安

---

① See Vlad Zamfir, *About My Tweet from Yesterday*, MEDIUM (Mar. 5, 2017), https://medium.com/@Vlad_Zamfir/about-my-tweet-from-yesterday-dcc61915b572.

② See Alyssa Hertig, *Blockchain Veterans Unveil Secure Smart Contracts Framework*, COINDESK (Sept. 15, 2016), https://www.coindesk.com/blockchain-veterans-unveil-secure-smart-contracts-framework.

③ 参见凯文·沃巴赫、林少伟:《信任,但需要验证:论区块链为何需要法律》,载《东方法学》2018年第4期。

全不仅需要开发者和运营者自身的勤勉尽责，还需要审计、法律服务、保荐、安全评价等中介组织人员的专业服务。而这些专业服务不限于出具证明文件这一形式上的结果，更在于整个流程中的建议、警示等行为。例如，代码审计的主要要求是分析代码架构、逻辑流程等可能存在的安全漏洞或隐患，并对体现区块链应用规则的智能合约进行最严格的代码审计。安全测评的主要要求是对应用场景所可能面临的攻击风险和安全漏洞及时进行针对性的评估和测试，并采取必要的应对措施。

中共中央网络安全和信息化委员会办公室于2023年发布《生成式人工智能服务管理办法》（以下简称《办法》），对生成式人工智能进行规范管理。该办法对生成式人工智能产品或服务的提供提出了一系列要求，包括生成式人工智能服务提供者应当进行安全评估。[①] 然而，在前置法上，我们还未看到监管者对去中心化的区块链技术设定安全评估、专业审计和谨慎开发的义务要求。只有在区块链信息服务的特定场景下，才有明文要求监管者的义务。2019年1月10日，国家网信办发布的《区块链信息服务管理规定》第9条规定：区块链信息服务提供者开发上线新产品、新应用、新功能的，应当按照有关规定报国家和省、自治区、直辖市互联网信息办公室进行安全评估。可见，我国现有的数字技术信任维护的制度要求主要在于安全评估，而未对数字技术开发本身作出安全要求，[②]更未对第三方的审计安全作出要求。安全评估的主体一般

---

① 《办法》第6条规定，利用生成式人工智能产品向公众提供服务前，应当按照《具有舆论属性或社会动员能力的互联网信息服务安全评估规定》向国家网信部门申报安全评估，并按照《互联网信息服务算法推荐管理规定》履行算法备案和变更、注销备案手续。

② 《办法》第4条第2项要求在算法设计、训练数据选择、模型生成和优化、提供服务等过程中，采取措施防止出现种族、民族、信仰、国别、地域、性别、年龄、职业等歧视。这对智能技术的开发安全本身提出了要求。

为网络信息管理部门，但其技术专业能力是有限的，忽视了前端的数字技术开发安全本身的要求，也忽视了数字技术开发者自身通过第三方的审计达到安全期待的规则设计。

可以看到，不管是针对生成式人工智能的监管规定，还是对于区块链信息服务管理的规定，主要还是从信息安全的角度提出要求。这非常契合现有的拒不履行信息网络安全管理义务罪的构造。该罪的严重后果基本限于信息传播方面的情节。[①] 然而，上面的风险分析已然表明，数字信任的冲击不仅在于信息安全方面，还在于数字身份安全、数字经济后果和数字社会群体正义等方面。所以，现有的拒不履行信息网络安全管理义务罪是无法全面维护数字技术信任的，我们需要更新的安全管理义务犯罪。但是，根据罪刑法定原则下的同类解释规则，虽然数字身份安全方面的后果可以和用户信息泄露的情节密切相连，却并不能完全等同，[②]而且我们很难将其他严重情节解释为包括数字经济后果和数字社会群众正义方面的情节，因为这些情节和前三项中的信息安全具有较

---

① 《刑法》第 286 条之一规定：网络服务提供者不履行法律、行政法规规定的信息网络安全管理义务，经监管部门责令采取改正措施而拒不改正，有下列情形之一的，处 3 年以下有期徒刑、拘役或者管制，并处或者单处罚金：（1）致使违法信息大量传播的；（2）致使用户信息泄露，造成严重后果的；（3）致使刑事案件证据灭失，情节严重的；（4）有其他严重情节的。

② 账号、密码、生物识别信息、数字签名等用户信息泄露的后果可能是被盗窃、被诈骗，而数字身份被盗用的后果可能是给被盗用者带来一系列非财产上的损害和风险，甚至给其他人带来一系列的财产、非财产上的损害和风险。参见马斌：《面向数据经济的数字身份转型——增强个人参与数字生活的信任》，载《科学学研究》2023 年第 8 期。See C. A. Robb & S. Wendel, *Who Can You Trust? Assessing Vulnerability to Digital Imposter Scams*, Journal of Consumer Policy volume 46, p. 27 – 51 (2023); Michael C. Bromby, *Identification, Trust and Privacy: How Biometrics Can Aid Certification of Digital Signatures*, International Review of Law, 24 Computers & Technology 133 (2010).

大的差别。例如 Ripple 处理资金转移没有错，但问题在于，它这样做没有履行该行业其他参与者的义务，特别是 Ripple 未能遵守反洗钱和“了解你的客户”（AML/KYC）规则。这些规定旨在防止犯罪分子和恐怖分子利用银行系统支持他们的活动。作为对 FinCEN 诉讼的回应，Ripple 同意支付 45 万美元的罚款，并承诺建立反洗钱/KYC 合规系统。①

那么，到底是出台全新的数字技术开发、审计、测评重大失误罪，还是更新既有的拒不履行信息网络安全管理义务罪呢？笔者以为应当出台全新的数字技术开发、审计、测评重大失误罪。首先，二者的法益归属不同。出台全新的数字技术开发、审计、测评重大失误罪，可以放在既有的出具证明文件重大失实罪之后，作为《刑法》分则第三章“破坏社会主义市场经济秩序罪”第八节“扰乱市场秩序罪”当中的一个新罪名。这样既反映了其保护的法益以市场秩序为主，以其他数字经济社会法益为辅，又能和既有的专业人员失职失信行为形成一个良好的衔接和梯队，共同保护传统市场经济和新型数字经济中的大规模信任。而拒不履行信息网络安全管理义务罪归属于《刑法》分则第六章“妨害社会管理秩序罪”的第一节“扰乱公共秩序罪”，主要体现的是维护信息网络中的公共秩序和管理秩序，并不能直接体现对于数字经济社会中的新型信任形式的保护。

其次，二者的构成方式不同。前者并不要求责令改正之后拒不改正，而后者要求。正因为数字技术开发、审计、测评重大失误

---

① See Sarah Todd, *Fincen Fines Ripple Labs Over AML, Says Firm "Enhancing" Protocol*, AMER. BANKER (May 5, 2015), https://www.americanbanker.com/news/fincen-fines-ripple-labs-over-aml-says-firm-enhancing-protocol.

行为本身在接触到数字经济社会面后可以直接产生重大后果，而这种重大失误的产生是由于违背了社会对于相关专业人士的专门生产、服务的信赖要求，所以刑法可以直接进行制裁。而拒不履行信息网络安全管理义务罪主要是维护一种信息网络安全的管理秩序，所以刑法有所谦抑，设定经过通知而拒不改正的程序要件。而事实上，数字技术信任的违反场景中，主管部门并不能有效地查知数字技术开发、审计、测评重大失误行为本身，一般只能在此行为直接触及数字经济社会之后，才能回溯探知其重大失误。

（三）安全港条款和沙盒免责机制的引入

在数字技术的开发者、运营者能够采取足够的措施进行监管时，他们有可能受到安全港条款和沙盒免责机制的激励。

传统的安全港条款主要适用于对流经系统的违法、有害信息的责任判断，但随着屏蔽、检测等技术的发展，这种内容监管义务也发生了波动，服务商容易被认为有能力故而有义务去监管其上的违法、有害信息。但是，“冰冷的数字信赖取代人际关系信赖，将彻底地颠覆参与犯的意思联络要件。而去中心化的技术构造，取消了监督管理角色，在解释平台提供者不作为的犯罪参与时，无法再通过监管保证人地位说明其刑法上的义务来源”①。在新型的数字信任中，特别是在区块链运行中，诸多的行为主体例如挖矿者、区块链应用、钱包软件提供者，虽然能够接触到相关的交易记录，但他们并非像经用户授权能够动用资金的担保交易所那样能够管

① 秦雪娜：《区块链技术背景下参与犯的转型与刑法的体系应对》，载《法律科学（西北政法大学学报）》2020 年第 5 期。

理私钥和行使资金转移的职能,此时所有权和控制权在技术上的确定性区别能够为法律上的安全港规则提供确定性,从而促进数字市场的数字信任。[①]

此外,与安全港条款的永久性和适用于技术巨头不同的是,监管沙盒免责机制能够在一定时间段和一定规模上促进新兴数字企业的实验和创业。英国主要金融监管机构金融市场行为监管局(FCA)设立了一个金融科技沙盒计划,允许公司试用新服务。申请进行沙盒试验的公司如果获得批准,将获得特殊豁免和监督特别授权,可以不顾监管担忧开展试点项目。[②] 监管沙盒免责机制鼓励了企业无许可时的创新,避免了非法经营等口袋罪的阴影笼罩,监管者事先理解并清晰地预测可能引发的公共政策问题且在权衡之后对企业行为予以认可和做好预案,新兴公司则可以高效地编写代码。

五、结论

数字经济时代新的信任形式也需要刑法的保护。技术契约相较于传统的正式契约,呈现出基于技术特征选择行为,初始成本高、执行成本低,大量信息与行为可被低成本监控,过程和结果皆被控制,时间动态,无形等特征。[③] 区块链技术已经在司法存证和民事经济交易中广泛应用,开始得到法律的认可。既要制定政策

---

① 参见凯文·沃巴赫、林少伟:《信任,但需要验证:论区块链为何需要法律》,载《东方法学》2018 年第 4 期。

② See FCA, *Regulatory Sandbox*, FCA (Mar. 27, 2022), https://www.fca.org.uk/firms/innovation/regulatory-sandbox.

③ 参见吴瑶、肖静华、谢康:《数据驱动的技术契约适应性创新——数字经济的创新逻辑(四)》,载《北京交通大学学报(社会科学版)》2020 年第 4 期。

支持区块链在更多的信任应用领域广泛落地，又要通过法律法规与监管措施，不断完善监管外延，减少因区块链滥用而出现的违法风险事件的发生。[①] 刑法必须对区块链这种高新技术基础上信任机制的风险种类有一定程度的认识和防范。存储层数据破坏、窃取安全的风险，以及应用层用户薄弱环节，是最容易为刑法所关注的。但这显然也是最基础的安全，并非区块链信任机制的主要安全风险。在协议层，共识算法、P2P 网络、密码学等技术核心机制层的安全问题主要由开源的底层代码及潜在的协议漏洞引发；在扩展层，智能合约或可编程合约设计和开发中可能存在的安全漏洞包括合约代码漏洞、业务逻辑漏洞等。这些安全风险要从安全开发、代码安全分析、安全评估和测试这三个方面进行内部技术检视、外部技术审计、外部法律监管这三个流程的应对。[②] 简而言之，这些犯罪行为建立在对信任机制和由此组织、促进和产生的不法行为可能性的事先理解之上。这所提出的更广泛的刑事化问题是何时适用刑法来加强这些信任关系。

共同协作的技术构造使得数字信任取代人际信任，促进了犯罪主体联结和犯罪行为参与，刑法需要在技术发展的过渡时期用技术性手段罪名包容不同场景下不明确的犯罪风险，然后在特殊的新兴、专业领域用专业性罪名展现技术手段和利益类型的精细化、明确化；去中心化的技术瓦解了平台的监督管理地位，平台担负的契约义务是基于制成区块链市场产生的提供适当的交易系统，就通常能够遇见的不法故障风险建立相应的

---

① 参见杨继：《区块链、互联网信任与制度设计》，载《上海经济研究》2021 年第 6 期。

② 参见张绍成等：《区块链风险与安全问题研究——从技术架构的角度》，载《辽宁大学学报（自然科学版）》2020 年第 2 期。

防止、整备体制。[①] 未来,刑法上的专业性罪名的精细化和明确化,可以在数字货币、[②]知识存储[③]、儿童保障等领域进一步探索。[④]

---

① 参见秦雪娜:《区块链技术背景下参与犯的转型与刑法的体系应对》,载《法律科学(西北政法大学学报)》2020 年第 5 期。

② See Hatim Hussain, *Central Bank Digital Currencies Reinforcing Public Trust*, 14 Amsterdam Law Forum 21 (2022); Aubrey K. Noonan, *Bitcoin or Bust: Can One Really Trust One's Digital Assets*, 7 Est. Plan. & Cmty. Prop. L. J. 583 (2015).

③ See D. Lin et al., *The Trust Principles for Digital Repositories*, 7 Science Data 144 (2020).

④ Ashley Huntington, *Review: Trust-The Increasing Dangers for Children in a Digital World*, 34 Children's Legal Rights Journal 132 (2013).

第八章 数字经济秩序中的负外部性与刑法应对

本章概要:数字经济体产生的负外部性由社会承担容易引发社会问题,需要充分认识并体系化地应对。数字劳动没有社会保障和平台算法控制数字劳动是引发负外部性问题的两大风险。前者表现为对工人与平台之间雇佣关系的否认导致的劳动者保护措施薄弱,可以通过调整社会保护制度加以应对。后者表现为通过算法加强控制工人表现导致的工人自由、尊严等利益的损害,可以采用建立算法审查等制度进行应对。如果前置监管效力不足,刑法将是激励数字经济体将系统外产生的负面影响内化考虑在系统内的重要手段。面对拒不支付社会保障的行为,要设计好拒不维护劳动保障权益罪的规范结构;面对利用算法强迫劳动的行为,传统的劳动安全罪名具有局限性,应当针对造成严重危害劳动安全危险的犯罪设计好罪行。

关键词:数字经济　负外部性　平台责任　劳动者权益　刑法激励

“外部性”一词被经济学家用来描述那些没有反映在特定交易价格中的成本，这些成本将由更广泛的社会承担。[①] 刑法要制止数字经济系统运行的负外部性，鼓励数字经济系统参与主体将那些在系统外产生的负面影响（例如歧视其他个体或群体，能耗、污染问题）内化考虑在系统内。对于市场活动的负外部性，法默教授以生产过程中的污染为例：它被犯罪化，是为了威慑污染者，并鼓励污染者将成本予以内化，同时，外部性意味着更广泛意义上的理解，即刑法处理某些市场行为的社会成本不仅是在规制市场本身或者公民社会本身，更是为了保障更大意义上的文明秩序，规制的是公民社会和市场之间的关系，分配这些社会成本的公平性由此影响了刑法和市场的正当性。[②] 事实上，前置法上的相关部门就是这么认识公民社会和数字经济市场之间的关系的。国家市场监管总局认为，“维护好新就业形态劳动者劳动权益，事关公平正义，事关和谐稳定。市场监管总局将深入贯彻落实党中央、国务院决策部署，加强统筹协调，强化协同共治，促进平台经济规范健康发展”[③]。各部门和单位要认真履行职责，强化工作协同，将保障劳动者权益纳入数字经济协同治理体系。[④]

数字经济体在数字经济活动过程中享受了国家和法律提供的正外部性。《数字经济规划》提出，受内外部多重因素影响，我国数

---

① See David Campbell, *The "Market" in the Theory of Regulation*, 27 Social & Legal Studies 545 (2018).

② See Lindsay Farmer, *The "Market" in Criminal Law Theory*, 85 The Modern Law Review 435 (2022).

③ 国家市场监督管理总局《关于政协第十三届全国委员会第五次会议第 03239 号（社会管理类 304 号）提案答复的函》（国市监提〔2022〕122 号）。

④ 参见《关于维护新就业形态劳动者劳动保障权益的指导意见》（人社部发〔2021〕56 号）。

字经济发展面临的形势正在发生深刻变化，要开展政务数据与业务、服务深度融合创新，促进社会服务和数字平台深度融合，探索多领域跨界合作。可见平台主导不是因为其拥有生产资料和付出内部资源，而是因为其利用国家信息基础设施，利用了网络效应——使用其产品和服务的消费者形成一个网络，其他消费者的加入会产生额外的价值，网络的价值与系统中连接的用户数量的平方成正比。网络效应带来平台对用户、用户对平台、用户对用户等全方位立体式的交互影响。[①]

然而，监管的缺失导致数字经济体产生的负外部性由社会承担。经过平台公司对控制权的重新分配，平台系统与消费者取代了平台公司对骑手进行管理。平台公司看似放弃了对骑手的直接控制，实则淡化了雇主责任；劳资冲突也被相应地转嫁到平台系统与消费者之间。[②] 数字经济平台将原本并无关系的零工经济劳动者与消费者强行联系起来，过度透支双方之间的信任，降低各方的满意度、安全感和责任感，容易引发社会问题。[③] 为此，需要充分认识以数字劳动为代表的数字经济负外部性问题，予以体系化地应对。

一、数字劳动没有社会保障的负外部性

“平台工作”是指利用平台，使组织或个人能够接触到其他组织或个人，解决特定问题或提供特定服务，以换取报酬的一种就业

---

① 参见沙烨：《数字财富鸿沟：数字控制与资本控制的叠加效应》，载《文化纵横》2021年第5期。

② 参见陈龙：《“数字控制”下的劳动秩序——外卖骑手的劳动控制研究》，载《社会学研究》2020年第6期。

③ 参见卢江、刘慧慧：《数字经济视阈下零工劳动与资本弹性积累研究》，载《天津社会科学》2020年第4期。

形式。[①] 新的就业岗位需要新的社会保障措施。所有社会保障部门(健康保险、就业保险、工伤保险、养老金制度)都将受到影响。这些变化正以前所未有的速度、规模和力量发生。欧盟委员会收集的数据显示,缺乏社会保障是平台工作人员的主要担忧。[②] 社会保护方面的差距部分是由于非标准就业机会的增加和平台经济的增长。[③] 数字劳动没有社会保障引发了一系列的负外部性问题,需要对数字劳动的社会保障问题作一个重新定位。

(一)数字劳动没有社会保障的负外部性表现

"标准雇佣关系"被理解为全职的、不确定的工作,以及雇主和雇员之间从属关系的一部分。平台经济的公司依赖个人作为独立的承包商,而不是员工。此外,就业将更加多样化,职业将越来越不线性。平台工人的地位往往是不明确的,多元化和不连续的职业道路正在出现。平台经济的增加意味着人们越发面临着弹性雇佣:员工数量是弹性的,根据劳动的完成量进行工资分配是弹性的,劳动者根据平台和自身实际安排的工作时间是弹性的。[④] 非标准就业中的依赖自营职业,指根据民事或商业合同为企业提供服务的工人,尽管他们的收入或依赖一个或几个客户,或依赖客户对

---

① See Eurofound, *Platform Work: Types and Implications for Work and Employment-Literature Review*, Eurofound (May 29, 2018), https://www.eurofound.europa.eu/en/publications/eurofound-paper/2018/platform-work-types-and-implications-work-and-employment.

② See Eurofound, *Exploring Self-employment in the European Union*, Eurofound (Sep. 21, 2017), https://www.eurofound.europa.eu/en/publications/2017/exploring-self-employment-european-union.

③ See G20, *Ministerial Declaration "Towards an Inclusive Future: Shaping the World of Work"*, ILO (May 19, 2017), https://www.ilo.org/global/about-the-ilo/how-the-ilo-works/multilateral-system/g20/WCMS_554414/lang--en/index.htm.

④ 参见卢江、刘慧慧:《数字经济视阈下零工劳动与资本弹性积累研究》,载《天津社会科学》2020年第4期。

如何开展工作的直接指示。数字时代劳动关系的定性和归类涉及复杂的方法,但核心是要"使各种用工关系更贴合当事人之间的利益状况,更符合社会公正的要求"[①]。

大部分平台工人是独立承包商。数字工作者的很大一部分是独立承包商或个体经营者,他们组成了一个多样化的星系,由于数字经济和"第四次工业革命",这个谱系变得更加复杂。[②] 对雇佣关系进行错误分类的风险是阻碍或限制通过网络平台开展工作的工人获得社会保护措施权利的最大问题之一。[③] 工人被故意错误地归类为独立的个体经营者,尽管他们实际上是受薪雇佣关系。这些现象导致了检查、争端和司法程序方面的问题。[④] 只有对一些从事非标准和自营职业合同的人来说,这是一个真正的选择,并有积极的结果。相反,对许多其他人来说,这种工作方式与不安全感联系在一起。[⑤] 马克思分析资本时指出,区分经济形式的关键不在于

---

① 沈建峰:《数字时代劳动法的危机与用工关系法律调整的方法革新》,载《法制与社会发展》2022 年第 2 期。

② See Eurofound, *Exploring Self-employment in the European Union*, Eurofound (Sep. 21, 2017), https://www.eurofound.europa.eu/en/publications/2017/exploring-self-employment-european-union.

③ See Stefano Caffio, *Working with an Internet Platform: Facing Old and New Risks*, in Valeria Fm and Federico Costantini eds., Legal Issues in the Digital Economy: The Impact of Disruptive Technologies in the Labour Market, Cambridge Scholars Publishing, 2019, p. 53.

④ See Giuseppe Antonio Recchia, *Working for an Internet Platform: New Challenges for Courts*, in Valeria Fm and Federico Costantini eds., Legal Issues in the Digital Economy: The Impact of Disruptive Technologies in the Labour Market, Cambridge Scholars Publishing, 2019, p. 23 – 50.

⑤ See ILO, *Non-standard Employment Around the World: Understanding Challenges, Shaping Prospects*, ILO (Nov. 16, 2016), https://www.ilo.org/global/publications/books/WCMS_534326/lang--en/index.htm.

生产的对象是什么，而在于如何生产、用什么劳动资料生产。[①] 虽然对比传统的工厂生产，数字经济中的劳动者开始有了一些自己的生产资料，例如自己的私家车、电动车等，但这种劳动者和劳动资料的非分离关系并不能证明当前的零工经济就是典型的自雇劳动。数字经济最为显著的特征是信息数据成为关键的生产资料，数字技术成为效率保障和提成的核心依赖。数字平台通过自己的应用程序、云计算技术以及算法等人工智能技术实现了对于商家、劳动者和消费者的信息数据收集、匹配，实现了对于整个生产、服务和消费过程的实质性控制和支配，也实现了对于劳动产生的剩余价值的分配。[②]

但数字平台不承担劳动保障责任对于劳动者之外的整个社会具有诸多的外部性。首先是贫富差距带来的不平等性。无论如何，强制性社会保险计划的薄弱或缺乏以及私人保险模式的主导地位可能会加剧不平等，在只有最低保障的人与能够负担私人保险并因此受益于更大覆盖面的人之间造成更深的差距。[③] 考虑到在职贫困人口的增长，社会困境不仅容易与失业联系在一起，也容易与在职贫困联系在一起。在职贫困人口是一个令人担忧的新类别，其中包括许多非标准工人和个体经营者。[④] 在所有国家，与有

---

① 参见马克思：《资本论：节选本》（第1卷），人民出版社2018年版，第210页。

② 参见卢江、刘慧慧：《数字经济视阈下零工劳动与资本弹性积累研究》，载《天津社会科学》2020年第4期；常凯、郑小静：《雇佣关系还是合作关系？——互联网经济中用工关系性质辨析》，载《中国人民大学学报》2019年第2期。

③ See Valeria Fill, *Platform Workers' Needs and Social Security Challenges*, in Valeria Fm and Federico Costantini eds., Legal Issues in the Digital Economy: The Impact of Disruptive Technologies in the Labour Market, Cambridge Scholars Publishing, 2019, p. 110.

④ See Valeria Fill, *Platform Workers' Needs and Social Security Challenges*, in Valeria Fm and Federico Costantini eds., Legal Issues in the Digital Economy: The Impact of Disruptive Technologies in the Labour Market, Cambridge Scholars Publishing, 2019, p. 115.

固定和全职工作的工人相比,非标准雇员和自营职业者的贫困风险更高。[①] 这可能冲击代际凝聚力和团结性。因为上一代主要从事传统雇佣合同下的工作,具有较为完备的社会保险,而新一代越来越多地从事自雇工作,并没有享受到充分的社会保障。此外,社会排斥、歧视等不和谐问题会带来更多的社会不确定性和不安全性,反过来影响整个经济和社会的可持续进步和增长。社会保障制度的传统做法,没有针对非标准就业工人的具体情况进行调整。妇女和年轻人在劳动力市场上通常比较脆弱,更容易从事非标准和缺乏保护的工作,因此他们受到了上述转变的严重影响。[②]

我国学者系统研究了数字平台的技术控制如何造就财富神话和财富鸿沟,如何给社会带来负外部性。[③] 数字经济平台利用数字技术的创新重塑了价值生产过程,开辟出了新的价值生产源泉,改变了传统的价值分配机制,获得了超额的剩余价值。15 世纪欧洲资产阶级诞生到第一次工业革命时期的纺织业经营者成为亿万富翁需要二三代人的接力,第二次工业革命也需要一代人的长期努力才能成就一个财富神话,第三次工业革命以数字化为主要特征,造富周期缩短到二三十年。而 2016 年以来,市值最高的五家公司全部为数字平台企业,造富周期缩短为 2 ~ 10 年。它们不同于传统经济中的制造业、资源采掘业和金融业,既非产品的生产者,也

---

① See EC, *Proposal for a COUNCIL RECOMMENDATION on Access to Social Protection for Workers and the Self-employed* (2018/0059), EC (Mar. 13, 2018), https://eur-lex.europa.eu/legal-content/EN/TXT/PDF/? uri = CELEX:52018DC0132.

② See Valeria Fill, *Platform Workers' Needs and Social Security Challenges*, in Valeria Fm and Federico Costantini eds., Legal Issues in the Digital Economy: The Impact of Disruptive Technologies in the Labour Market, Cambridge Scholars Publishing, 2019, p. 118.

③ 参见沙烨:《数字财富鸿沟:数字控制与资本控制的叠加效应》,载《文化纵横》2021 年第 5 期;卢江、刘慧慧:《数字经济视阈下零工劳动与资本弹性积累研究》,载《天津社会科学》2020 年第 4 期。

非消费服务的提供者，而是利用数字技术进行无线连接和超级分布式外包的精益平台构建者和运营者，获得了全方位、立体式的网络效应（与网络用户梳理的平方成正比），[①]还获得了商家、劳动者和消费者生产的数据和内容，通过高效率信息匹配加快了资本弹性积累速度。它们不需要进行实体生产活动的用工成本、劳动资料成本，不担心各个环节的收益分走，不需要给国家支付实体生产对应的过程税等税费。与此相对的是，通过规范不足或模糊之处进行监管上的套利，将负外部性让给整个社会承担。依托数据汲取、资源调配和规则制定的技术设施地位和能力，平台造就了输家。一是大量的中低技能岗位流失，二是商家和劳动者议价能力弱化，却获得了更强的管理和束缚。

美国学者系统研究了优步的模式和危害。[②] 优步决定车型、信息展示、费率、派单、数据监控、补贴、奖励、终止、辞退、处罚、冲突解决。但优步将司机定义为创业者、自己的老板、独立合约人、软件消费者、终端用户，而非员工。优步宣传自己是科技公司而非出租车公司，不用承担对劳动者的保护措施、福利责任和对残疾人顾客的责任。在创新的政治正确性背景下，科技创新得以有组织地系统性地逃避传统法律、行业规则和监管政策。

不仅美国学者的研究表明新科技公司的相关从业者无法成为中产阶级，对武汉外卖员的研究也表明其平均收入低于城镇单位

---

① 理论与实证研究表明，同伴效应会对消费者从众行为产生显著的影响，并且这种影响会随着同伴数量的增加而以递减速度增加。进一步的数据分析显示，由于网络信息外部性和支付外部性，参与“双十一”活动的同伴数量每增加一位，平均而言会使得消费者参加“双十一”活动的概率提高约8%。参见习明明：《网络外部性、同伴效应与从众行为——基于不完美信息贝叶斯模型的实证研究》，载《当代财经》2020年第11期。

② 参见［美］亚历克斯·罗森布拉特：《优步：算法重新定义工作》，郭丹杰译，中信出版社2019年版，第99页。

就业人员收入，且工作时间普遍达到 10 小时。[①] 国内还有研究表明能月入过万元的是少数，而工作时间超过 8 小时的是绝大多数，这不仅有损个体健康，还加剧了工作的危险性。[②] 以技术的形式使劳动者“自愿”延长工作时间使得平台获得了更多剩余价值，以用户评价的形式进行监督和激励，提升平台应用需求，利用国家建好的基础设施和新基建，在地理空间上扩张劳动者分布、商家分布和消费者分布。[③] 劳动者和消费者乃至商家之间的信任与安全问题需要国家机关如公安去保障，而造成了这种信任与安全问题的平台却无须花费成本去解决这些社会安全问题。[④] 但平台对劳动者福利的淡漠给社会直接带来了负外部性，需要整个社会去承担新业态从业者的社会保障。个体健康的损害间接给社会带来了负外部性，即医保成本，而工作的危险性直接给社会带来了负外部性，直接给共用道路的社会公众造成危险。

（二）调整社会保障应对数字劳动的负外部性

学者提出，调整社会保护制度，以确保所有工人，包括从事非标准工作和自营职业的工人，都能从适当的保护水平中受益，这是最近倡议的目标，但实际上，主要问题在于社会权利的成本（和可持续性）涉及财政资源。那些在经济上利用他人工作的人逃避责任和由此造成的工作不安全的（社会和经济）成本的情况不仅是不

---

① 参见郑广怀等：《武汉市快递员外卖员群体调查（上）：疫情前后的工作与生活》，载澎湃新闻网 2020 年 3 月 30 日，https://www.thepaper.cn/newsDetail_forward_6733192。

② 参见冯向楠、詹婧：《人工智能时代互联网平台劳动过程研究——以平台外卖骑手为例》，载《社会发展研究》2019 年第 3 期。

③ 参见卢江、刘慧慧：《数字经济视阈下零工劳动与资本弹性积累研究》，载《天津社会科学》2020 年第 4 期。

④ 参见卢江、刘慧慧：《数字经济视阈下零工劳动与资本弹性积累研究》，载《天津社会科学》2020 年第 4 期。

公平的,也是不可持续的。现在是重新思考和重塑涉及不稳定工作的每个实体的作用、贡献和负担的时候了。在不影响公共福利制度的情况下,提高非标准和个体户工人的缴费水平,可能是在社会保障和可持续性之间取得平衡的关键。[①] 我国学者也根据数字经济时代平台用工“去劳动关系化”的表征及对外部社会的挑战,建议“加快制定劳动基准法、加强政府对平台企业用工的监管、明确平台企业的用工主体责任、构建零工特色社保体系”[②]。

欧洲议会、理事会和委员会于2017年11月共同宣布的欧洲社会权利支柱[COM(2017)251]规定了支持公平和运作良好的劳动力市场和福利制度的原则和权利。其目的是在快速变化的世界中加强社会权利,并在短期和中期对人民的生活产生积极影响。[③] 这一机构间宣言的重点是根据可持续增长和促进经济和社会进步以及凝聚力和融合的原则作出具体承诺,同时维护内部市场的完整性。[④] 每个人的就业都有权获得最低程度的社会保护,无论其任务或合同如何,特别是那些面临较高经济不确定性的人。希望他们能保持警惕,防止贫困、社会排斥、歧视和社会不确定性

---

① See Valeria Fill, *Platform Workers' Needs and Social Security Challenges*, in Valeria Fm and Federico Costantini eds., Legal Issues in the Digital Economy: The Impact of Disruptive Technologies in the Labour Market, Cambridge Scholars Publishing, 2019, p. 119.

② 李贵成:《数字经济时代平台用工“去劳动关系化”的表征、挑战与应对》,载《云南社会科学》2023年第2期。

③ See Valeria Fill, *Platform Workers' Needs and Social Security Challenges*, in Valeria Fm and Federico Costantini eds., Legal Issues in the Digital Economy: The Impact of Disruptive Technologies in the Labour Market, Cambridge Scholars Publishing, 2019, p. 107.

④ See Rasnaea Z., *Bridging the Gaps or Falling Short? The European Pillar of Social Rights and What It can Bring to EU-Ievel Policymaking*, ETUI (2017), https://www.etui.org/publications/working-papers/bridging-the-gaps-or-falling-short-the-european-pillar-of-social-rights-and-what-it-can-bring-to-eu-level-policymaking.

进一步升级。[①] 我们可以看到，社会保障对于个体的直接意义是支持体面劳动和社会保护，确保其有尊严地生活；减少脆弱性，在不同工作之间的过渡期间享有更高水平的收入保障，弥补低收入，并确保有效获得医疗保健和其他社会服务。[②]

学者认为，企业产生的负外部性由社会承担，本质上也反映了监管的缺失。如果每个外卖员违反交通规则都算在其服务的企业头上，并由此评定该企业的安全服务水平，如果每个外卖员的伤亡都计为工伤并享有职工工伤的福利和赔偿，外卖企业的系统规则自然会调整到合理范围。资本逐利，当企业不用为其产生的负外部性买单时，企业自然不会考虑这些社会成本有多大。要改变企业系统的规则，我们也需要合理的外部监管。[③] 这符合收入低会影响所有的其他工作条件的原理。因为平台不承担一系列社会保障义务，反而通过数字技术驱使数字劳工高强度地从事低收入工作，导致数字劳工收入低。而收入低（工作量不够）的数字劳工不太可能自购事故保险。[④] 一旦发生事故，不仅要承担事故的医疗费用，还要承担暂时失业的收入损失。事实上，即使数字劳工自费购买了事故保险，因为数字平台对工作量的驱使、对数字劳工的培训不

---

① See Valeria Fill, *Platform Workers' Needs and Social Security Challenges*, in Valeria Fm and Federico Costantini eds., Legal Issues in the Digital Economy: The Impact of Disruptive Technologies in the Labour Market, Cambridge Scholars Publishing, 2019, p. 107.

② See Valeria Fill, *Platform Workers' Needs and Social Security Challenges*, in Valeria Fm and Federico Costantini eds., Legal Issues in the Digital Economy: The Impact of Disruptive Technologies in the Labour Market, Cambridge Scholars Publishing, 2019, p. 109.

③ 参见沙烨：《数字财富鸿沟：数字控制与资本控制的叠加效应》，载《文化纵横》2021年第5期。

④ See ILO, *Digital Labour and the Future of the Work: Towards Decent Work in the Online World*, ILO (2018), https://www.ilo.org/global/publications/books/WCMS_645337/lang--en/index.htm.

足等原因,数字劳工很可能也没有采取应有的预防措施。此时他仍然有可能遭受减少工伤福利或被排除在工伤福利之外的风险。[①]

二、平台算法控制数字劳动的负外部性

由于工作是在网上平台上进行的,它们与社会保障措施的完全缺乏或不足有关。除了这种风险带来的负外部性,还有另外一种风险带来的负外部性。其中一些与工作绩效的完成紧密相关,即工作条件。由于使用新的信息技术,雇主和/或使用者可能加强对工人表现的控制,我们可以参考职业安全(工伤事故)与健康风险(职业病)以及涉及工人自由和尊严的风险。对第二个方面的考虑开辟了一个进一步的问题前沿,即需要确保保护工人的数据,防止滥用或误用。[②] 这主要体现在平台算法对于数据的极致利用上。

(一)平台算法控制数字劳动的负外部性表现

学者认为,使用网络平台执行任务的人员可能面临的一般风险是影响(特定)健康和安全风险的整合因素,并可能递增地加剧其严重性,从而对与工作有关的事故率产生影响。一个因素是缺乏"公共"空间,这导致无法核实环境和工作设备是否符合法律规定的要求,以及是否采取了职业安全与健康法律规定的预防措施(如果适用),没有一个共享的地方可能会导致孤立,因为这些任务

① See Stefano Caffio, *Working with an Internet Platform: Facing Old and New Risks*, in Valeria Fm and Federico Costantini eds., Legal Issues in the Digital Economy: The Impact of Disruptive Technologies in the Labour Market, Cambridge Scholars Publishing, 2019, p. 66.

② See Stefano Caffio, *Working with an Internet Platform: Facing Old and New Risks*, in Valeria Fm and Federico Costantini eds., Legal Issues in the Digital Economy: The Impact of Disruptive Technologies in the Labour Market, Cambridge Scholars Publishing, 2019, p. 52.

大多是单独完成的,通常缺少与同事的联系或缺少时间与同事进行交流和讨论。[①] 此外,平台控制引发心理社会问题的出现。在线平台的运作方式引发了工人之间的激烈竞争,鉴于所分配任务的低报酬,工人需要尽可能多地工作。工作强度(工时)本身就是工人身心健康风险的先兆。为了争取尽可能多的工作机会而进行的竞争,再加上评级机制带来的心理压力——一种由于害怕失去工作而产生的表现焦虑——会导致压力的产生,从而导致工作压力带来的风险。大多数平台工人(完全)缺乏经验,对与所执行任务的性质有关的预防特定危险的规则和措施的知识贫乏,因此应将他们的年龄作为一个额外的风险因素加以考虑。[②] 这些安全与健康风险的预防成本和预防不能的责任从传统的雇主转移到了自雇者身上。[③] 由于收到的报酬价值低、对规则缺乏了解、工作的不连续性和关系的持续时间短(工人经常被招募从事单一任务),平台工人无法自行准备法律要求的预防措施。使情况更加复杂的是,监督机构(例如劳动监察局或执行健康和安全检查职能的同等机构)可能实施的控制存在障碍。[④] 原因是工作场所存在私人性,工

---

① See Stefano Caffio, *Working with an Internet Platform*: *Facing Old and New Risks*, in Valeria Fm and Federico Costantini eds. , Legal Issues in the Digital Economy: The Impact of Disruptive Technologies in the Labour Market, Cambridge Scholars Publishing,2019, p. 54.

② See Stefano Caffio, *Working with an Internet Platform*: *Facing Old and New Risks*, in Valeria Fm and Federico Costantini eds. , Legal Issues in the Digital Economy: The Impact of Disruptive Technologies in the Labour Market, Cambridge Scholars Publishing,2019, p. 55.

③ See De Stefano V. ,*The Rise of the "Just-in-time Workforce"*: *On-demand Work*, *Crowd Work and Labour Protection in the "Gig-economy"*,ILO (Jan. 14,2016),https://www. ilo. org/travail/info/publications/WCMS_443267/lang--it/index. htm.

④ See Stefano Caffio, *Working with an Internet Platform*: *Facing Old and New Risks*, in Valeria Fm and Federico Costantini eds. , Legal Issues in the Digital Economy: The Impact of Disruptive Technologies in the Labour Market, Cambridge Scholars Publishing,2019, p. 56.

作场所存在移动性。

具体风险得以急剧放大，这与平台的客观性质（物理/离线或数字/在线）和执行的任务类型相关。数字平台工作的一些特点往往会加剧与工作者身心完整性相关的风险，特别是当活动基于地点（交通、配送、家庭服务、当地的微小任务）时。[①] 平台通过信息技术强化了对工作条件、工作设施等工作过程要素的远程控制，这不仅通过平台自身的技术设计和直接实施得以实现，还通过商家和客户的反馈得以实现。此外，平台通过选择的算法进一步对这些收集到的信息予以加工、挖掘和利用，强化了对于数字劳动的控制。[②] 通过这一数字画像，平台甚至能够永久地影响，自动地排除、减少数字劳工未来的劳动机会、劳动条件和劳动报酬。[③] 传统的音视频监控必须是限于保障工作场所的资产或安全等具体目的，必须满足某些保障——所有措施都是为了防止监视系统成为不断控制工人活动的工具，从而损害他们的自由和尊严。技术的发展促使各国立法者采用现行法规，正是为了确保数字化带来的更大潜力不会对工作幸福感产生负面影响。[④] 但是，数字平台对数字劳工的监控更加厉害，法律的保障却更加脆弱，因为数字劳工经常

---

① See Stefano Caffio, *Working with an Internet Platform*: *Facing Old and New Risks*, in Valeria Fm and Federico Costantini eds., Legal Issues in the Digital Economy: The Impact of Disruptive Technologies in the Labour Market, Cambridge Scholars Publishing, 2019, p. 65.

② See Stefano Caffio, *Working with an Internet Platform*: *Facing Old and New Risks*, in Valeria Fm and Federico Costantini eds., Legal Issues in the Digital Economy: The Impact of Disruptive Technologies in the Labour Market, Cambridge Scholars Publishing, 2019, p. 60.

③ See Cherry M. A., *Beyond Misclassification*: *The Digital Transformation of Work*, core. ac. uk (Feb. 18, 2016), https://core. ac. uk/download/pdf/234182396. pdf.

④ See Stefano Caffio, *Working with an Internet Platform*: *Facing Old and New Risks*, in Valeria Fm and Federico Costantini eds., Legal Issues in the Digital Economy: The Impact of Disruptive Technologies in the Labour Market, Cambridge Scholars Publishing, 2019, p. 63.

被认定为自雇者或独立签约者,这导致他们连传统的保障都无法获得。

(二)平台算法控制数字劳动的负外部性应对

在新技术产业革命中,我们依托平台经济来应用算法在内的新兴技术,以推进产业变革。但是算法在平台经济的应用中容易为了短期利益的追逐而不断被强化,忽略了算法技术可能影响公共活动的公共价值。为此,依托于我国的庞大消费者群体和海量工人、农民等群体提供的丰富劳动力储备,新就业形态被效率为先、用户黏性最大化的算法不断迭代优化、实时规训。这影响了相关劳动供给者的利益,还会进而影响总体性的社会福利。对此,学者提出,平台将上游供应商和劳动力供应者的剩余价值转化为自身的超额利润,不仅会造成社会福利损失,进而浪费相关的产能资源,最终还会影响整个数字经济的效率,而且当相关群体的不公平感累积到一定地步之后,整个社会会倾向于指责平台算法的负外部性,例如贫富差距、交通事故。此时可能诱发对于平台经济的过度监管,反而不利于数字经济的整体发展。[①] 事实上数字劳工已经通过利用技术漏洞与规则漏洞开始了算法抵抗,但短期抵抗的分散规模、温和形式、缠斗态势,意味着数字劳工无法在失衡的格局中扭转自身的弱势地位。[②]

可见,现阶段对于平台经济中的数字劳工进行重点保护,是促进数字经济负责任与包容性地创新和发展的重要制度保障。如果国家不通过法律来予以及时处理,鉴于精英意识和资源垄断

---

① 参见洪志生、温雅婷:《我国平台算法负外部性的形成与效应传导机制》,载《电子政务》2022 年第 11 期。

② 参见刘国强、闫方洁:《平台控制下数字劳工算法抵抗的生成逻辑与本质》,载《学术交流》2023 年第 10 期。

带来的话语垄断下的治理盲点，鉴于法律成本高昂和旁观文化带来的维权积极性不高，[①]这一系列制度文化的独特困境将使数字劳工的困境在平台算法时代愈演愈烈，最终导致群体性事件，[②]可能诱发突然的高强度监管，这不符合数字经济发展的文明秩序要求。

数字经济创造的负外部性秩序问题远比传统的市场经济创造的秩序问题更为复杂、多样和动态，刑法需要用来回应这些秩序问题的系列方式也更为显著。数字经济和数字社会、数字治理等外部领域是相互影响和塑造的，共同嵌入更大的文明秩序，由国家和法律通过持续调整的过程进行保障。数字经济具有显著的正外部性特征，包括减少资源消耗、环境污染。[③] 数字经济的负外部性秩序问题主要体现在冲击传统社会、数字社会和数字政府的运转、目标和价值上。2021 年 12 月，国务院印发《数字经济规划》，要求强化数字经济安全风险综合研判，防范各类风险叠加可能引发的经济风险、技术风险和社会稳定问题；依法依规做好网络安全审查、云计算服务安全评估等，有效防范国家安全风险。学者也有相应

---

① 参见洪志生、温雅婷：《我国平台算法负外部性的形成与效应传导机制》，载《电子政务》2022 年第 11 期。

② 参见驱动中国网络传媒：《广东汕尾美团骑手集体罢工？客服回应：未接到有关消息》，载腾讯网，https://new.qq.com/rain/a/20230423A050EK00。部分平台将外卖送餐员注册为个体工商户舆情发生后，国家市场监管总局第一时间督促平台尽快摸清底数和相关情况，制定应对措施，积极向社会发声。组织对灵活用工平台注册个体工商户相对集中的地区进行专题书面调研，督促美团、饿了么认真落实维护外卖送餐员权益的政策要求，外卖送餐员注册成个体工商户的情况得到有效制止。参见国家市场监督管理总局《关于政协第十三届全国委员会第五次会议第 03239 号（社会管理类 304 号）提案答复的函》（国市监提〔2022〕122 号）。

③ 参见和军、谢思：《基于高质量发展的政府监管变革》，载《中国特色社会主义研究》2019 年第 2 期。

建议:参照发达国家的先进经验和我国平台经济近年来发展的重大问题,在数据共享、算法规制等方面推出原则性法律法规,建立算法的个人数据保护顾问制度、第三方技术审查制度、算法备案和算法问责机制。[①]

三、数字劳动负外部性的刑法应对

我国刑法已经将恶意欠薪等影响全面小康和社会和谐稳定的负外部性行为予以犯罪化,[②]迫使企业将负外部性考虑予以内化。未来是否要将数字经济活动中的负外部性通过刑事监管予以内化,取决于经济法之类的前置监管是否有效。处理数字经济系统内外的权利冲突、监管困境时,不可片面保护某一方面的权利和利益,而应当综合考量社会总成本和总福利。

通过监管理念、策略、工具和支撑性等方面的弱项补足,可将社会成本——如外卖员的违反交通规则和伤亡,又如滴滴司机、乘客之间的不当行为——内化为数字经济体内部系统的规则合理范围,如记为工伤并享有相应福利和赔偿。[③] 2021 年英国最高法院认定优步司机是雇员,享有最低工资、带薪休假等权利。[④] 同年我国七部委联合文件要求平台建立合理的收入分配机制,平台和第三

---

① 参见洪志生、温雅婷:《我国平台算法负外部性的形成与效应传导机制》,载《电子政务》2022 年第 11 期。

② 参见王世玲:《恶意欠薪入刑——解读“拒不支付劳动报酬罪”司法解释》,载《劳动保障世界》2013 年第 7 期;党日红:《“恶意欠薪”刑法规制必要性思考》,载《中国劳动关系学院学报》2011 年第 4 期;陈荣飞、肖敏:《恶意欠薪之犯罪化理据探寻——以刑法修正案(八)为背景的考察》,载《社会科学家》2011 年第 3 期。

③ 参见沙烨:《数字财富鸿沟:数字控制与资本控制的叠加效应》,载《文化纵横》2021 年第 5 期。

④ See Uber BV and others (Appellants) v. Aslam and others (Respondents),2021] UKSC 5.

方为建立劳动关系的外卖员工参加社保，且不得将最严算法作为其考核标准，适当放宽配送时限。[①] 这一类前置法上的动向呼吁着刑法学的相应研究。

（一）拒不支付社会保障的刑法应对

在平台工作中，在大多数情况下，确定雇主的存在和身份的困难对工人的地位产生了负面影响，使得在所有各方之间建立义务和责任的分配同样困难："平台"（其指涉物），用户/客户和工人/员工。[②] 这本身就会影响相关劳工保护条款的选择和适用。如果难以确定平台和劳动者之间的雇佣关系，可能就难以适用相关的劳动罪行，例如拒不支付劳动报酬罪。该罪就要求二者之间明确存在雇佣关系。劳工立法仍然基于从属/自主二分法，更广泛地说，它仍然过多地依赖关系的分类；引用的指标和法律类别显然不适合数字时代经济关系的变化背景。[③]

为此，我们需要根据变化了的经济关系重新确立劳动者的类别，并赋予相关的权利义务关系的配置。有的全国政协委员已经提案，认为不能以牺牲社会秩序和劳动者权益为代价发展平台经济。国家市场监督管理总局也在答复中认为，新就业形态劳动者的权益保障直接关系到每一名劳动者的切身利益，也关系到平台

---

① 参见国家市场监管总局、国家网信办、国家发展改革委、公安部、人力资源和社会保障部、商务部、中华全国总工会七部门联合印发《关于落实网络餐饮平台责任切实维护外卖送餐员权益的指导意见》。

② See Stefano Caffio, *Working with an Internet Platform*: *Facing Old and New Risks*, in Valeria Fm and Federico Costantini eds., Legal Issues in the Digital Economy: The Impact of Disruptive Technologies in the Labour Market, Cambridge Scholars Publishing, 2019, p. 53.

③ See Stefano Caffio, *Working with an Internet Platform*: *Facing Old and New Risks*, in Valeria Fm and Federico Costantini eds., Legal Issues in the Digital Economy: The Impact of Disruptive Technologies in the Labour Market, Cambridge Scholars Publishing, 2019, p. 58, 63.

经济可持续发展,更关系到社会和谐稳定。[①] 多部门除了出台维护外卖送餐员权益的指导意见,[②]还出台文件维护所有新就业形态劳动者劳动保障权益,包括健全最低工资和支付保障制度,推动将不完全符合确立劳动关系情形的新就业形态劳动者纳入制度保障范围。督促企业向提供正常劳动的劳动者支付不低于当地最低工资标准的劳动报酬,按时足额支付,不得克扣或者无故拖欠。[③] 由此可见,我们的政策制定者已经开始对新就业形态劳动者进行划分,界定为依托互联网平台就业的网约配送员、网约车驾驶员、货车司机、互联网营销师等新就业形态劳动者,并出台了一系列政策来维护其劳动保障权益。在这种政策背景下,刑法适时介入就具有了合理性。例如,对于拒不支付劳动报酬罪而言,在主管部门通知之后仍然拒不支付的,就有可能构成本罪。

近 20 年来,中国刑法立法总体体现活性化的趋向,引发了刑法如何回应社会重大关切、坚持理性犯罪观与确立积极立法观的研究。[④] 刑法制度的功能在于服务于变动中的刑事政策。将政治

---

① 参见国家市场监督管理总局《关于政协第十三届全国委员会第五次会议第 03239 号(社会管理类 304 号)提案答复的函》(国市监提〔2022〕122 号)。

② 2021 年 7 月,国家市场监管总局联合网信办、国家发展改革委、公安部、人力资源和社会保障部、商务部、中华全国总工会等部门共同印发《关于落实网络餐饮平台责任切实维护外卖送餐员权益的指导意见》(国市监网监发〔2021〕38 号),从保障劳动收入、保障劳动安全、完善社会保障、完善矛盾处置机制、加强组织建设等方面,对保障外卖送餐员权益提出了全方位要求。

③ 2021 年 7 月,国家市场监管总局与人力资源和社会保障部、国家发展改革委、交通运输部、应急管理部、国家医保局、最高人民法院、中华全国总工会联合发布《关于维护新就业形态劳动者劳动保障权益的指导意见》(人社部发〔2021〕56 号),其中对新就业形态劳动者落实劳动安全责任制、强化职业伤害保障等问题作了明确规定。

④ 参见周光权:《积极刑法立法观在中国的确立》,载《法学研究》2016 年第 4 期;赵秉志:《中国刑法立法晚近 20 年之回眸与前瞻》,载《中国法学》2017 年第 5 期。

价值目标转化为法律类型是现代重要的法律政策。[①] 建设文明国家是1982年《宪法》一直在前言中明确的目标,在宪法修正中,文明的内涵不断丰富,对此,相关的刑法理念与制度理应与时俱进。已有学者提出,刑法介入调整劳资关系以倾斜保护劳动者为基本立场,对劳动者的保护以实质平等为基本理念,对劳动关系的调整要社会优位,以正义、自由和秩序为价值目标。[②] 事实上,我国的现行政策导向就是如此:党中央、国务院决策部署就是要支持和规范发展新就业形态,切实维护新就业形态劳动者劳动保障权益,促进平台经济规范健康持续发展。[③]

在刑事政策上,刑法的介入有其条件要求。根据《模范刑法典》的立法理由,刑法应当打击那些特别打扰社群安全感的有害行为,一是危害特别严重的行为,二是危害更小但更可能被那些明显不尊重他人权利的人施加在我们身上的行为。[④] 侵害新就业形态劳动者劳动保障权益的行为已经到了考虑加强刑法保障的时候。其一,新就业形态劳动者数量庞大,且大多为社会弱势群体,这不仅关系到社会稳定,还与社会的安全感相关。其二,侵害新就业形态劳动者劳动保障权益的行为比起侵害传统就业者劳动保障权益的行为更为隐蔽,难以查证和处理,平台自始至终都宣称新就业形态的劳动者是自雇者或独立签约人,通过一系列的组织、技术乃至文化的手段来规避其尊重新就业形态劳动者劳动保障权益的责

---

① See M. Zamboni & I. Ebrary, *The Policy of Law: A Legal Theoretical Framework*, Hart Publishing, 2007, ch. 4.

② 参见江耀炜:《劳动刑法的诠释与体系化建构》,厦门大学2020年博士学位论文,第i页;姜涛:《民生保护政策视域下的劳动刑法图景》,载《江淮论坛》2012年第1期。

③ 参见《关于维护新就业形态劳动者劳动保障权益的指导意见》(人社部发〔2021〕56号)。

④ See Model Penal Code § 250.7 cmt., at 44 (Tentative Draft No. 13, 1961).

任。为此,有必要通过刑法来有效预防大规模地侵害社会底层劳动保障权益,给整个社会造成巨大不确定性的行为。

在刑法规范上,要充分借鉴拒不支付劳动报酬罪的经验得失,设计好拒不维护新就业形态劳动者劳动保障权益罪的规范结构。首先,为了在维护新就业形态劳动者劳动保障权益的同时促进数字经济的健康发展,应当继续设立主管部门责令改正的前置性条件。2021 年,国家市场监管总局聚焦外卖餐饮领域开展反垄断执法,依法查处美团"二选一"垄断案,罚款 34.42 亿元,要求美团对"二选一"行为进行全面整改。同时,向美团发出行政指导书,要求其切实保护包括外卖送餐员在内的平台各方主体合法权益,严格落实《关于落实网络餐饮平台责任切实维护外卖送餐员权益的指导意见》,保障外卖送餐员劳动收入,完善外卖送餐员社会保障,充分保护外卖送餐员合法权益。密切关注各地通过灵活用工平台集群注册个体工商户的情况,进一步规范灵活就业人员注册为个体工商户行为,积极配合相关部门做好新旧就业形态劳动者权益保障的制度衔接,防止平台和用工合作商规避法律责任。① 设立责令改正的前置性条件,除了能够避免平台企业直接受到刑罚处罚的重大不利后果的影响之外,还能避免平台企业以及相关企业在不清楚前置性规则的情况下受到刑罚处罚。主管部门提出,现有的劳动关系还是存在模糊之处的:符合确立劳动关系情形的,企业应当依法与劳动者订立劳动合同。不完全符合确立劳动关系情形但企业对劳动者进行劳动管理(以下简称不完全符合确立劳动关系情形)的,指导企业与劳动者订立书面协议,合理确定企业与劳动者的权利义务。个人依托平台自主开展经营活动、从事自由职业

① 参见国家市场监督管理总局《关于政协第十三届全国委员会第五次会议第 03239 号(社会管理类 304 号)提案答复的函》(国市监提〔2022〕122 号)。

等，按照民事法律调整双方的权利义务。平台企业采取劳务派遣等合作用工方式组织劳动者完成平台工作的，应选择具备合法经营资质的企业，并对其保障劳动者权益情况进行监督。平台企业采用劳务派遣方式用工的，依法履行劳务派遣用工单位责任。对采取外包等其他合作用工方式，劳动者权益受到损害的，平台企业依法承担相应责任。[①] 平台和用工合作商的义务究竟如何，不是平台和用工合作商通过自己的法务部门就能一清二楚的，还需要市场监管部门针对美团那样既要求全面整改，又发出具体的行政指导书，明确平台和用工合作方的劳动保障权益的维护义务。

其次，前置性条件不应当成为平台和用工合作方的挡箭牌，导致本罪使用率偏低。司法部门应当及时出台司法解释，理顺政府责令改正与仲裁、诉讼等程序之间的衔接关系，并对存在多种救济方式下罪名适用及程序启动等相关问题进行分析研究，以使该罪真正落地生效，实现其立法目的。[②] 司法解释尤其要解决申请主体、适用范围、责令改正期限等方面存在的不足，避免给司法实务带来困惑。[③]

（二）利用算法强迫劳动的刑法应对

当前，新就业形态劳动者权益受侵害的主要类型除了上述劳动保障权益得不到维护之外，主要就是平台利用算法在很大程度上使劳动者不得已而超时工作，在危险时间段和空间范围内工作。

① 参见《关于维护新就业形态劳动者劳动保障权益的指导意见》（人社部发〔2021〕56号）。

② 参见舒平锋：《拒不支付劳动报酬罪研究——以40例拒不支付劳动报酬案件为分析样本》，载《中国刑事法杂志》2013年第2期。

③ 参见常丽、刘敬文：《拒不支付劳动报酬罪前置程序有待明确》，载《检察日报》2021年6月16日，第3版。

然而,刑法既有的条文并不能很好地应对和预防此种行为。《刑法》第244条规定了强迫劳动罪,[①]该罪因为规定在"侵犯公民人身权利、民主权利罪"一章中,要求以侵犯人身自由的方式来强迫劳动,其实只是关注了手段行为的危害性,而没有关注到此种不文明的劳动方式给整个社会带来的危害。

《刑法》第135条规定了重大劳动安全事故罪。[②] 本罪规定在"危害公共安全罪"一章中,开始考虑到了不文明的劳动方式给整个社会带来的危害。然而本罪仍然存在较大的局限性。一是只考虑到了对于公共安全的危害,而没有充分考虑到新就业形态下的负外部性不限于不特定多数人的人身、财产安全,而是整个经济秩序的扰乱,乃至社会稳定的威胁。此时规定为扰乱社会主义市场经济秩序罪会更为合适,更能全面地反映此类行为的社会危害性。

二是对于严重后果的规定存在局限性。此类严重后果一般限于一次事故中出现重大人身、财产损害。这是在传统的具有较为固定的工作场所的劳动形态中经常出现的场景。但这种场景不太可能出现在不具有封闭的、固定的工作场所的新就业劳动形态中。在新就业劳动形态中,更为常见的事故场景是,诸多劳动者在不同的时间、不同的地点反复受到算法的趋势,而从事一些诸如违反交通规则的行为,给整个城市乃至整个社会的交通安全造成重大隐

① 该条规定:以暴力、威胁或者限制人身自由的方法强迫他人劳动的,处3年以下有期徒刑或者拘役,并处罚金;情节严重的,处3年以上10年以下有期徒刑,并处罚金。明知他人实施前款行为,为其招募、运送人员或者有其他协助强迫他人劳动行为的,依照前款的规定处罚。单位犯前两款罪的,对单位判处罚金,并对其直接负责的主管人员和其他直接责任人员,依照第一款的规定处罚。

② 该条规定:安全生产设施或者安全生产条件不符合国家规定,因而发生重大伤亡事故或者造成其他严重后果的,对直接负责的主管人员和其他直接责任人员,处3年以下有期徒刑或者拘役;情节特别恶劣的,处3年以上7年以下有期徒刑。

患。虽然每一起事故看起来并未造成直接的严重后果,但新形态劳动者整体和整个道路群体时时刻刻处处都在这种危险的笼罩下,产生了担忧和警惕的心理负担,其行为方式产生了改变,给整个社会带来了负担。其危害方式发生了变化说明算法下的被迫劳动带来的劳动安全问题不再符合传统的重大劳动安全事故罪的危害公共安全定位。

三是要求安全生产设施或者安全生产条件不符合国家规定存在适用上的限制。刑法上的国家规定较为严格,至少应当是国务院的规范性文件的规定。而对于新就业形态的安全生产设施或者安全生产条件,现在最多只有部门规章有相应的规范。国家市场监管总局已经开始引导算法优化。各地按照《关于落实网络餐饮平台责任切实维护外卖送餐员权益的指导意见》的要求,指导网络餐饮平台优化配送算法规则,推动算法规则透明化。美团、饿了么已不再采用最短配送时效,按照"算法取中"原则优化迭代算法技术,在异常场景下为外卖送餐员提供时间补充,并且将订餐用户界面的预计送达时间由"时间点"调整为"时间段",有效缓解外卖送餐员配送压力。从北京市"12345"政务服务便民热线投诉数据看,外卖送餐员 2021 年 12 月百万订单投诉率与 10 月相比下降了 51.3%,用户催单率下降 23%,差评率下降 28%。进一步压实平台企业主体责任,引导平台优化算法规则,完善订单分派机制,不得将"最严算法"作为考核要求,要通过"算法取中"等方式,合理确定订单数量、在线率等考核要素,适当放宽配送时限,切实保障劳动安全。[①] 此类指导意见严格来看甚至不能算作部门规章,更难以认定为国家规定。所以,对于新就业形态下安全生产设施或者安全

---

① 参见国家市场监督管理总局《关于政协第十三届全国委员会第五次会议第 03239 号(社会管理类 304 号)提案答复的函》(国市监提〔2022〕122 号)。

生产条件不符合规定造成重大损害的，很难依赖传统的劳动安全罪名进行预防和处理。

事实上，平台算法已经成为新就业形态中最为关键的安全生产设施或者安全生产条件。平台主要通过算法来支配整个劳动过程，劳动过程的安全程度也主要受到算法的影响。在这种技术的变化下，安全生产更加体现为一种受威胁的状态，而非事实上面临不特定多数人的伤亡或者重大公私财产的损失。在罪名设置上，危害劳动安全卫生的犯罪除了重大劳动安全事故罪、重大责任事故罪之外，还可以包括具有严重危害劳动安全的犯罪等。[①] 多部门除了在出台的维护外卖送餐员权益的指导意见中要求，在制定调整考核、奖惩等涉及外卖送餐员切身利益的制度或重大事项时应提前公示，充分听取外卖送餐员、工会等方面的意见，[②]还出台文件维护所有新就业形态劳动者劳动保障权益，督促企业制定修订平台进入退出、订单分配、计件单价、抽成比例、报酬构成及支付、工作时间、奖惩等直接涉及劳动者权益的制度规则和平台算法，充分听取工会或劳动者代表的意见建议，将结果公示并告知劳动者。工会或劳动者代表提出协商要求的，企业应当积极响应，并提供必要的信息和资料。指导企业建立健全劳动者申诉机制，保障劳动者的申诉得到及时回应和客观公正处理。[③] 新意见将平台算法和直接涉及劳动者权益的制度规则相提并论，都归为涉及劳动者切身利益的制度或重大事项，要求保障劳动者的知情权、建议权、获

---

① 参见江耀炜：《劳动刑法的诠释与体系化建构》，厦门大学 2020 年博士学位论文，第 141 页。

② 参见《关于落实网络餐饮平台责任切实维护外卖送餐员权益的指导意见》（国市监网监发〔2021〕38 号）。

③ 参见《关于维护新就业形态劳动者劳动保障权益的指导意见》（人社部发〔2021〕56 号）。

得答复权和协商权、申诉权。

这些权利还仅是一些程序性的权利，没有切实的保障意义。毕竟劳动者对于平台算法而言是外行，并不能进行实质意义上的审查和评论。应当进一步建立算法的个人数据保护顾问制度、第三方技术审计制度、算法备案和算法问责机制，贯通主管部门和劳动者代表、数字平台之间对于平台算法的全流程监管。违背这一套监管体系，造成重大劳动安全危险的，可以进行行政处罚，再犯的，可以进行相应的刑事处罚。明确故意违背这一套监管体系，造成重大劳动安全危险的，也可直接进行相应的刑事处罚。当然，在数字时代，如何聆听弱者声音，如何勾勒弱者图像，“警惕民生刑法观的异化、汲取象征性立法的教训”①，值得进一步研究，需要更多的实证材料和研究方法的优化。

四、结论

数字经济体在数字经济活动过程中享受了国家和法律提供的正外部性。然而，监管的缺失导致数字经济体产生的负外部性由社会承担。如果前置监管效力不足，刑法将是激励数字经济体将系统外产生的负面影响内化考虑在系统内的重要手段。刑法要制止数字经济系统运行的负外部性，鼓励数字经济系统参与主体将那些在系统外产生的负面影响内化考虑在系统内。面对拒不支付社会保障的行为，要设计好拒不维护劳动保障权益罪的规范结构；面对利用算法强迫劳动的行为，传统的劳动安全罪名具有局限性，应当针对造成严重危害劳动安全危险的犯罪设计好罪行。

---

① 刘炯：《通过刑法的弱者保护——基于“人之图像”的学理反思》，载《法律科学（西北政法大学学报）》2017 年第 2 期。

第九章　数字经济秩序中的单位犯罪与企业合规

本章概要:《刑法修正案(九)》为网络犯罪的5个专有罪行条款都配备了单位犯罪主体,中国刑法应当借此契机系统反思和完善单位网络犯罪甚至整个单位犯罪的刑事责任体系。鉴于数字经济公平有效、安全有序的政策目标,我们应当从以下方面反思单位犯罪和完善合规制度。单罚制本身就面临着理论上和实践中的难题和困难,故单位网络犯罪都采取双罚制原则,都不考虑单罚直接责任人的例外甚至单罚单位的例外。单位犯罪本质上是自然人犯罪特殊聚合表现形式,单位网络犯罪都采取同罚制,都不考虑对单位成员犯罪的刑罚设置轻于自然人犯同种罪的刑罚幅度;相应地,司法实践应当为网络犯罪单位都设置与自然人网络犯罪一样的入罪量刑标准。但是,对单位一如既往地规定绝对不定额罚金刑并不合理,应当逐步明确罚金额度;单位网络犯罪责任人员的刑罚幅度和自然人网络犯罪的刑罚幅度都偏低,应当逐步提高。单位网络犯罪处罚的两类责任人员之间的关系需要类型化辨析,合理确定相对的刑事责任。

关键词:单位犯罪　网络犯罪　数字经济　定罪量刑标准　直接责任人员

企业合规在促进国家治理现代化上具有新的时代意义。将经济制度之运作、交易制度之信赖等抽象而集体性的概念作为保护法益而成为立法正当化的依据,呈现出积极刑法观的倾向,但刑罚要轻缓和多元,以适应数字经济竞争新优势的构建需求。在冒险意愿较高的数字经济领域,例如涉及数字经济标准化信任的效率性依托时,更严密的调查控制而非制裁是可取的。企业良好的合规计划以及合规义务的推行能够减少经济犯罪的发生。应当关注在《网络安全法》《数据安全法》《个人信息保护法》等数字立法勃兴的背景下,何种合规方法、措施对数字经济而言公平有效、安全有序。例如合规作为限缩处罚范围的出罪事由和刑罚减免的情节,保障数字经济活动"有效"目标的实现,同时,数字经济主体被追究刑责后,仍可对其科处限期整改义务,达到事后特殊预防效果。

数字经济时代的刑事合规制度建设应当和既往的网络企业单位犯罪制度的建设与反思一脉相承。我国《刑法修正案(九)》通过实施后,网络犯罪的几个专有罪行条款都配备了单位犯罪主体:非法侵入计算机信息系统罪,提供侵入、非法控制计算机信息系统程序、工具罪,破坏计算机信息系统罪,拒不履行信息网络安全管理义务罪,非法利用信息网络罪,帮助信息网络犯罪活动罪。有学者总结了这一趋向和双罚制特征,呼吁慎用"单位犯罪"条款,控制网络企业管理者刑事风险,[①]却没有系统反思网络单位犯

---

① 参见王文华:《拒不履行信息网络安全管理义务罪适用分析》,载《人民检察》2016年第6期。

罪刑事责任体系进而提出当前适用和未来完善的理论。

这些单位网络犯罪制裁体系的共同特征和问题是：(1)采纳双罚制原则，对单位判处罚金，并对其直接负责的主管人员和其他直接责任人员判处刑罚；问题是，为何单位网络犯罪都采取双罚制原则，都不考虑单罚直接责任人的例外甚至单罚单位的例外？是不是凸显了单罚制本身就面临理论上和实践中的难题和困难？此外，单位网络犯罪都采取双罚制原则，是否都可以进行犯罪单位和责任人的分离追诉？(2)对责任人员采纳同罚制，参照自然人犯罪的定罪量刑幅度；问题是，为何网络单位犯罪都采取同罚制，都不考虑对单位成员犯罪的刑罚设置轻于自然人犯同种罪的刑罚幅度？相应地，司法实践是否应当为网络犯罪单位都设置与自然人一样的入罪量刑标准？(3)对单位仍然采取无限额罚金制；问题是一如既往的绝对不定额罚金刑是否还是合理的？单位犯罪责任人的刑罚幅度只能依附于自然人犯罪的刑罚幅度吗？比如《刑法》第286条之一规定的平台责任最高刑为3年有期徒刑合理吗？(4)单位网络犯罪处罚两类责任人（“直接负责的主管人员和其他直接责任人员”），那么两类责任人是共同犯罪关系吗，如何相应地判处刑罚？相关地，为何有的单位传统犯罪只规定“对直接责任人员”进行处罚？

整体而言，《刑法修正案（九）》关于单位犯罪的15个罪刑条款都规定了双罚制和同罚制（两个例外是对有影响力的人行贿和单位行贿没有配置升格法定刑，但基本刑和自然人犯罪相同）。我国单位犯罪立法从一开始就侧重于政治经济情况下的政策功利，缺乏成熟完整的理论指导，《刑法》修订后的司法实践不断涌现问题。[1] 所以，

---

① 参见杨国章：《单位犯罪刑事责任及实务问题研究》，华东政法大学2011年博士学位论文，第1～2页。

对以上最新的网络单位犯罪制裁体系的共同特征进行审视，不仅是解释和完善单位网络犯罪的刑法规范的现实需要，而且对单位传统犯罪的理论与实践具有镜鉴作用。

一、单位网络犯罪的双罚制

《刑法》中的网络犯罪专有罪行条款都规定了网络犯罪，都规定了双罚制。这些条款并没有利用《刑法》第31条进行“另有规定”，采取单罚责任人甚至单罚单位的制度。那么单位网络犯罪一律采取双罚制是否突出表明单位网络犯罪的特性，还是反映出单位传统犯罪采取单罚制本来就是不合理的？单罚还是双罚，取决于如何理解单位犯罪的本质特征。

从《刑法》第30条本身看，单位犯罪的实质性构成要素并不明确：“公司、企业、事业单位、机关、团体实施的危害社会的行为，法律规定为单位犯罪的，应当负刑事责任。”这就如同《刑法》第13条对犯罪概念的规定一样，只是揭示了实质上的社会危害性和形式上的罪刑法定性，并没有揭示单位犯罪构成要素区别于自然人犯罪构成要素的方面。虽然该条建议没有最终成文，但具有历史渊源价值，可以在当代进行重新审视。该条建议规定单位犯罪的主观要件是为本单位谋取非法利益，体现单位目的；客观要件是经单位集体决定或者由负责人员决定实施，体现单位意志。客观要件反映的是单位犯罪基础理论中的同一理论，也就是将单位特定人员的行为视为该单位的行为。例如将法定代表人的行为与法人的行为“同等看待”。[①] “据此，单位犯罪以自然人犯罪为前提。”[②]单

① 参见[日]山口厚：《刑法总论》(第2版)，付立庆译，中国人民大学出版社2011年版，第39页。

② 张明楷：《刑法学》(第4版)，法律出版社2011年版，第140页。

位犯罪的另一基础理论是替代理论,起源于雇主的无过错替代责任,如果雇员在其职责范围内自主决定的行为是犯罪;[①]但加拿大最高法院建议规定替代责任方的合理注意义务抗辩条款,如果被告已经设立和监督执行预防责任人罪行的机制。[②] 所以,替代责任理论并不一定导致扩大单位刑事责任的隐忧。在客观要件上,同一理论限定单位犯罪的人员范围,替代理论则包括所有从事职务的人员。立法建议采纳的是同一理论。

在主观要件上,为了单位非法利益可以说是同一理论的表现,但是同一理论并不必然要求为了单位的利益。不管是自然人还是单位,都可能"损人不利己",在侵害他人利益时并不追求自己获利。在过失犯罪或非牟利性犯罪中,难以认定为为了单位利益,但只要符合单位的业务活动范围、政策规定或操作习惯,也应当认定为单位行为。[③] 这在网络犯罪中更为常见,自然人可能基于炫耀技术等目的提供侵入、非法控制计算机信息系统程序、工具,[④]或者帮助信息网络犯罪活动。类似地,单位也可能基于任性而提供程序、工具或者帮助,特别是在不作为时,并不能使自己获得非法利益,因为即使该单位作为,也不会减损其利益。例如《网络安全法》第22条第2款规定:"网络产品、服务的提供者应当为其产品、服务持续提供安全维护;在规定或者当事人约定的期限内,不得终止提供安全维护。"安全维护程序可能自动运行,维持运行并不增加成本,此时的不作为并不能认定为为了单位的非法利益。又如破坏计算

① See AP Simester & Wj Brookbanks, *Principles of Criminal Law*, Thomson Reuters, 2012, p. 216 – 219.

② See *R v. City of Sault Ste Marie* (1978) 85 DLR (3d) 161.

③ 参见杨国章:《单位犯罪刑事责任及实务问题研究》,华东政法大学2011年博士学位论文,第105页。

④ 参见徐剑:《对象型网络犯罪的刑事政策应对》,载《河北法学》2016年第8期。

机信息系统罪的自然人犯罪和单位犯罪中的责任人都没有罚金刑。所以,非法利益这一主观要件并不合理。即使是在替代责任中,从事职务的人员的行为在特定情形下也并不一定符合单位的利益,因为职务范围是抽象的,而具体行为并不一定符合抽象范围的一般目的设定。

如此一来,单位犯罪的要件只是,客观上由决策机关或者决策人员决策,由职务人员实施与职务直接相关行为即可将自然人的行为归责于单位。司法解释所认定的为实施违法犯罪而设立的单位或者设立后主要从事违法犯罪的,不属于单位犯罪,①或者以单位名义实施但单位没有获得违法所得的,不属于单位犯罪,②都是不符合单位犯罪基础教义的。“因此,在单位犯罪中,主体实际上可以分为两类:一是单位主体,二是单位内部的自然人主体。”③所以,“单位犯罪以自然人犯罪为前提”应当限定理解为,存在可以归责于单位的自然人行为。单位犯罪这一犯罪形态中聚合了两类犯罪:客观实在的单位人员自然人犯罪与规范拟制的单位组织体犯罪。④

但是,现实立法与理论上的双主体并不相符。单位传统犯罪例外地只处罚负责人员,而不处罚单位,主要是三种情况:(1)不为本单位谋取利益,而是私分国有资产、罚没财物等以单位名义实施

---

① 1999年最高人民法院《关于审理单位犯罪案件具体应用法律有关问题的解释》第2条。

② 1999年最高人民法院《关于审理单位犯罪案件具体应用法律有关问题的解释》第3条。《刑法》第393条规定,因单位行贿取得的违法所得归个人所有的,依照个人行贿罪刑条款定处。但这其实是因为单位行贿的责任人员没有配备升格法定刑的扭曲规定,如果采取了双罚制理论下的下述同一制处罚方式,那么立法就没有动因如此耗费周折地“指东打西”。

③ 张明楷:《刑法学》(第4版),法律出版社2011年版,第138页。

④ 参见叶良芳:《论单位犯罪的形态结构——兼论单位与单位成员责任分离论》,载《中国法学》2008年第6期。

的犯罪；(2)部分单位的过失犯罪，如工程重大安全事故罪；(3)处罚单位会损害无辜者的利益，如向股东和公众提供虚假财会报告。[①] 但是，这三种情形都仍然应当实行双罚，一并处罚单位：(1)以单位名义私分国有资产、罚没财物的，单位被成员控制实施自害行为，说明该单位没有合理的机制预防这一恶害，单位存在恶行，应当受到惩罚。虽然该国有单位的财产属于国家，但是对其判处罚金仍能有很好的警示效果和标签效应。此时处罚单位能够实现预防目的，继任者能够吸取教训，建立长效机制，预防恶害，否则自以为不会重蹈前任覆辙，事实却是可能再次以单位名义害单位，而且该罚金也能够得到执行。(2)《刑法》第 135 条至第 139 条的事故类犯罪中(重大劳动安全事故罪，大型群众性活动重大安全事故罪，危险物品肇事罪，工程重大安全事故罪，教育设施重大安全事故罪，消防责任事故罪，不报、谎报安全事故罪)，都只惩罚责任人而不惩罚责任单位。而事实上，这些公共安全事故的发生，往往是因为该责任单位并未建立或执行合理有效的监督管理机制，该单位却在重大安全事故后安然无恙，换一批"临时工"即可，这显然与刑法的预防恶害功能相抵牾，而且凸显了刑法的不平等。为何部分过失犯罪就能免于单位罚金，而其他过失犯罪不可免除？如破坏环境资源保护的第 338 条污染环境罪、危害公共卫生的第 330 条妨害传染病防治罪都明确对单位判处罚金，刑法厚此薄彼，并无合理和明确的理由。(3)同样，所谓的无辜者其实并不无辜。立法人员可能认为违规披露、不披露重要信息罪不处罚单位是因为股东和投资者的利益已经受到了该罪行的损害。[②] 但是此类人员正

---

① 参见张明楷：《刑法学》(第 4 版)，法律出版社 2011 年版，第 140 页。

② 参见黄太云：《立法解读：刑法修正案及刑法立法解释》，人民法院出版社 2006 年版，第 114 页。

是因为没有对单位业务活动的规范监管和治理才咎由自取，法律不可因为为恶者已经受到自己恶行的报应就对其利益格外关照。母公司在其子公司规范运营盈利时自然依法获利，在其子公司违法犯罪受罚时相应受损。

刑法在处罚责任人员之外对犯罪单位判处罚金对于打击和预防网络犯罪至关重要。网络犯罪往往具有很强的逐利性，尤其是在单位犯罪的情形中。“与其他类型犯罪相比，网络犯罪有其独特之处：一是多数由多个环节构成并形成利益链条。”[①]例如，“逐步形成由制作黑客工具、销售黑客工具、非法获取计算机信息系统数据、非法控制计算机信息系统、倒卖非法获取的计算机信息系统数据、倒卖非法控制的计算机信息系统的控制权等各个环节构成的利益链条”[②]。“还有一些专门从事造谣、炒作、删帖等活动的所谓‘网络公关公司’及‘网络推手’，违反国家规定，以营利为目的，有偿提供删帖、发帖等服务，牟取巨额非法利益。”[③]如此，对网络犯罪中的单位主体判处罚金，能够有效地抑制其犯罪冲动，限制乃至剥夺其再犯能力。

那么，至此是否可以认定网络犯罪的几个单位犯罪条款充分表明了立法者在最新立法中逐渐回归双罚制了呢？除了这几个网络犯罪专项条款，《刑法》还有一个一般性条款。《刑法》第 287 条规定：“利用计算机实施金融诈骗、盗窃、贪污、挪用公款、窃取国家秘密或者其他犯罪的，依照本法有关规定定罪处罚。”对这些传统

---

① 吴孟栓：《明晰诉讼程序　依法惩治网络犯罪》，载《检察日报》2014 年 7 月 7 日，第 3 版。

② 陈国庆、韩耀元、吴峤滨：《〈关于办理危害计算机信息系统安全刑事案件应用法律若干问题的解释〉理解与适用》，载《人民检察》2011 年第 20 期。

③ 最高人民法院刑事审判第三庭：《〈关于办理利用信息网络实施诽谤等刑事案件适用法律若干问题的解释〉的理解与适用》，载《人民司法》2013 年第 21 期。

犯罪的网络变异形式,司法解释也进行了具体说明,例如 2000 年最高人民法院《关于审理扰乱电信市场管理秩序案件具体应用法律若干问题的解释》(以下简称《扰乱电信市场管理秩序解释》)第 4 条明确了采取租用国际专线、私设转接设备或者其他方法,单位擅自经营的罚金责任;2010 年最高人民法院、最高人民检察院《关于办理利用互联网、移动通讯终端、声讯台制作、复制、出版、贩卖、传播淫秽电子信息刑事案件具体应用法律若干问题的解释(二)》(以下简称《淫秽电子信息案件解释(二)》)第 10 条明确了单位进行淫秽电子信息犯罪的罚金责任。几个专项条款和一个一般条款的具体解释都表明了单位网络犯罪采用并罚制的一致性。总之,单位网络犯罪一致采纳并罚制,不仅凸显了传统单位犯罪单罚制的不合理,而且表明了未来单位网络犯罪立法的并罚制方向。

在此基础上,企业如果落实好了前置法上的合规制度,但内部人员个人的失范行为导致具体的规则被违反,企业仍然能够享受到合规优待,完成单位和自然人刑事责任之间的分割。从出罪、宽大处罚、暂缓起诉到附条件不起诉,具体由刑事合规政策文件和具体案情决定。这就是鉴于单位罪过表现为在合规制度建设中怠于履行合规义务的具体故意和监督过失,可以根据具体情况进行从宽处罚和责任分离,即单位履行了合规管理义务的,根据具体履行情况和具体罪过,可以从轻、减轻或者免除处罚,但直接责任人员的刑事责任不受影响。[①] 如果企业制定了合规计划,但并未推进和监督相关部门进行落实,那么企业并不能够免除处罚,但可以从轻处罚。此时虽然有合规章程和管理体系,体现了一定的规范意愿和规则认同,但并未根据合规政策尽到管理义务,企业对员工的行

---

① 参见刘艳红主编:《企业合规中国化的民行刑体系性立法》,法律出版社 2022 年版,第 47 ~ 49 页。

为不能够被认定为完全消除了组织性罪过,[①]对数字企业的预防必要性没有在根本上消除。当然,企业可能通过事后合规获得合规优待,如其认罪认罚、缴纳罚款、补缴税款或者上交违法所得,还通过有效整改合规,建立合规管理体系,可以相对不起诉或减轻、从轻处罚。[②]

二、单位网络犯罪的同罚制

随着单位网络犯罪双罚制而来的问题是,单位责任人与犯罪的自然人是否采取同样的刑罚幅度?几个网络犯罪专有条款统一采取了同罚制。类似地,上述两个传统犯罪的网络变异形式也仍然依照刑法采取了同罚制。此时单位网络犯罪再一次一致性地采纳了惩罚单位犯罪的原则性规定:以同罚为原则,而不采纳例外的区别对待。需要反思的问题是,例外的区别对待是否符合刑法原理,是否能够实践推行?

对单位成员的处罚轻于自然人犯同种罪行的区别对待,违背罪刑相适应原则。[③] 从实质上看,单位犯罪的危害性并不比个人犯罪更轻,或许在某种程度上更重于普通的共同犯罪,因为有组织的团体实施的犯罪所释放的反社会的逆向能量或者说社会危害性显

---

① 相关理论参见陈瑞华:《企业合规出罪的三种模式》,载《比较法研究》2021 年第 3 期。

② 参见上海 Z 公司、陈某某等人非法获取计算机信息系统数据案:案件移送审查起诉后,普陀区人民检察院经实地走访 Z 公司查看经营现状以及会同监管部门研商公司运营情况发现,Z 公司管理层及员工存在重技术开发、轻数据合规等问题,此次爬取数据出于自身拓展业务的动机,未进行二次售卖。考虑到 Z 公司系成长型科创企业,陈某某等 14 名涉案人员均认罪认罚,积极赔偿 E 公司经济损失并取得谅解,Z 公司合规整改意愿强烈,提交了适用刑事合规不起诉申请书及企业经营情况、社会贡献度等书面证明材料,检察机关经审查对 Z 公司作出合规考察决定。

③ 参见叶良芳:《论单位犯罪的形态结构——兼论单位与单位成员责任分离论》,载《中国法学》2008 年第 6 期。

然较之一般共同犯罪更为严重。对单位犯罪责任人的处罚应当不轻于自然人犯罪的情形，[①]但也不应当更重。

回到罪刑相适应原则的本来表述，《刑法》第5条规定："刑罚的轻重，应当与犯罪分子所犯罪行和承担的刑事责任相适应。"这不仅是量刑原则，更是刑法立法原则。该条原则更为完整的简称或许是罪责刑相适应原则。如果把"罪行"限定为客观的法益侵害性，那么"承担的刑事责任"则是加上规范责难之后的综合评价，最后再确定刑罚幅度。由此看来，单位和自然人犯同种罪行的，客观上的法益侵害性是一样的；那么，其规范上的责难是否有区别？立法者可能会认为单位犯罪是为了单位的利益，责任人的规范责难更小。但是，犯罪动机并不影响罪行轻重，也不应当显著影响规范责难。正如不常见的为了捐资助学的贪污受贿情形并不会影响量刑时刑罚幅度的选择，常见的为了单位利益而犯罪的也不应当在立法时设置更低的刑罚幅度。从民法上看，共同侵权责任，不管行为人之间主观动机状态如何，客观上都要一体连带地为侵害后果负责，与单个人的同等侵害责任并无不同。主观状态上的差异应当只在既定刑罚幅度内适当地影响量刑。应当从法条竞合理论出发，将单位犯罪解释为自然人犯罪的特殊表现形式。司法者可能认为法定刑设置不同，所以虽然以单位名义实施，但犯罪所得由个人私分的，不认定为单位犯罪。[②] 但是，应当刺开"单位面纱"，还原自然人犯罪的本来面目，[③]即应当理解为还原单位责任人之间的自然人犯罪本质下的特殊表现形式。责任人之间很可能构成共同犯

---

① 参见叶良芳：《论单位犯罪的形态结构——兼论单位与单位成员责任分离论》，载《中国法学》2008年第6期。

② 参见1999年最高人民法院《关于审理单位犯罪案件具体应用法律有关问题的解释》第3条。

③ 参见顾肖荣：《新〈公司法〉的人格否认制度与单位犯罪》，载《法学》2006年第10期。

罪，应当与单个人犯罪的刑事责任一样地确定刑罚幅度，只是在量刑时区分作用大小。即使因为主观状态不同，责任人之间不构成共同犯罪，也应当设定和适用同样的刑罚幅度。

至于说“反社会的逆向能量或者说社会危害性”，则应当进一步明确其内涵。这两种措辞包括的外延都非常广泛，可以包括刑事政策上的预防必要性。因为单位组织体犯罪给社会公众带来的心理冲击更大，其可能造成的危害后果也更大，所以其一般预防的必要性更大。但是，刑罚幅度的设定不应当受到一般预防必要性的过分影响，不能脱离其刑事责任确定的责任刑范围。“刑罚的正当化根据是报应的正当性与预防犯罪目的的合理性，其中的报应是指责任报应，报应刑就是责任刑；根据点的理论，只能在责任刑（点）之下考虑预防犯罪的需要。”①这一观点不仅是刑罚适用原则，在设定刑罚幅度时也应当予以借鉴。否则，刑罚幅度就会随着社会犯罪态势的变迁而迅速需要改变。客观恶害和规范责难所确定的刑事责任才是刑罚幅度的基准，一般预防的必要性只是幅度内的考量因素。所以，单位犯罪的刑罚幅度不能轻于自然人犯罪的情形，也不能更高。

双罚制与同罚制是一体两面。不能因为说单位已经受罚了，单位责任人员就可以匹配更低的刑罚。因为双罚制的理论基础就是说单位犯罪中存在自然人实体和法律拟制的实体，二者有相对独立的刑事责任生成和评价机制，互不影响。其中，自然人实体的特殊聚合形式在本质上与单个自然人犯罪的刑事责任并无不同，所以适用同罚制。

确定在立法上匹配同等刑罚幅度之后的问题就是，司法实践是否应当为网络犯罪单位都设置与自然人一样的入罪量刑标准？

---

① 张明楷：《论影响责任刑的情节》，载《清华法学》2015 年第 2 期。

单位传统犯罪中责任人员的入罪量刑标准与自然人犯罪相比，可总结为三种模式：(1)责任人员和自然人犯罪的定罪标准和量刑标准一致；(2)定罪标准一致，而量刑标准更轻；(3)定罪量刑标准都更轻。对此司法实践有学者进行了批判：(1)直接违反刑法统一规定，还违反刑法的平等适用；(2)最高司法机关随意裁量是否区别对待、如何区别对待，导致规避法律有机可乘。[①]

对于责任人员的定罪量刑标准，仍然应当采取同一制，不应当区别于自然人犯罪的情形。既然责任人员的关系本质上属于多个自然人犯罪的特殊表现形式，那么责任人员的追责标准也应当同于多个自然人犯罪的情形。不能因为以单位形式犯同种罪行更容易达到定罪量刑标准，就提高定量标准，限定犯罪圈。犯罪圈的设定红线应当是绝对标准，而不应当是比例标准。只要超过一定数量的法益侵害性，都应当予以刑事打击，而非仅仅打击一定比例的严重侵害性罪行。无论是民法上的共同侵权，还是刑法上的共同犯罪，与单个自然人的侵权或犯罪相比，定量处罚标准都没有相应的提高。

这一理论上的论证在单位网络犯罪司法解释中得到了一贯体现。例如《扰乱电信市场管理秩序解释》第 4 条明确了采取租用国际专线、私设转接设备或者其他方法，单位擅自经营的，“对其直接负责的主管人员和其他直接责任人员，依照本解释第二条、第三条的规定处罚”；《淫秽电子信息案件解释(二)》第 10 条明确了单位进行淫秽电子信息犯罪的，依照“规定的相应个人犯罪的定罪量刑标准，对直接负责的主管人员和其他直接责任人员定罪处罚”。2011 年最高人民法院、最高人民检察院《关于办理危害计算机信息系统安全刑事案件应用法律若干问题的解释》第 8 条规定：“以单

---

① 参见叶良芳：《论单位犯罪的形态结构——兼论单位与单位成员责任分离论》，载《中国法学》2008 年第 6 期。

位名义或者单位形式实施危害计算机信息系统安全犯罪，达到本解释规定的定罪量刑标准的，应当依照刑法第二百八十五条、第二百八十六条的规定追究直接负责的主管人员和其他直接责任人员的刑事责任。”这一司法解释出台于《刑法修正案（九）》通过以前，也就是说司法解释虽然限于罪刑法定不能追究单位这一组织体的责任，却依照刑法理论，按照同一定罪量刑标准追究了单位负责人员的同等刑罚幅度下的责任。这一定罪量刑标准的同一制实践不仅应当为《刑法修正案（九）》增设的几个单位网络犯罪所借鉴，而且应当为其他以单位名义或者单位形式实施的网络犯罪司法实践所参照。否则，在近年来网络犯罪案件数量激增、新类型网络犯罪不断出现的犯罪态势下，更高的定罪量刑门槛无异于鼓励犯罪分子以单位名义或单位形式实施网络犯罪，这样不仅能更为有效地实现犯罪目标，增大犯罪规模，还更有可能规避刑事制裁，而这显然与法律规范对人们行为的正向引导效应相冲突。在此严峻的网络犯罪态势下，自然人网络犯罪和单位网络犯罪的同一定罪量刑标准应当从严坚守。

三、单位网络犯罪的刑罚度

在几个单位网络犯罪专有条款中，对单位都一律判处罚金，并且刑法没有规定罚金的幅度。这一刑罚制度存在两个疑问：(1)罚金刑本身没有明确是否合理？如果不合理，如何完善？(2)对单位的惩罚除了罚金，是否应当有其他制度可能？此外，对单位责任人的惩罚比照自然人网络犯罪的刑罚幅度是否合理，或者说自然人网络犯罪本身的刑罚幅度是否合理？这一问题在网络犯罪新条款中尤为突出。

从刑罚制度来看，主要有人身刑、财产刑和资格刑。人身刑和资格刑一般都有度量的相对明确性，从这一刑罚体系出发，罚金刑也应当有相对明确的幅度。这才能真正符合罪刑法定原则下的

“刑罚明确化”要求,从而对裁判者进行明确指导,对行为人进行明确指引和威慑,[①]特别是在《网络安全法》中,第六章“法律责任”明确了各种罚款责任,一般是确定数额的上限与下限,个别采取了违法所得倍比罚款制。在网络违法行为行政处罚明确化的背景下,网络犯罪刑事处罚更应当通过法定予以明确。

罚金明确化的方式有两种,一种是确定罚金的上限和下限,另一种是参考违法所得或者营业额度等犯罪行为相关数额,确定倍比罚金制。确定倍比罚金制有两种规定方式:一种是按照犯罪行为相关数额来确定同样的比例,如“处违法所得一倍以上十倍以下罚款”[②],或者“罚金数额一般在违法所得的一倍以上五倍以下”[③]。另一种是区分情况,采取不同的倍比,如“违法所得三十万元以上的,处违法所得一倍以上三倍以下的罚款;没有违法所得或者违法所得不足三十万元的,处十万元以上三十万元以下的罚款”[④]。可以发现,参照违法所得确定罚金数额的,一般采取一倍以上的比例。鉴于由违法行为升格为犯罪行为往往采取“多”人次的标准,[⑤]单位犯罪的罚金数额标准也可参照违法行为的多倍标准,也就是相应的倍数幅度的三倍。而参照营业数额确定罚金数额的,一般采取一倍以下的比例,例如《刑法》第190条规定逃汇罪对单位判处逃汇数额5%～30%的罚金。指导原则还是罪刑相适应,在报应

---

① 参见叶良芳:《论单位犯罪的形态结构——兼论单位与单位成员责任分离论》,载《中国法学》2008年第6期。

② 《网络安全法》第64条。

③ 2010年最高人民法院、最高人民检察院《关于办理利用互联网、移动通讯终端、声讯台制作、复制、出版、贩卖、传播淫秽电子信息刑事案件具体应用法律若干问题的解释(二)》第11条。

④ 《电子签名法》第29条。

⑤ 参见郭旨龙:《信息时代犯罪定量标准的体系化实践》,载《上海政法学院学报(法治论丛)》2015年第1期。

刑的范围内合理确定预防刑的需要。在当前《刑法》普遍没有明确规定罚金数额或幅度的背景下,应当尽快出台司法解释明确几个网络犯罪专有条款下单位犯罪的罚金刑度。

此外,《刑法修正案(九)》确立的几个单位网络犯罪条款也应当全面借鉴该修正案其他全局性的制度变更,比如单位在罚金刑之外的处理模式可能性。例如增设的"因利用职业便利实施犯罪,或者实施违背职业要求的特定义务的犯罪被判处刑罚的,人民法院可以根据犯罪情况和预防再犯罪的需要,禁止其自刑罚执行完毕之日或者假释之日起从事相关职业,期限为三年至五年。被禁止从事相关职业的人违反人民法院依照前款规定作出的决定的,由公安机关依法给予处罚;情节严重的,依照本法第三百一十三条的规定定罪处罚。其他法律、行政法规对其从事相关职业另有禁止或者限制性规定的,从其规定",这一禁止令只针对自然人进行预防,刑法也应当考虑针对单位的特殊预防。《网络安全法》第 66 条对"关键信息基础设施的运营者"违法作为,第 68 条对"网络运营者""电子信息发送服务提供者、应用软件下载服务提供者"的不作为,规定了"吊销相关业务许可证或者吊销营业执照"的资格处罚。如果没有按照自然人禁止令的方式出台单位禁止令的类似规定,问题就是——在网络单位违法时有资格处罚,而犯罪时没有资格处罚。"举轻以明重",网络犯罪的单位资格处罚显然必要。例如澳大利亚有地区的草案就建议发布禁止令,使相关组织不能从事特定商业活动、持有许可证、缔结合同或者在特定期间不能使用利润,系统规定单位罚金之外的单位处罚。①

---

① See AP Simester & Wj Brookbanks, *Principles of Criminal Law*, Thomson Reuters, 2012, p. 237.

最后,单位责任人的刑罚度自然应当比照自然人犯罪的刑罚幅度。前已述及,单位责任人犯罪是自然人犯罪的特殊聚合形式,其犯罪本质和程度并无不同,应当适用刑罚的同一制。所以,单位责任人的刑罚度过低也就是自然人犯同种罪刑罚度过低的问题。在几个网络犯罪专有条款中,刑罚幅度分为两种情况:(1)非法侵入计算机信息系统罪,提供侵入、非法控制计算机信息系统程序、工具罪,破坏计算机信息系统罪,现在都有两档刑罚幅度,分别是3年以下、3~7年和5年以下、5~15年。(2)拒不履行信息网络安全管理义务罪、非法利用信息网络罪、帮助信息网络犯罪活动罪,都只有一档3年以下的刑罚幅度。由此可见,《刑法》修正虽然在犯罪化上敏锐地认识到了新型网络犯罪的打击必要性,但对其刑罚严厉性有所保守。

应当看到,第285条罪名在1997年《刑法》修订增设时也只有一档3年以下的刑罚幅度,但在2009年《刑法修正案(七)》中不仅增设了提供侵入、非法控制计算机信息系统程序、工具罪,而且为两罪都配备了升格的法定刑。更为重要的是,《刑法》在1997年修订增设的破坏计算机信息系统罪时就配备了升格的法定刑,而且高达15年。相比之下,不履行信息"网络"安全管理义务所可能造成的严重后果,比起破坏计算机信息系统罪中的"系统"不能正常运行有过之而无不及。相关地,《刑法》在第135条重大劳动安全事故罪之后的多个责任事故犯罪中都规定了3~7年的升格法定刑。网络犯罪的波及面更广,聚集的危害性更大,没有理由对网络安全责任事故不作相应规定。此外,如果说非法利用信息网络罪实现了预备行为的实行化,将打击触角伸到行为链条前端,所以刑罚幅度保守可以合理化,那么考虑到帮助信息网络犯罪活动罪与正犯的危害性相比有过之而无不及,只规定一档量刑幅度将大大增加"同时构成其他犯罪的,依照处罚较重的规定定罪处罚"的适用必要性。但处罚更重的要求是认定为片面共犯,认定的罪名并不相同,在帮助多种罪行时,是否能够罚当其罪,是否能够准确实现“名实相副”的标签效应,值得担忧。

四、单位责任人员的关系模式

单位犯罪中的责任人员是必然要受到刑事制裁的,但是责任人员的范围和种类在各单位犯罪中有所不同,需要进行辨析。单位网络犯罪都同时处罚两类责任人(直接负责的主管人员和其他直接责任人员),那么两类责任人是共同犯罪关系吗,如何相应地判处刑罚?相关地,为何有的传统单位犯罪只规定对直接责任人员进行处罚?

相关司法解释是明确两类责任人员关系的重要线索。2000 年最高人民法院《关于审理单位犯罪案件对其直接负责的主管人员和其他直接责任人员是否区分主犯、从犯问题的批复》规定:“在审理单位故意犯罪案件时,对其直接负责的主管人员和其他直接责任人员,可不区分主犯、从犯,按照其在单位犯罪中所起的作用判处刑罚。”这并没有明确是因为不构成共同犯罪才不区分主、从犯,还是即使构成也可以不区分。从理论和实践相协调的角度看,应当理解为不构成共同犯罪时不区分主、从犯,构成共同犯罪时区分主、从犯。(1)在直接负责的主管人员和其他直接责任人员是故意犯罪时,原则上构成共同犯罪。前已述及,单位犯罪本质上是自然人犯罪的特殊表现形式,所以在两类人员故意犯罪时,一般能确定犯意联系,或片面明知,能够认定为故意的共同犯罪,原则上应当区分主、从犯。2001 年最高人民法院在《全国法院审理金融犯罪案件工作座谈会纪要》中规定:单位犯罪中的主管人员与直接责任人员,在个案中,不是当然的主、从犯关系,有的案件,主管人员与直接责任人员在实施犯罪行为的主从关系不明显的,可不区分主、从犯。但具体案件可以分清主、从犯，且不分清主、从犯，在同一法定刑档次、幅度内量刑无法做到罪刑相适应的，应当分清主、从犯，依法处罚。这一批复符合两类责任人员构成共同犯罪的原则性认识，并且明确了不认定主、从犯的例外情形。(2)两类责任人员也可能不构成共同犯罪，因为直接负责的主管人员可能仅仅是过失犯罪，或者直接责任人员本身就是过失犯罪，此时自然不区分共同犯罪中的主、从犯，但依然可以按照其在单位犯罪中的作用判处刑罚。直接负责的主管人员应当限于未直接参与实施或者未直接决策实施犯罪的单位人员，此时很可能仅仅是承担管理、监督失职的过失责任。[①] 在过失犯罪的情形下原则上也应当按照作用大小判处刑罚。民法上共同侵权行为责任分配就考虑了共同故意侵权、过失共同侵权以及故意和过失混合侵权中的原因力大小。刑法上的过失共同犯罪虽无法律明文规定，但故意共同犯罪理论上的责任分配教义仍然可以参照。

监管责任与单位的安全文化和安全机制密切相关。[②] “对于代表者来说，肯定其对于职员实施违法行为具有具体的预见可能性，这从高度分化的企业组织体的实际状况来看是很困难的，对于代表者所实际上能肯定的那种预见可能性不得不停留在一般的、抽象的层面上。”[③]为了弥补单位安全管理的不足，立法应当要求单位任命“安全主管”，其名字应当列于单位信笺抬头，登记于主管机关，该人可以在出现安全事故时抗辩说他已经提出了安全措施的

---

① 有学者认定为一律是过失责任。参见叶良芳：《论单位犯罪的形态结构——兼论单位与单位成员责任分离论》，载《中国法学》2008 年第 6 期。主管人员也可能同时参与决策，虽不参与实施，但仍然是故意犯罪。此外，监管不作为也可能是故意犯罪，容忍犯罪后果的发生，如“快播案”犯罪人。

② See AP Simester & Wj Brookbanks, *Principles of Criminal Law*, Thomson Reuters, 2012, p. 234 – 235.

③ ［日］山口厚：《刑法总论》(第 2 版)，付立庆译，中国人民大学出版社 2011 年版，第 40 页。

要求，但是被单位领导人断然拒绝了。[①] 这一机制对拒不履行信息网络安全管理义务罪、帮助信息网络犯罪活动罪这两罪确立的网络平台责任具有借鉴意义。《反恐怖主义法》《网络安全法》对网络安全提出了制度化的预防性要求和及时性处置要求，刑法应当完善保障法规定。首先，要落实信息内容监督制度，如网络信息分级和必要的过滤技术手段，[②]防止允许或放任违法有害信息的传播。其次，对于重要目标系统（主要是重要信息通信基础设施和大量敏感数据系统）要落实网络安全制度、安全技术防范措施。[③] 再次，前端的提供服务行为，互联网服务提供者应当按规定对客户身份进行查验，或者对身份不明、拒绝身份查验的客户拒绝服务。[④] 最后，在信息网络智能化时代，国家已经开始出台相应的算法规范。例如《互联网信息服务算法推荐管理规定》提出了备案义务、安全评估和配合监督检查义务。[⑤]《生成式人工智能服务管理办法》规定的治理制度主要有：生成式人工智能服务提供者应当依法开展预训练、优化训练等训练数据处理活动，使用具有合法来源的数据和基础模型；涉及知识产权的，不得侵害他人依法享有的知识产权；涉及个人

---

① See Trotter, *Corporate Manslaughter*, NLJ, 2000, p. 150.

② 参见郭玉军主编：《网络社会的国际法律问题研究》，武汉大学出版社 2010 年版，第 98 页。

③ 参见《反恐怖主义法》第 31 条规定的重要目标防范制度。

④ 参见《反恐怖主义法》第 86 条规定的行政处罚。

⑤ 《互联网信息服务算法推荐管理规定》第 8 条规定：算法推荐服务提供者应当定期审核、评估、验证算法机制机理、模型、数据和应用结果等，不得设置诱导用户沉迷、过度消费等违反法律法规或者违背伦理道德的算法模型。第 12 条规定：鼓励算法推荐服务提供者综合运用内容去重、打散干预等策略，并优化检索、排序、选择、推送、展示等规则的透明度和可解释性，避免对用户产生不良影响，预防和减少争议纠纷。第 14 条规定：算法推荐服务提供者不得利用算法虚假注册账号、非法交易账号、操纵用户账号或者虚假点赞、评论、转发，不得利用算法屏蔽信息、过度推荐、操纵榜单或者检索结果排序、控制热搜或者精选等干预信息呈现，实施影响网络舆论或者规避监督管理行为。

信息的,应当取得个人同意或者符合法律、行政法规规定的其他情形;采取有效措施提高训练数据质量,增强训练数据的真实性、准确性、客观性、多样性。此外,明确了数据标注的相关要求。[①]

对这些前置法上的合规要求,有两个问题需要明确。一是前置法上的合规要求层级较低,内容较碎,只有属于刑法上的前置法限定范围,才能作为刑事合规的要求纳入刑事合规计划。[②] 但对刑法上的前置法范围进行解释时,有必要作符合数字经济发展的解释。例如国家规定本身不包括部门规章,但在部门规章规定的合规要求属于对相关国家规定的直接细化规定时,应当纳入刑事合规的内容。

二是这些前置法上的合规要求的落实制度会影响责任人员之间的刑事责任分配。在内部人员个人的失范行为导致具体的规则被违反时,存在合规要求的落实制度不同会导致责任人员之间的责任分配不同的问题。网络安全合规职责可能由一群人或者一个部门负责,但并无一个专门的合规官负总责。此时只能具体分析是哪个具体工作人员的行为导致犯罪后果,并将其作为直接责任人员进行处理,但难以对部门负责人直接进行追诉。此时部门负责人也就没有强烈的动机去推进和监管所有工作人员的合规。理论上,这些网络安全合规监管职责应当由专门的机制和负责人进行承担,一旦出现失职甚至事故,就可以"按图索骥",追究直接负责的主管人员和其他直接责任人员的责任。[③] 这比在现有规定下

---

① 参见《生成式人工智能服务管理暂行办法》答记者问,载公安部网2023年7月13日,https://www.mps.gov.cn/n6557563/c9113616/content.html。

② 参见王平、李梦:《网络平台刑事合规的刑法教义学分析》,载《江西社会科学》2022年第5期。

③ 具体操作应当根据功能性类型区分考虑不同网络服务提供者的不同技术特征和控制可能性,确定合理的作为义务和责任程度的期待。参见王华伟:《网络服务提供者的刑法责任比较研究》,载《环球法律评论》2016年第4期。

只能向单位的特定分支机构或内设机构下达责令改正文书，然后追究单位直接责任人员的刑事责任[①]更为明确具体。例如，数据合规官根据前置法和合规计划，需要承担制度建设义务，若其以不作为的方式参与了企业的具体网络犯罪，则要承担刑事责任，[②]这是其与单位的关系。但在其与其他人的关系上，在明确合规计划之后，如果是单位个人的故意行为导致合规义务落空，只要相关的合规负责人不是知情的，他就不会承担刑事责任。如果他对于部门个人的行为是知情的，可能要承担相应的监管失职责任，这取决于刑法上有无明确的规定打击这种监管失职的行为。这就既能明确合规官的刑事责任范围，又能明确对他的合规激励范围。

传统单位犯罪中处罚条款只针对"直接责任人员"，如何区别于"直接负责的主管人员和其他直接责任人员"？从语言上进行分析，"其他"的用语表明直接负责的主管人员也属于"直接责任人员"，所以法条概括性地规定惩罚直接责任人员的，直接负责的主管人员也应当受到处罚。否则，资助危害国家安全犯罪活动罪，第135条之后的系列安全事故犯罪、强迫劳动罪、雇用童工从事危重劳动罪，直接负责的主管人员即使明知甚至追求犯罪行为和后果，也不担责，这显然是刑法的不平等。所以，未来的单位（网络）犯罪规定应当以明示两类责任人员的方式进行规定，严密处罚范围。

五、结语

信息时代的网络犯罪对定型于工业社会的传统刑法体系和理

---

① 参见喻海松：《网络犯罪的立法扩张与司法适用》，载《法律适用》2016年第9期。

② "当其实施狭义信息网络犯罪或计算机犯罪时，企业数据合规师为单位犯罪中的主管人员；当其实施网络化传统犯罪时，企业数据合规师为单位犯罪中的其他直接责任人。"敬力嘉：《单位犯罪刑事归责中数据合规师的作为义务》，载《北方法学》2021年第6期。

论不断提出了新的课题和冲击，也为反思传统刑法提供了很好的思辨对象，有助于推动刑法的现代化更新。单位刑事责任体系一直处于立法、司法和理论三方不协调，甚至内部也不统一的困境中。《刑法》修正为几个网络犯罪专有罪名都增设了网络犯罪条款，并且都采纳了同罚制、同一制，这为反思单位犯罪的基础理论和基本责任提供了良好的契机，也为未来完善网络犯罪单位责任条款提出了新的问题和方向。“数字化转型背景下衍生出的数据侵权、网络犯罪问题，亟须规范引导以保障数字经济高质量发展。”“推动网络空间法治化治理，促进互联网企业守法经营，是检察机关依法能动履职、促进诉源治理肩负的重要责任。”[①]刑法基于积极预防的立场，不断强化网络企业治理网络空间的主体责任，这是为了确保数字经济安全有序，但为了平衡数字经济公平有效的政策目标，还需不断完善相关的，特别是事前的合规激励制度。

当然，本章关于单位（网络）犯罪刑事责任体系的系统反思与各项建议，限于篇幅和个人局限，仍然需要进一步的理论研究和司法、立法实践检验，方能更好地达到数字经济公平有效、安全有序的政策目标。此外，本章限于主题，主要论及了在数字经济企业单位犯罪的框架下如何进行刑法治理和相应的合规激励，并未更多涉及其他方面的刑法界限问题。如何通过前置法律有效治理而拦截刑法规制，如何设定合适的数字犯罪入罪标准，需要结合数字经济的三大制度性要素、四个治理性侧面的特性进行进一步的探索。[②]

① 参见上海 Z 公司、陈某某等人非法获取计算机信息系统数据案。最高人民检察院：《涉案企业合规典型案例（第三批）》，载中华人民共和国最高人民检察院官网，https://www.spp.gov.cn/xwfbh/dxal/202208/t20220810_570419.shtml。

② 有学者探讨了数据要素侧面和构成性保障领域的刑法界限问题。参见房慧颖：《数据犯罪“双轨＋分级”治理机制的系统化构建》，载《学术界》2023 年第 6 期。

后　记

至迟从 2012 年以来,我正式开始研究数字犯罪治理问题。之前主要是研究其他领域的数字犯罪治理,少有涉及数字经济领域的犯罪治理。但我深知,小则数字财产犯罪,大则数字经济犯罪,都是数字犯罪治理的一个重点和难点。但因为路径依赖问题,一直没有进入数字财产犯罪和数字经济犯罪的治理研究之中。

这个契机在 2021 年来临。刘艳红老师调任法大后,着手申报国家社会科学基金重大项目“数字经济的刑事安全风险防范体系建构研究”,我有幸加入课题组,开始较为密集地接触相关文献。特别地,我关注到我博士期间第一导师法墨(Lindsay Farmer)教授(英国国家学术院院士、副院长)开始产出市场犯罪刑法规制的三篇系列重磅论文。记得 2018 年回国前我问他,接下来研究什么问题,他说市场领域的犯罪化问题。通过课题参与和文献研读,我开始有了自己的关于数字经济刑法规制的一些想法,并写了一篇综述性的文章,即现在第一章的雏形。

第二个契机来自 2022 年春。北京市海淀区人民检察院的李涛检察官介绍我参与北京市人民检察院刘丽娜主任主持的首都检察"三办"检察官联席会2022年第二次会议"利用技术手段窃取虚拟货币的法律定性",并进行专家发言。当时北京大学车浩教授、中国政法大学孙道萃副教授、中国人民公安大学苏宇教授的发言给了我很大的启发。[①] 我根据资料和发言情况写了论文,经过刘艳红老师的指导修改,投给了《政治与法律》,并有幸获得陈庆安老师的青睐,在送外审专家得到详细的宝贵意见后,最终修改定稿为《侵犯虚拟货币刑法定性的三层秩序观——从司法秩序、法秩序到数字经济秩序》。后来本文还有幸获得人大复印报刊资料《刑事法学》的全文转载。

事实上,在写完这篇论文后,我又在春季学期连续写了两篇数字财产的刑法问题论文。一篇是从民刑衔接的角度,借鉴民法上对加密财产的统一解释思路。另一篇是从更高维度的信息角度,系统性地认识各种形态的财产。

结构上,我们可以看出数字财产问题是数字经济问题的重要部分,确切地说是基础部分,这也是基于第一导师法墨教授的市场犯罪刑法规制框架进行的设计,即数字财产、参与者信息素养和数字平台公平竞争作为构成性要素,数据的及时、完整、准确性质和数据技术的安全发展和应用作为运行性条件,大数据、云计算、人工智能等通用技术的社会信任作为效率性依托。数字经济的体系化制度特征形塑了刑法的规范方式和内容体系——通过构成性保障、脆弱性预防、标准性信任、外部性内化,体系保障数字经济公平有效、安全有序,以帮助数字经济嵌入和影响更大范围的文明秩序。

---

① 部分发言情况载北京市人民检察院第三分院:《刑事二审工作指导专刊》2022年第10期。

理想是丰满的,现实是骨感的。以上宏伟的目标只能说是一个美好的远景。限于学术水平和有限时间,本书目前的论述还不够成熟,恳请各位方家和读者批评指正!

感谢我的爱人和岳父岳母、爸爸妈妈,给我提供了少忧少虑的家庭基本条件,让我能够自由地开展学术研究。我对家庭事务的付出实在是少,对此我深报歉意和谢意。感谢我的学生,反复校阅了各个章节。在此我对他们的长期支持深表感谢!他们是:郭斯文、何美、郝洁、张文馨、杜佩、陈嘉雯、翁晟棋、周可、许浩然、曹莹和周晓。

感谢喻玫师姐、冯雨春分社长和李沂蔚编辑在出版过程中的指导帮助!感谢中国法学会部级法学研究课题一般课题“加快发展数字经济刑法问题研究”和中国政法大学科研创新后期资助项目“数字经济的刑法挑战与理论应对”的资助。

郭旨龙

2024 年端午节于北京